# SWOT

## 分析を活用した
## ［根拠 ある 経営計画書］
## 事例集

嶋田利広・篠﨑啓嗣・松本一郎
㈱アールイー経営社長　㈱しのざき総研社長　MGS税理士法人代表

田中博之・大山俊郎
公認会計士　㈱工場経営承継コンサルティング社長

マネジメント社

# まえがき

**コロナショックがすべてを変えた！**

　本書の初版は2020年2月に書き下ろされました。その頃、新型コロナウイルス感染の影響により東京オリンピック・パラリンピックが開催されるかどうか、懸念されていました。しかし、翌年（2021年）7月に延期、無観客で開催されることとなりました。本書第3刷の手直しをしている現在、オリンピックは日本勢のメダルラッシュに沸く反面、コロナ禍は第5波に見舞われており、オリンピックと最悪の感染拡大が同時進行している不思議な世相です。

　2020年に政府保証による「コロナ融資」で、コロナ禍の業績悪化をなんとかしのいできた中小零細企業は多い。だがこれは一時的なもので、返済据置期間が終了すると一気に返済が発生します。多くの中小零細企業では返済資金はなく、リスケや追加融資がなければ倒産廃業必至になるところも出てきます。しかし、追加融資やリスケをプロパー融資に依存しても、もう金融機関（特に地方銀行や信用金庫、信用組合）には不良債権になる可能性が高い企業を支える体力がありません。

　金融機関では今後、事業性評価の融資姿勢が鮮明になってきます。これまでの決算書・担保重視主義から、「融資先企業の事業に将来性や可能性を見出す姿勢」への転換です。したがって、「単なる延命企業への融資」は厳しくなるのは間違いありません。しかし逆に、決算書や担保の評価だけで見捨てられていた「技術力のある企業」「可能性のある企業」「ニッチ分野でもっと伸びそうな企業」などが支援を受けられる可能性が高まったといえるのです。

**「明確な根拠と具体策」が必須となる**

　今後はより一層、事業性評価による判断や根拠ある具体策が入った経営計画書の必要性が高まってくることになりますが、それを支援指導できる金融機関の担当者のリソースは限られています。そこで求められてくるのが、コンサルタント、中小企業診断士、会計事務所などのサポート機能です。しかも、現状はコロナショックとデフレであり、小手先の戦略変更や戦術対策では、増収を期待できる環境ではありません。売上構造と経費構造を変えて、ダウン・サイジング、リ・ストラクチャリングしてでも生き残れる「抜本的な構造改革」が入った事業計画が

求められているのです。

　融資判断の際に、ローカルベンチマークなどのフレームや指標を活用する金融機関や会計事務所もありますが、ローカルベンチマークの「財務項目」だけでは、その中小零細企業の潜在性は見つけられないでしょう。もう一つ別の視点で踏み込んだツールが必要なのです。そのツールこそ、SWOT分析であり、そのSWOT分析を活用した経営計画書こそ、今後求められる経営計画書の基本的要素になると確信しています。

　本書は、弊社が主催している国内唯一の「SWOT分析に特化した専門家を育成する検定」である「SWOT分析スキル検定」の最上位であるマスターコンサルタント4名と書き上げた、実践のSWOT分析から導き出された【根拠のある経営計画書】の作成方法とその実例集です。

　SWOT分析スキル検定は、私が過去20数年間、中小企業でのSWOT分析を追求し、300の事業所で実施し成果を上げたノウハウをもとに、「中小企業の経営戦略立案、サポートのプロ」を育成するために始めた検定制度です。

　これまでは私自身が持っている事例などを紹介した書籍を出版してきましたが、今回は、「基礎編（作成手順）」として第1～第5章を私が執筆し、第6章～の後半は「事例編」として、マスターコンサルタントの4人が執筆しました。

　共著者である4名のマスターコンサルタントは、私と一緒に学び「SWOT分析」と【根拠のある経営計画書】のコンサルティングを熟知しています。そして、共通の考え方、共通のツールで8社に指導していただき、そのドキュメントとして実例を紹介してもらいました。まさに、コンサルティングの現場をレポートした『活きた事例集』です。

　本書によって、アールイー経営方式の【実践SWOT分析手順】をしっかり使い、【根拠のある経営計画書】ノウハウを活用すれば、「ここまで具体的な経営計画書ができる」ということが証明できると思います。そして、SWOT分析を使った経営計画書を中小企業経営者や金融機関担当者に見せて説明すれば、「ぜひ、こういう経営計画書の指導をしてほしい」と依頼されるでしょう。

　4名のマスターコンサルタントは、以下の方々です。
● 財務コンサルタントNO1と言われ、生保業界中心に全国にファンがいる
　㈱しのざき総研社長・篠﨑啓嗣
　銀行出身で保険業界にも精通。また企業再生のプロフェッショナルです。私

の知る限り、国内でトップクラスの財務コンサルタントではないでしょうか。彼自身も多数の著書を出しており、2019年に『経営承継可視化戦略』（マネジメント社）を私と共著で出版しました。全国の保険パーソンや税理士、中小企業に根強いファンがおり、彼が主宰している「日本財務力支援協会」でも200名以上の門下生がいます。

● 大阪で3拠点を展開し、飲食業の経営指導に強い
  MGS税理士法人代表・松本一郎

大阪・神戸を中心に活動している税理士法人。特に飲食業経営に強く、SWOT分析や根拠ある経営計画書ノウハウを積極的に顧問先や紹介先に導入支援しています。税理士事務所の枠を超えて、顧問先経営者や幹部と一体になって、「経営戦略・具体策づくり支援」「行動計画のモニタリング」まで行っています。しかも代表だけでなく、他の複数の税理士もこのノウハウを習得しており、今後が楽しみな会計事務所グループです。

● 不動産ビジネスに強く、経営承継コンサルティングも強化している
  公認会計士・田中博之

田中氏は大手信託銀行出身の公認会計士として、金融業務や不動産業務に20年以上携わるとともに、一般企業の税務顧問もしています。別法人で「建設業特化型経営コンサルタント会社」にも関わっていて、その代表と二人三脚でSWOT分析と根拠ある経営計画書ノウハウを推進しています。また、建設業を中心に経営承継コンサルティングを強化して、東京や関西での事業展開に力を入れています。

● 自ら製造業の後継者として経営経験があり、大阪での製造現場を知っている
  稀有な税理士・大山俊郎

「製造業に強い税理士」は全国どこにでもいますが、実際に製造業の後継者で、営業、製造現場、設計開発現場、経理総務を経験し、そこから「税に強くなりたい」と税理士を目指した人は滅多にいないでしょう。だから、大山氏が指導するSWOT分析や根拠ある経営計画書も「製造現場を知っている超リアルな内容」になっています。大阪の町工場の経営改善指導や経営承継指導に意欲を持っています。

　本書では、各自にそれぞれ2社のSWOT分析と経営計画書の実例を書いていただきましたが、どれもSWOT分析マスターコンサルタントにふさわしい「超具体的な内容」になっています。

各事例とも4～5枚の経営計画書シートですが、その中身を見ていただくと、「ここまで具体的な内容に踏み込んだ計画書なのか」と感心させられるでしょう。しかも、「具体策中心」であると同時に「数字の根拠」も示しています。「だれが」「いつまでに」「どのように」実行するのか、ということまで明記されている経営計画書はこれまでなかったことです。

　このような「実現可能性があり、根拠がある経営計画書」になったのは、それだけ経営者や経営幹部に深くヒアリングし、コーチングをしたからです。

　今後は、このような「SWOT分析から導き出された根拠のある経営計画書」が求められ、具体的な内容の掘り下げを行わないと、経営者も金融機関も納得しない時代になるでしょう。

　「withコロナ時代」には、中小企業の経営計画書の内容が大きく変わらなければなりません。

- ●経営者も納得して、行動に移しやすい「経営計画書」
- ●固有名詞と独自戦略による「商材中心の計画」
- ●会計データでの数値羅列計画だけでなく、アナログの「具体策中心の計画書」
- ● KPI監査ができるような「経営計画書」
- ●行動プロセスまで落とし込んだ「アクションプラン」
- ●アクションプランをモニタリングして、「本来のPDCAを回せる経営会議の指導」

などの指導支援ができる金融機関、コンサルタント、会計事務所の関係者が少しでも増えることを期待しています。

　コロナショックを乗り切るためには、「ニッチ市場」と「自社の強み」を見極め、「事業の選択と集中」を経営計画に反映させることが重要です。本書で解説しているメソッドと経営計画書事例集は、withコロナ時代を勝ち抜く主要なツールだと確信している次第です。

2021年8月

著者を代表して

㈱アールイー経営　代表取締役　**嶋田 利広**

# CONTENTS

SWOT分析を活用した
【根拠ある経営計画書】
事例集

## 第❸章　SWOT分析を活用すれば経営計画書はこう変わる

# 1

# 経営計画には
# 論理的な根拠が必要

# （1）事業性評価、ローカルベンチマークの「非財務項目」が重要

### ①決算書、担保主義から、事業性評価融資拡大へ

　金融庁が従来の「金融検査マニュアル」を廃止し、「金融仲介機能のベンチマーク」というものを発表した。ここには、金融機関を対象とする「共通ベンチマーク」の1つとして、「金融機関が事業性評価に基づく融資を行っている与信先数及び融資額、及び、全与信先数及び融資額に占める割合」という項目がある。

　ここに「事業性評価」という文言がある。つまり、これまでの決算書での評価、担保での評価を重視してきた融資（財務項目）に対して、事業内容や将来性を評価（非財務項目）するよう求めているのである。しかも、その事業性評価の融資の数や割合の公表も金融庁は求めている。

　「財務項目」はある程度決算書分析や社内データ、経営者ヒアリングでわかるかもしれない。問題は、「非財務項目」を聞き出し、本当の事業可能性分析ができるかどうかだ。必然的に、各金融機関はそれに沿った動きを活発化させなければならないが、現場レベルでは、なかなかそのノウハウや知見がなく、言葉倒れに終わるおそれもあるようだ。

　しかし、金融庁の方針がある以上、金融機関は（それなりに）事業性評価をいろいろなツールを使って行うはずだ。問題は、各金融機関が用意している「事業性評価チェックシート」の内容を企業から書き出すだけで、事業性評価といえる内容になるのか、はなはだ疑問である。なぜなら、「非財務項目」は極めてアナログ的であり、表面的な内容のヒアリングでは、経営者の真意や隠れた経営資源、狙うべきターゲットなどは表出してこないからである。

### ②非財務項目で大事な「差別化」「独自化」と「強み」

　事業性評価の参考ツールとして、経済産業省が主導しているローカルベンチマークがある。企業経営の健康診断というふれこみで、「事業性評価の入り口」として活用が期待されている。

　このローカルベンチマークを使って、経営分析を行う金融機関や会計事務所もあるようだ。しかし、ここにも「非財務項目」が要求されている。次の「非財務項目一覧」を見ていただきたい。

■非財務項目　4つの視点（経済産業省）

**① 経営者**

経営理念・ビジョン
経営哲学・考え・方針等

経営意欲
　※成長志向・現状維持など

後継者の有無
後継者の育成状況
承継のタイミング・関係

**② 事業**

企業及び事業沿革
　※ターニングポイントの把握

強み
技術力・販売力等

弱み
技術力・販売力等

ITに関する投資、活用の状況
1時間当たり付加価値（生産性）
向上に向けた取り組み

**③ 企業を取り巻く環境・関係者**

市場動向・規模・シェアの把握
競合他社との比較

顧客リピート率・新規開拓率
主な取引先企業の推移
顧客からのフィードバックの有無

従業員定着率
勤続年数・平均給与

取引金融機関数・推移
メインバンクとの関係

**④ 内部管理体制**

組織体制
品質管理・情報管理体制

事業計画・経営計画の有無
従業員との共有状況
社内会議の実施状況

研究開発・商品開発の体制
知的財産権の保有・活用状況

人材育成の取り組み状況
人材育成の仕組み

　これらをヒアリングして、課題や重点具体策を聞き出すということである。

　この非財務項目を見ても、「強み」「弱み」「経営資源」「商品・顧客のマーケティング戦略」などをしっかり聞き出し、「根拠ある具体策」にまで持っていかなくてはならない。これらのヒアリングから、差別化・独自化といえる「経営戦略」や「重点具体策」まで誘導できる金融機関の担当者、サポートできる会計事務所は、本当にどれくらいいるだろうか？

　正直、難しいと言わざるを得ないだろう。なぜなら、「非財務項目」への一通りの回答だけあっても、経営者に戦略やアイデアがあるならまだしも、現状に困窮している経営者には、そうそう答えが飛び出してくるはずがないからだ。しかも、各項目のヒアリングの深掘りや多面的なヒントがなければ、やはり通り一遍の回答しか出てこないのではないだろうか。

# （2）「非財務項目」中心の SWOT 分析

① SWOT 分析でわかること

　SWOT 分析という手法は、数十年前にアメリカでその理論の原型ができたもので、すでに日本全国で「経営戦略立案ツール」として知られ、ある程度普及している手法である。

■ SWOT 分析とは ——

〈1〉　自社の内部要因である「強み」（Strength）＝ S

〈2〉　自社の内部要因である「弱み」（Weakness）＝ W

〈3〉　外部環境で今後の可能性やチャンスを示す「機会」（Opportunities）＝ O

〈4〉　外部環境で今後のリスクや厳しい状況を示す「脅威」（Threat）＝ T

各要素の頭文字から SWOT 分析という

　そして、これら4つの要素を掛け合わせることを「クロス分析」という。

　「可能性あるニッチ市場やニッチニーズである機会」に、そこに使える「物理的な経営資源やノウハウ、経験などの強み」を掛け合わせて、その企業独自の積極的に攻める・投資する戦略をあぶり出すことである。

　この SWOT 分析（クロス分析を含む）をすることで、下記内容の実現や具体的な戦略が見えてくる。

● 自社独自の戦略、今後生き残るためのビジョンが見える

● 積極的にヒト・モノ・カネを配分する戦略、止める・減らす戦略が見えてくる

● 多岐にわたった経営戦略の取り組みの優先順位がわかる

● ニッチ市場や自社の使えそうな経営資源（強み）が何か、そのイメージが湧くので行動に移しやすい

● 新商品開発の際、そのコンセプトを作る時、「機会」×「強み」が参考になる

● 重点顧客・重点チャネルを決める、戦略営業を仕掛ける時、その作戦づくりのもとになる

● 新規事業へ参入する際の、進出すべきか否かの可否判断の根拠となる

これらを図示すると次のようになる。

■ SWOT クロス分析
（イメージ図）①

| | | 強み（Strength） | 弱み（Weakness） |
|---|---|---|---|
| **内部要因** | | 良い点ではなく、「機会」に使える「強み」となる具体的な経営資源（ノウハウ、人材、機能、設備、外部ネットワーク、システム等） | 悪い点ではなく、せっかくの「機会」があっても、自社の経営資源がなく、それを取りに行けないので何とか克服しなければならない具体的な不足部分 |
| **外部環境** | 機会（Opportunities）<br><br>ニッチ市場、ニッチニーズの可能性や今後の伸びしろ、新たなニーズ等を「機会」という | 【機会】×【強み】＝【積極戦略】<br><br>●即実行する戦略や具体策<br>●重点方針や突破口になる戦略<br>●人員も費用もかけて取り組む戦略 | 【機会】×【弱み】＝【改善戦略】<br><br>●市場攻略のネックになっている「弱み」克服まで複数年かける戦略や具体策<br>●「弱み」克服のため、自社だけでムリなら、コラボや提携の戦略 |
| | 脅威（Threat）<br><br>自社の努力ではどうしようもない、市場環境の悪化、競合激化、行政等からの制限などを「脅威」という | 【脅威】×【強み】＝【差別化戦略】<br><br>●じり貧市場でも他社のシェアを奪い圧倒的ナンバーワンになる戦略<br>●ライバルがお手上げになるまでの我慢戦略<br>●「強み」があっても「撤退する」 | 【脅威】×【弱み】＝【致命傷回避・撤退縮小戦略】<br><br>●その市場からの撤退、リストラ型の戦略の意思決定<br>●やめる商品、やめる顧客の具体策<br>●事業仕分け、戦略の絞り込み |

## ②「機会」分析で、価格競争回避のニッチカテゴリー・ニッチ市場の発見

「機会」とは、今の価格競争や低利益率で苦しむレッドオーシャンの市場ではなく、ニッチ（隙間）の顧客ニーズやニッチの商品・サービスで、「その地域、その分野だけなら、可能性があるカテゴリー」を見つけることだ。

だが、普通に経営者に質問しても、そういう“掘り出し物”のアイデアは出てこない。しかし、私たちが長年実践して使い、その効果が検証されている「SWOT分析コーチングメソッド」を使えば、経営者から潜在的なアイデアや可能性を聞き出すことができる。

大事なことは、どこにニッチニーズ・ニッチ市場があるかを引っ張り出すのが、最初の作業である「機会分析」というものである。

## ③「強み」分析によって、「機会」を活かせる「物理的な武器」を発見

「強み」を多くの経営者も金融機関も会計事務所も誤解している。

「強み」は良い点ではないということだ。

「強み」とは、先に議論したニッチニーズ・ニッチ市場開拓や、生産性向上に使える「具体的な経営資源、武器」のことをいう。だから「強み」は、顧客の購買理由にならなければならない。

「良い点」というのは、「世間から見て良い点」であり、必ずしも購買理由にはならない。例えるなら、店も汚い、愛想も悪い店員がいるラーメン店を想像してほしい。普通なら二度と行きたくないが、もし、ラーメン自体は特別で大変美味しいものなら、並んでも行きたいはず。そのラーメン店の強みは「よその店にはない特別の美味しさ」である。

逆にいえば、あまり美味しくないラーメン店がいかに接客を良くし、店構えをキレイにしても、リピート客はこない。

したがって、「強み」とは、先に議論された「機会」に使える、「具体的な物理的な武器」である。

## ④「機会」×「強み」のクロス分析で、「積極戦略」である「独自のターゲットと攻め方」を整理

このSWOT分析の肝が「機会」×「強み」＝「積極戦略」といわれるものである。「可能性あるニッチニーズ・ニッチ市場」に対して、「そこに使える具体的・物理的な武器」を掛け合わせることで、「オリジナルの商品サービス戦略、顧客戦略、価格戦略と具体的な戦術」が決まる。

業界が同じでも、狙う機会が違い、強みの武器が違えば、自ずと固有戦略も異なる。だから、「業界のあるべき論」「業界の常識論」ではなく、独自の積極戦略を見出すのである。

### ⑤「脅威」×「弱み」のクロス分析で、「致命傷回避・撤退縮小戦略」を整理

かりに当該企業が経営改善するうえで、「選択と集中」が必要で、商品、顧客の仕分けを通じて、撤退縮小が必要なら、このクロス分析が有効である。

自社の市場は自助努力では如何ともしがたく、将来的にも価格ダウン、減少、縮小、削減が確実な状況、それが「脅威」である。しかも、その脅威となる市場に対して、自社にはなんの優位性もなく、むしろ「弱み」（活かせる経営資源が圧倒的に不足した状態）が露呈して、競合社と同じ土俵にも立てない「負け組」という状況である。

その「脅威」と「弱み」を掛け合わせると、どの商材をどう撤退縮小するか、どの事業を撤退して、あるいは売却するか、その具体的な中身を決めるのが「致命傷回避・撤退縮小戦略」である（一般的には、「専守防衛・撤退戦略」と呼ぶが、私たちは「致命傷回避・撤退縮小戦略」と呼称している）。

### ⑥「機会」×「弱み」のクロス分析で、「時間をかけて取り組む戦略」を整理

攻めるべきニッチニーズ・ニッチ市場はあるものの、残念ながら、そこを攻めるのに相応しいリソースが不足している状態がある。

専門人材、ノウハウ、知見、組織、設備、ソフトなどが不足しているので、そこを１～３年かけて強化していこうというのが「改善戦略」である。

### ⑦「脅威」×「強み」のクロス分析で、「差別化戦略」か「撤退縮小戦略」を整理

自社のメイン市場は年々厳しくなる一方だが、その市場において歴史的にいろいろな「強み」がある場合がある。即ち「縮小市場での勝ち組状態」である。

この市場はそのままなら、勝ち組であっても、どんどん縮小していく。この掛け合わせを「差別化戦略」と呼んでいる。その理由は、この差別化戦略の３つの選択から読み取れる。

●**第１の選択：他社が手を引くまで我慢して事業を続け残存者利益を狙う**
　●マーケットがとても厳しい状況なら、同業者が先に撤退縮小するかも知れない

- 我慢比べができる、他の収益ビジネスがあるなら、トコトンまで勝負する

● **第２の選択**：提携やM&A（企業の吸収合併）を通じて、圧倒的なNo.1戦略をとる
- 競争激化で同業者も本音では、「御社が買ってくれるなら、売りたい」と思っている
- 同業者はこのビジネスから撤退しても、売却することで雇用も守れると思っている

● **第３の選択**：自社の「強み」があっても、撤退縮小戦略をとる
- どんなに頑張っても将来の収益可能性がないなら、早期に撤退、売却の決断をする
- 事業がまだ収益を生んでいる間は、高値でM&Aできる
- 過去の「強み」に見切りをつけることも決断（見切り千両）

# （3）SWOT 分析が他の経営分析ツールより　　秀逸な理由

**① SWOT 分析は理論や手法がシンプルで、答えが決まっていない**

　SWOT 分析は、先ほど述べたように外部要因である「機会」「脅威」、内部要因である「強み」「弱み」を、それぞれ掛け合わせて（クロス分析）、4つの「積極戦略」「致命傷回避・撤退縮小戦略」「改善戦略」「差別化戦略」を導き出す。しかも、「機会」「脅威」「強み」「弱み」を聞き出すポイントも決まっている。

　4つの要素を掛け合わせる「クロス分析」とは、次のようなイメージである（22〜23ページ）。

　「機会」の何番と、「強み」の何番を掛け合わせて、「積極戦略」の中身は「○○だ」というイメージである。

　SWOT 分析のほかにも、PEST 分析、PPM 分析、3C分析、5force 分析など、いろんな経営戦略分析手法がある。その中で、中小零細企業には SWOT 分析が特におすすめである理由は、理論や手法がシンプルであり、素人でもやろうと思えばできるからである。

　他の経営戦略立案ツールは、相当なスキルと知識が必要なので、玄人（経験のあるコンサルタント）向けかもしれない。また、他の経営戦略立案ツールでの分析では、業界業種、競合を考えると、ある程度答え（戦略）が決まっているが、SWOT 分析では、同地域・同業種・同規模でも、異なる答えが出てくる。しかも、分析過程で「経営者が納得する進め方」なので、「指導された感」がなく、「自主的に決めた」というイメージになりやすいのも、SWOT 分析が選ばれる理由である。

**②業界のあるべき論ではなく、自社独自にフォーカス**

　狙う「ニッチニーズ・ニッチ市場」も違えば、そこに使える「強み」も違うなら、たとえ業界や業種が同じでも、「類似戦略」にはなりえないというのが、SWOT 分析の基本的な理論である。

　金融機関や会計事務所が、ネットでの情報や書籍からの受け売りで「御社の業界は○○すべきではないですか」と、したり顔で提案しているのを見たことがある。広く一般的な取り組みは、すでにライバルもあり差別化が難しいものだ。ましてや中小零細企業ともなれば、経営資源も限られている。しかも、そういう

## ■ SWOTクロス分析（イメージ図）②

| | | 機会（O） |
|---|---|---|
| 外部環境 | 〈1〉 | 同業者や異業種を参考にして、高付加価値のニーズに対応した「高価格商品」を実現するには、どんな具体的な商材・サービスを開発すれば可能か |
| | 〈2〉 | 現在の商材に対して、サービスや機能、容量、頻度、手間を大幅に減らし、どういう「低価格商材」を実現すればチャンスが広がるか |
| | 〈3〉 | クラウド、web、facebook、ツィッター等、ITのさらなる普及をどう上手に利用すれば、販売増につながるか |
| | 〈4〉 | 現在の市場（営業地域）だけでなく、域外、海外などにエリアを拡大すれば、どういうチャンスが生まれるか（販売面や調達面も含めて） |
| | 〈5〉 | Webを活用して、通販、直販、顧客との直接のネットワークを構築すれば、どんなビジネスチャンスの拡大が可能か |
| | 〈6〉 | 顧客との共同開発、OEM（相手先ブランドによる製造）等、顧客との相互取り組みによって、どういうチャンスが広がるか |
| | | 脅威（T） |
| | ① | 顧客からの「サービス面」「スピード対応要求」の圧力やニーズは、どういう点が自社の「脅威」となるか |
| | ② | 技術革新による代替品や、低価格の輸入品等の供給による「脅威」は、具体的にどういうことがあるか |
| | ③ | 自社の営業地域・マーケットの人口動態やライフスタイルの変化で、「脅威」になるとしたらどういうことか |
| | ④ | 競合他社の動きで警戒すべき「脅威」になる動きは何か |
| | ⑤ | 外注先・仕入先の動向や要望で「脅威」になることは何か（値上げ、事業縮小・廃業、サービス縮減、品質問題等） |
| | ⑥ | 直販、通販、ネット販売等の直接販売の動きでは、どういう「脅威」的な展開が具体的にマイナスに影響するか |

| 内部要因 | | | |
|---|---|---|---|
| **強み（S）** | | **弱み（W）** | |
| A | 「機会」の市場・顧客ニーズに対応できる技術全般（技術者、技術面での優位）の「強み」は何か | a | 競合他社と比較して、自社が明らかに負けている点（ヒト、モノ、カネ、技術、情報、効率、社内環境等）は何か |
| B | 顧客に安心感を与えるアフターサービスや体制、機能としての「強み」は何か | b | 顧客ニーズに対応していない点は何か。その結果、どういう現象が起こっているか |
| C | 他社より抜きん出ている固有ノウハウ（生産技術・販売・性能機能・組織体制等）は何か。また「強み」に活かせる取扱製品の価値転換の可能性は何か | c | 顧客開拓、企画力での弱みは何か |
| D | 他社では取り扱えない商品の権利（特約店や専売地域）としての「強み」は何か | d | 業績悪化要因につながっている弱みは何か |
| E | 特に強い顧客層・エリアはどこか。それはなぜ「強い」のか | e | 商品力、開発力での弱みは何か |
| F | 他社との差別化につながる顧客への営業支援機能（IT、情報サービス、営業事務、バックアップ体制等）での「強み」は何か | f | サービス力での弱みは何か |
| 組合せ番号（例〈2〉-B） | 【積極戦略】自社の強みを活かして、さらに伸ばしていく対策。または積極的に投資や人材配置して他社との競合で優位に立つ戦略／左記対策を実施した場合の概算数値（件数増減、売上増減、経費増減、利益改善、％増減等） | 組合せ番号（例〈5〉-C） | 【改善戦略】自社の弱みを克服して、事業機会やチャンスの波に乗るには何をどうすべきか／左記対策を実施した場合の概算数値（件数増減、売上増減、経費増減、利益改善、％増減等） |
| | ●即実行する戦略や具体策<br>●重点方針や突破口になる戦略<br>●人員も費用もかけて取り組む戦略 | | ●市場攻略のネックになっている「弱み」克服まで3年かける戦略や具体策<br>●「弱み」克服のため、自社だけでムリなら、コラボや提携の戦略 |
| 組合せ番号（例③-E） | 【差別化戦略】自社の強みを活かして、脅威をチャンスに変えるには何をどうすべきか。／左記対策を実施した場合の概算数値（件数増減、売上増減、経費増減、利益改善、％増減等） | 組合せ番号（例⑥-e） | 【致命傷回避・撤退縮小戦略】自社の弱みが致命傷にならないようにするにはどうすべきか。またはこれ以上傷口を広げないために撤退縮小する対策は何か／左記対策を実施した場合の概算数値（件数増減、売上増減、経費増減、利益改善、％増減等） |
| | ●じり貧市場でも他社のシェアを奪い圧倒的ナンバーワンになる戦略<br>●ライバルがお手上げになるまでの我慢戦略<br>●「強み」があっても「撤退する」 | | ●リストラ型の戦略の意思決定<br>●やめる商品、やめる顧客の具体策<br>●事業仕分け、戦略の絞り込み |

業界の常識的な提案を経営者にしても、ほとんどの経営者は心から納得しない。なぜなら、「その業界の常識で行うことがいかに大変か」「自社の規模やレベルでは不可能なこと」を一番よく知っているのは経営者だからだ。

　その点、SWOT 分析を通じて、自社独自の「経営戦略」を立案できれば、経営者は自らヤル気になって取り組むものだ。

### ③普通の SWOT 分析では効果なし

　SWOT 分析は、事業性評価においても経営計画書作成においても「根拠をあぶり出す最強のツール」であることは間違いない。ただし、普通の SWOT 分析ではその効果は小さいだろう。「SWOT 分析スキル検定」を受講した 200 名超のコンサルタント、税理士、生保営業、社労士が異口同音に言うことがある。

　「自分の知っている SWOT 分析ではなかった」

　「ここまで深く掘り下げた経験がない」

　「経営計画書の目標との差額対策を、SWOT 分析によって商材単位で導く方法を初めて知った」

　「自分が進めるクロス分析は浅いと思っていたが、それは『機会』と『強み』の検討が浅かったからだとわかった」

　「クロス分析の結果、経営者が納得する具体策が出てくる理由がわかった」

　なぜこういう感想になるかといえば、クロス分析の中身に「商品戦略」「顧客戦略」「価格戦略」と、それを進めるための「仕掛け対策」「販促戦術」「具体的行動」まで記載するからである。

### ④実践 SWOT クロス分析の本質

　SWOT 分析や 4 つの各クロス分析で、戦略・戦術の内容を深掘りすることが可能な最大の理由は、「コーチングメソッド」と「ファシリテーション技術」を使っているからである。

　コーチングメソッドとは、経営者相手への質問力、ヒント力と言い換えてもよい。ファシリテーション技術とは、経営者だけでなく、後継者や役員幹部まで含めた会議形式で SWOT 分析をした場合の「合意形成のメソッド」である。

　いかに SWOT 分析の理論を知っていても、このコーチングメソッドとファシリテーション技術を習得しないと、経営者や経営幹部の潜在的なアイデアや考えを引き出すことができない。SWOT クロス分析の成否は、コーチングメソッド、ファシリテーション技術次第と言っても過言ではない。

# 2

# 実践！
# SWOT分析の進め方

# （1）SWOT 分析実施手順

## ① SWOT ではなく、OSTW

SWOT 分析だからといって、S（強み）、W（弱み）、O（機会）、T（脅威）の順番で行うというのではない。これは経験則から言えることだが、最初に「S」から深掘りして議論するのは、特定固有技術や知的財産、営業権などを持っている場合に限る。その固有に持つノウハウ（強み）から、活かせる市場「機会」を導くことができるからだ。

しかし、多くの中小零細企業では、まず「O」である「機会分析」から始めるとよいだろう。そして、その「O」に使える「S」を議論する。その時、同時にクロス分析である「積極戦略」の意見が出る可能性があるから、随時メモ代わりに「積極戦略」を記入しながら、「O」や「S」の議論を繰り返していく。

次に「脅威」、そして「弱み」という順番だ。各 SWOT のヒントや聞き出し方は、以下に詳細を紹介しているので、それを参照していただきたい。

## ②「機会」と「強み」を深く聞き出す秘訣 ＝ Why・What・How

下記に「機会」「強み」のヒントである「トーク事例」を紹介しているが、それはあくまでもヒントであり、そこからどうアイデアや具体的な意見を引き出すかが重要である。

表面的な SWOT 分析で終始しているケースで共通しているのは、相手（経営者等）が言った言葉をそのまま機会や強み、積極戦略の枠に記載してしまっていることだ。相手が抽象的な概念論を言えば、それを忠実に記載してしまう。しかし、それでは SWOT 分析での「独自の経営戦略」は構築できない。

そこで、コーディネーターであるコンサルタント、会計事務所などは、相手が言った言葉尻をとらえ、「なぜ、そう思うのか」「その背景に何があったのか」など、2 回、3 回と深掘り質問することが秘訣である。その深掘り質問の結果、相手の言葉が、抽象的な事象から、どんどん具体的な固有名詞に転換されていく。

「機会分析」では、ヒントをもとに、相手（経営者等）が言ったニッチニーズ・ニッチカテゴリーの意見に対して、いろいろ根掘り葉掘り聞くことだ。

- 「なぜ、それがニーズだと思うのか、どんな出来事があったのか」
- 「そのニーズを言った顧客は具体的に何に困っているのか」

- 「その困りごとの見込み客は、他にどこにいるか」
- 「その困りごとの顧客や見込み客は、その処理をどうしているのか」

「強み分析」でも、下記のことを意識してヒアリングする。「全体的な強み」を聞くのではなく、強みの背景にある現象や要因を聞き出す。

- 「その強みを望んでいる顧客は、どんな顧客属性か」
- 「なぜ、そんなニーズがあるのか」
- 「そのニーズに対応できるのは当社だけか」
- 「そのニーズにもっと具体的に対応しようとしたら、どういう強みを出すべきか」

「機会」「強み」のヒアリングに共通しているのは、たくさんの質問をするのではなく、ひとつの意見やアイデアに対して、深掘り質問をしていくほうがより具体的なヒントが出てくるものだ。

③「積極戦略」は、固有名詞にこだわり、複数の商材を掘り下げる

「機会」と「強み」を掛け合わせて、独自戦略の「積極戦略」を導き出すが、ここで、どこまで固有表現の具体策になるかがポイントになる。ここで概念論や普通名詞の言葉が並ぶと、経営計画への反映が難しくなる。

基本的には、商品戦略、顧客戦略、価格戦略、USP（独自のウリ）、売り方、開発の仕方、どういう重点活動にするかなど、その後のアクションプランがイメージできる表現にこだわる。

例えば、以下のような表現を意識する。

---

- ○○分野の◇◇ニーズを△△機能（メソッドやメリット）を使って、□□の企画で行動し、◆◆の成果を出す。
- ○○商品に◇◇機能を付けて、△△のニーズがある顧客に、□□の販売企画をして、◆◆の売上を上げる。
- ○○分野を持っている顧客と見込み客に、△△商品に、□□付加価値やサービスを絡めて、◆◆メリットを全面に出して、提案営業する。

---

そうすると、「何を重点的に」「どう展開したいのか」がわかる。

概念論、普通名詞ではなく、とことん固有名詞と具体策にこだわることが「積極戦略」の抽出には重要である。

# （2）「機会分析」のヒント

**①間違った「機会分析」をしないために**

　SWOT分析の肝は「機会分析」である。「機会」を深く追求できないと、SWOT分析もその後のクロス分析も内容が表面的になってしまう。

　中小企業における「機会」とは、今後プラスに働く、業界の一般的な方向性や市場の変化だけを指すわけではない。一般的な市場の中で、小さいけれども可能性のあるニッチ（隙間）市場とニッチカテゴリーを発見するために、この「機会分析」がある。

　しかし、多くのケースでは、このニッチ市場やニッチカテゴリーの「機会」がなかなか出てこない。それは、コーディネーターや指導するコンサルタント、会計事務所の腕にも原因があるが、一言でいえば、「機会分析」での意見が出やすい「タラレバ」のヒントを持っていないからだ。

**②「機会」の捻出に苦労する理由**

- 「今後、何か儲かる可能性のある分野はないか？」
- 「これから伸びる市場はどこか？」
- 「利益が出るとしたら、どういうビジネスか？」

　このように大上段から聞かれて、即座に答えられるようなら、すでに実行しているものだ。

　また、「時代のトレンド」「グローバル化」「技術革新」からの「機会」を議論することも悪くはないが、大手が取り組みそうな分野は、最初から設備投資も仕掛けも大きく、中小企業が取り組む分野ではない。

　実際、雲をつかむような話をしても、現実的な市場で苦戦しており、同業者も厳しい状況下で、「そんなバラ色の儲け話はない」と多くの中小企業の経営者や幹部は思っている。

　それに、自社の経営資源ではできることが限られており、未来の可能性への投資も難しい。「自社が狙う分野ではない」と最初から諦めている場合が多い。

**③「機会分析」に使うヒント30**

　そこで、SWOT分析の「機会分析」をする時、「タラレバヒント」を使って、

イメージしやすいように議論を導くとよいだろう。「タラレバヒント」には、これまでのコンサルティング経験や、先述したマクロ分析の「PEST分析」「3C分析」「5FORCE」などの要素も加味され、それをリアルな表現に再整理している。

　これらのヒント＝事例を使うことで、検討に参加した経営者や経営幹部は、意見が言いやすくなる。

| | 機会の「タラレバ」のヒント | 考え方 |
|---|---|---|
| 1 | 同業者や異業種を参考にして、高付加価値のニーズに対応した「高価格商品」を実現するには、どんな具体的な商材・サービスを開発または開拓すれば可能か | どんな高付加価値に顧客は関心を示すか。ブランド力がある企業や商品はどんな理由で高くても買うのか |
| 2 | 現在の商材に対して、サービスや機能、容量、頻度、手間を大幅に減らし、デフレに応じてどういう「低価格商材」を実現すれば、販売チャンスは広がるか | 単に値下げすることは利益をなくす。あるファクターを削って低価格にしても顧客には何の問題もなく、購入してくれる商品はどんなものか |
| 3 | Web、facebook、ツイッター等、ITのさらなる普及をどう上手に利用すれば、販売増になるか | SNS（ソーシャルネットワーキング）やタブレット、スマホなどどんどん変化するインターネットに対して、どんなことに、どんな商品をぶつければ、商機が来るか |
| 4 | 顧客（消費者）の「品質面」のニーズに答えるには、どういう具体的なサービスや機能提供、品質体制があれば可能か | 顧客が求める安全性等の品質基準に自社が対応できるなら、そのことをブランド化することで拡販ができないか |
| 5 | 顧客（消費者）の「嗜好性」に、どういう商材・どういうサービスを開発すれば、販売拡大が可能か | 顧客の嗜好性や好みの変化はどうか。どういう嗜好性のポイントを強調すればよいか |
| 6 | 顧客の不便さの解消につながる商材やサービスは、どういう点を強調すれば販売増が可能か | 顧客の不満、費用を出しても何とかしたいと思っている要素は何か。どこにフォーカスすればPRが上手くいくか |
| 7 | あえて「無料」「フリー化」を進めることで広がるビジネスはどんなことが考えられるか | ある商品・サービスを無料、使い放題にした場合、どんなメリットが生まれ、それはどんな売上増につながっていくか |
| 8 | 自社の位置づけを「納入業者」から「仕入先」または「外注先」「アウトソーシング先」に変えた場合、どういう商材なら可能性があるか | 原価関連の納入先か経費関連の納入先か、すでにお付き合いのある顧客に次元の異なる商材を提案する |

| | 機会の「タラレバ」のヒント | 考え方 |
|---|---|---|
| 9 | 現在の市場（営業地域）だけでなく、域外、海外などのエリア拡大をすれば、どういうチャンスがあるか（販売面や調達面も含めて） | 県外、ブロック外、国外に、今までどおりの拠点展開以外でWeb、コラボや提携等で小資本で展開可能な方法で、どこにどう営業すれば可能か |
| 10 | Webを活用して、通販、直販、顧客との直接のネットワークを構築すれば、さらにどんなビジネスチャンスの拡大が可能か | 「インターネットで売れない商品はない」と言われる中で、既存商品や新商品をWebで売るためには、どんな規格で、どんな手法で、どんなサイトで行えば可能か |
| 11 | 顧客との共同開発、OEM（相手先ブランドによる製造）等、顧客との相互取り組みによるチャンスはどういう商品が可能か | こちらから提案するような顧客のPB（プライベートブランド）商品や、共同開発による双方のコスト削減、その後の自社ブランド商品への展開など |
| 12 | ネーミング・パッケージ・容量・流通ルートなどを変えることで、新たな顧客の取り込みや既存客のアイテムにつながる可能性はないか | 販売ターゲットを変えることで、既存商品の見た目、規格変更、流通ルートの変更はどんなことが可能か |
| 13 | 既存商品の「周辺サービス」「周辺業務」「周辺商品」を受注しようとすれば、どういう商材が可能か | 既存商品では競合との価格競争になるが、既存商品の周辺商品・サービスをパッケージ化し、同業者にも営業が可能ではないか |
| 14 | 既存商品の「リペア・リサイクル・リフォーム（3R）による低価格の付加価値商品」を特定商材やサービスで実現することで、販売拡大が可能になるとすればどんなことか | 財布の紐が固い時代、買い替え頻度が減少して、本商品を長持ちさせるというニーズに応えて、3Rを商品パッケージにするにはどんなことがあるか |
| 15 | 技術革新や輸入品等で新たな代用品や代替品を仕入れることができれば、どういうチャンスが広がるか | 為替にもよるが今の仕入商品や規格を変更して、低価格や高品質、業界秩序外の販売が可能としたら、それは何か |
| 16 | 別ブランド等を、直販、通販、ネット販売等の直接販売で、どう具体的に展開すれば、新たなチャンスにつながるか | 既存商品や今の会社名では直販が難しい場合、別ブランドによるネット通販や直販店などの新たな独自チャネルはないか |
| 17 | 今の商材の使われ方・用途を変えることで、新たな用途開発につながる「価値転換」があるとすればどういうことか | 今の商品の今の売り方、今の使われ方以外の価値は何か。その場合、どんな開発が必要で、どんな流通ルートに乗せられるか |

| | 機会の「タラレバ」のヒント | 考え方 |
|---|---|---|
| 18 | 同業者や競合他社をライバルとしてではなく、顧客・ネットワークと考えた場合、どういうビジネスがチャンスを広げるか | 自社のある商品を同業者にも売れないか。また同業者とコラボや提携することで新たな可能性のある分野は何か |
| 19 | 同業者の二番煎じでマネしたい戦略は何か。どうしてその戦略は有効だと思うか | 「柳の下にドジョウは2匹まで」同業他社のやり方で圧倒的なシェアを持っているなら、同じことをしてみる |
| 20 | 同業他社独占のオンリー客を攻めて顧客開拓をするとしたら、どういう武器をぶつければチャンスになるか | オンリー客は競合を求めている。オンリー客は同業者もあぐらをかきがち。攻めるポイントがあるはず |
| 21 | 既存客からさらにビジネスチャンスをつかむ、アフターサービスや顧客管理・メンテナンスは、具体的にどういう強化を図れば既存客売上増が見込めるか | どんな有料のアフターサービスなら顧客は納得するか。ライバルと差別化できるアフターサービスは何か、アフターサービスをブランド化するには何が必要か |
| 22 | 今まで無償だったサービスの品質を上げて、どんな有償サービスを開発すれば顧客は費用がかかってもそのサービスを求めると思うか | サービスを有償化することで、顧客が費用を出しても求めるサービスがわかる |
| 23 | 顧客がアウトソーシングしてでも手間を省きたい、または「どこかの業者がやってくれるなら丸投げしたい」と思っていることはどんなことか | 顧客が面倒くさがっていること、顧客が困っていることで、自社が少しの努力で対応できることは何か |
| 24 | 仕入先や仕入れ商品を変更したり、切り替えることでどんな可能性があるか | 既存の販売ルートや販売権を持った営業、系列っぽい付き合いが邪魔になって、新たな動きができないなら、仕入を変えることでできることは何か |
| 25 | 今の製品や商品を使って新しいビジネスや今までとは全く異なる販売先ができるとしたら、どんなところか | 今までの販売系列だけでなく、違う流通ルートが勃興している場合や個人取引が今後増えるなら、どんな動きをすべきか |
| 26 | 円安円高で、輸出入品の価格変動があれば、どんな可能性が出てくるか | ここは為替相場に左右される分野。今は円安傾向だが今の経済状況で輸入コストが上がっているなら、代替商品が国内産になるなど |
| 27 | 既存インフラ整備や、成長戦略、金融緩和から、どんな可能性が出てくるか | ここは政治に左右される分野。2020年東京オリンピックを見据えた動き、老朽化インフラ対策、規制緩和からできることなど |

| | 機会の「タラレバ」のヒント | 考え方 |
|---|---|---|
| 28 | 少子高齢化の動きの中で、自社にとってビジネスチャンスは何か | 自社に関連があるビジネスで、少子化で享受できる具体的なメリット、高齢化で生まれる新たな需要は何か |
| 29 | 海外などグローバルに考えた場合、ビジネスチャンスを広げる動きの中でどんな可能性があるか | 海外進出や海外から輸入などの可能性に、新たな機会があるなら、該当する |
| 30 | その他、少しでも外部環境から自社にメリットがある動きは何か | 消費者意識、生活スタイル、温暖化、環境保護、新技術の動き、自由貿易協定等の関税の緩和等からどんな可能性があるか |

# （3）「強み分析」のヒント

①「強み」とは何か

　先述したように「強み」を議論する時、よく誤解されていることがある。

　それは　「強み」≠「良い点」　だということだ。

　「強み」と「良い点」を混同してはいけない。

　「強み」とは、同業他社と比較して有利に働く、重要な取引条件になっていること（自己満足の強みではない）がベースである。だから、社風や職場環境（若い、マナーがよい、事務所が新しい等）の「良い点」をいくら挙げても、顧客ニーズに合った外向けの「強み」でなければ、具体的な業績には結びつかない。

　また、顧客が褒めてくれることでも、それが売上や利益につながっていない場合は、「強み」ではなく、「良い点」というレベルである。顧客評価はリップサービスが多く、あまり鵜呑みにしないほうがよいだろう。「顧客評価が高い」といっても、それが業績貢献の低い顧客からの評価なら、あまり喜べない。しっかり商品を買ってくれる顧客が認めない強みは、「強みに非ず」　なのだ。

　本来の「強み」とは、「機会」に少しでも活かせそうな自社の優位性を極大化させることができることである。

　また、「そんなの強みと言えるのか？」と思えるものでも、角度を変えたら「強み」になるケースもある。顧客にとっては直接関係ないことでも、「歴史的にこだわっていること」「捨てられない商品や思い」等を活かして、業績向上に具体的に貢献することができるのなら、それが「強み」になることもある。

②「強み」を引き出すヒント

　「強み」と一口に言っても、いろいろなモノやコトがある。大事なのは、今後の機会（ニッチ市場やニッチカテゴリー）に使える、具体的な「強み」を捻出することである。そこで、下記の「強み」を引き出すヒントを使いながら、「自社の強み」を聞き出していく。

| | 強みのヒント | こんな点が「強み」になる |
|---|---|---|
| 1 | 「強み」につながるこだわり | その「こだわり」が評価されて、差別化になっており、収益に直結していること（収益に貢献しないこだわりは一人よがり） |
| 2 | 「強み」につながるアフターサービス体制 | リピートを決めるアフターサービスがブランド化され、アフターで紹介がくるくらいなら大きな強み |
| 3 | 「強み」につながる熟練度・専門性知識力 | ベテランが持っている技能知識が他社と比較して、わかりやすいPR力を持っている（わかりにくいのは強みになりにくい） |
| 4 | 「強み」につながる設備力（顧客要望や収益を生むかどうか、生産設備、車両、建屋、設備他） | 今持っている有形資産が顧客（今の顧客以外も含む）の買う理由になれば強みである |
| 5 | 「強み」につながる価格圧力への対応力（商品別のコスト対応力） | 特定商品で価格適応力があれば、それを武器に顧客開拓もできる |
| 6 | 「強み」につながる迅速な体制・クイックレスポンス | ホームページやパンフに掲載できる「〇時間以内対応」など、顧客に約束ができれば強み |
| 7 | 「強み」につながる短納期対応力 | 短納期はかなりの強みである。または小口対応、別注品も短納期は勝負ができる |
| 8 | 「強み」につながる物流体制・物流機能 | 物流体制の優劣は大きな差別化要因である。業者活用と自社便、物流センターの有無など |
| 9 | 「強み」につながる意思決定のスピード・現場権限保持 | 本社集中権限だとスピードに欠ける。現場担当者に権限が大きいと同業者より有利 |
| 10 | 「強み」につながる垂直統合の一貫体制 | 自社内または自社グループで企画、設計、製造、物流、販売まで行い、ワンストップでスピーディなら強み |
| 11 | 「強み」につながる水平展開 | 商品機能や技術が横展開可能かどうか、また他企業とネットワークを組んでアウトソーシングすることで、具体的な強みがあるかどうか |
| 12 | 「強み」につながる新商品の情報、開発能力 | 新商品の開発につながる情報収集手段、開発能力、開発期間などがライバルより優位性があるかどうか |

| | 強みのヒント | こんな点が「強み」になる |
|---|---|---|
| 13 | 「強み」につながる商品バリエーション・品揃え | 商品の品揃え自体が顧客からメリットだが、多面的な販売先がないと在庫負担になる弱みもある |
| 14 | 「強み」につながる差別化技術・差別化ノウハウ | ある特定部分の技術、ノウハウで差別化できていること。その差別化は顧客が喜ぶこと |
| 15 | 「強み」につながる顧客との関係の深さ・マーケティング力 | マーケティングで他社より上手な点。最近ではWebマーケティングもリアルと同じくらい重要 |
| 16 | 「強み」につながる顧客が面倒臭がることへの対応、顧客の要望の具現化 | 顧客が喜んでも費用を払わない、自社だけがきつい思いをしているだけなら、強みにはならない |
| 17 | 「強み」につながる知的財産 | 知的コンテンツ、特許、商標登録、ロイヤリティ収入等 |
| 18 | 「強み」につながる地理的優位性 | 場所はいろいろな商売をするうえで重要。その地理がどう魅力的かよく考える |
| 19 | 「強み」につながる思い切った投資ができる資金力 | 設備投資、人材採用等コストがかかることに対応できるのはかなり大きな強み |
| 20 | 「強み」につながるブレーン、ネットワークの充実 | どんな人を知っているか、どんな企業が支援してくれるか |
| 21 | 「強み」につながる社内の技術的優位性 | 技術面で顧客開拓に直結できる優位性 |
| 22 | 「強み」につながるソフト力（ソリューション提案）の優位性 | 本商品の取引だけでなくソフトサービス面での強みは何か。そのソフトがハッキリと顧客との差別化になっていなければ強みとは言えない |
| 23 | 「強み」につながる取扱商品の販売権、独占権 | その取扱商材が権利で守られているなら、その商品が強い間は強みになる |
| 24 | 「強み」につながる顧客が喜ぶIT環境 | 受発注や在庫管理がIT活用でリアルタイムに顧客に対応可能なら強みと言える。それが差別化の条件の場合 |
| 25 | 「強み」につながるIT、Web、SNS等が活用できる体制 | ITを使って顧客との情報共有が迅速化し、開拓したい企業の取引条件なら強み |

| | 強みのヒント | こんな点が「強み」になる |
|---|---|---|
| 26 | 「強み」につながる組織の多様性・多能性（フレキシブルに事業転換ができる組織） | 専門的固定的な組織が顧客ニーズに応えられない場合、多能工が多いとかフレキシブル組織は強み |
| 27 | 「強み」につながる法規制・規制緩和などの行政面の保護、関係性 | 法律改正や行政からの方針、規制が自社をガードし取引条件になっているなら強み |
| 28 | 「強み」につながる顧客層・エリア | 具体的な顧客カテゴリーがどこか、どんな特性の顧客に強いのか |
| 29 | 「強み」につながるサービス | 自社が行っているいろいろなサービスで顧客が評価していること |
| 30 | その他「強み」につながると言えるもの | |

# （4）「脅威分析」のヒント

### ① 「脅威分析」の基本は、あまり時間をかけない

「脅威分析」とは、どこどこが、何々のせいで、どれくらい悪くなるか、厳しくなるかと具体的に議論することである。

「脅威分析」をする時は、時代の流れ、商品ライフサイクルを見据えて、具体的に「何が、どう脅威なのか」を表現する。ただし、「脅威分析」は、「機会分析」の前に、少しだけ時間をとる程度にするのがコツである。実際に、何が脅威かは、SWOT分析検討参加者はわかっている。現実に厳しいからである。

そこに多くの時間を割いて、ネガティブ意見を積みあげても、「できない理由」の納得と自信をなくすだけである。

### ② 「脅威」質問の具体例

脅威分析をする時、次ページに掲載した「脅威」のチェックポイントの質問をしなくても、「今の市場変化で、当社にマイナスの要素となる外部環境を言ってください」というだけで、次から次に出てくる。それも収拾がつかないくらいに。

したがって、この「脅威」の出し方は、その内容の結果、「致命傷回避・撤退縮小戦略」にどう影響するかを意識しながら、課題を出していく程度にする。

### ③ 「脅威」のチェックポイント

次ページのチェックポイントを参考にしながら「脅威分析」を行う。

ここで重要なことがひとつある。それは、商品や顧客、事業自体の縮小撤退を伴う「経営改善計画」を念頭にしているケースである。この場合は、各チェックポイントの表面的な現象にとどまらず、中長期的に「脅威」がさらに厳しくなるのか、あるいは一時的なものかは、十分議論すべきである。

| 分野 | | 「脅威」のチェックポイント |
|---|---|---|
| 市場・顧客 | 〈1〉 | 顧客（消費者）からの「価格面」の圧力や低価格ニーズは、どういう点が自社の「脅威」となりうるか |
| | 〈2〉 | 顧客（消費者）からの「品質面」の圧力や品質ニーズは、どういう点が自社の「脅威」となりうるか |
| | 〈3〉 | 顧客（消費者）からの「サービス面」「スピード対応要求」の圧力やニーズは、どういう点が自社の「脅威」となりうるか |
| | 〈4〉 | 技術革新による代替品や低価格の輸入品等の供給による「脅威」は、具体的にどういうものがあるか |
| | 〈5〉 | 社会的なニーズの変化や消費者意識の変化で「脅威」になるとしたら、どういうことか |
| | 〈6〉 | 現在の主力取引先や主要顧客の購買力や購入頻度、購入単価はどうマイナスに作用すると思われるか |
| | 〈7〉 | クラウド、インターネット、SNS、ツイッター等、IT の普及で、自社にどんなマイナスの影響が「脅威」として現れると思うか |
| | 〈8〉 | 自社の営業地域・マーケットの人口動態やライフスタイルの変化で、「脅威」になるとしたらどういうことか |
| 競合 | 〈9〉 | 今後どういう企業や業者が自社のマーケットへの新規参入が考えられるか。またその具体的な悪い影響はどういうものか |
| | 〈10〉 | 競合他社の動きで警戒すべき「脅威」になる動きは何か（近隣出店や自社分野への大手の参入等） |
| 供給先 | 〈11〉 | 仕入先・外注先の動向や要望で「脅威」になることは何か（値上げ、事業縮小・縮小・廃業、サービス縮減、品質問題等） |
| | 〈12〉 | 今まで取引のある仕入先や外注先は、今後どういう要求や自社に不利な条件を投げてくる可能性があるか |
| | 〈13〉 | 世界的な資源高（石油含む）の影響で、今後どういう「脅威」が業績に影響するか |
| 流通 | 〈14〉 | 元請や仲介先のニーズの変化や自社への圧力では、どういうことが「脅威」になるか |
| | 〈15〉 | 直販、通販、ネット販売等の直接販売の動きでは、どういう「脅威」的な展開が今後具体的にマイナスに影響するか |
| | 〈16〉 | 既存事業の不動産における「脅威」は、何が考えられるか（立ち退き、老朽化、賃料値上げ、近隣ライバル出現他） |
| 政治・法規制・緩和 | 〈17〉 | 法律の改正等で新たに規制が強化されそうな動きで、自社の業績に直結する「脅威」の動きは何か |
| | 〈18〉 | 逆に規制が緩和されそうな動きで、参入障壁が低くなったり自由化されて、自社の経営に直結する「脅威」の動きは何か |
| | 〈19〉 | 労働環境や労働行政の影響で、自社の業績に直結する「脅威」の動きは何か（人件費コストや各種のしばり） |
| 海外・経済・動向 | 〈20〉 | 金融行政の新たな動きや金融機関の今後の動きで「脅威」になるとしたら、どういうことか |
| | 〈21〉 | 対中国、対米国、対 EU、対アジア他などの世界の変化や影響で、自社に具体的な「脅威」になることは何か |
| | 〈22〉 | 国内経済の影響では、どういう状況になれば、自社に具体的な「脅威」が顕在化するか |

# （5）「弱み分析」のヒント

### ①「弱み」の整理と注意点

　よく誤解されていることがある。それは、「弱み」≠「悪い点」「改善点」だということである。「弱み」とは、「機会」「可能性」に使えない経営資源、つまりネックになっていることが「弱み」となる。

　また、「弱み」を聞き出す時、「できない理由」「やらない理由」の意見に流されてはいけない。大手や先進同業者と比較するのもタブーである。比較するのは、「狙うニッチ」に対しての競合先に対して、「弱み」がネックなる場合のみに限定する。とにかく、「マーケット分析に関連のない弱み」は無視するつもりで進める。

　そして「弱み分析」にあまり時間を割かないことも重要である。「弱み」を深く追求すれば、「できない理由」を正当化させてしまうおそれがあり、「弱み分析」ではなく「弱気拡散」に早変わりする危険性がある。

### ②「弱み」のチェックポイント

**チェック項目**

| | | チェック項目 |
|---|---|---|
| 内部要因【弱み】のポイント | 1 | 競合者と比較して、自社が明らかに負けている点（ヒト、モノ、カネ、技術、情報、効率、社内環境等）は何か |
| | 2 | 顧客ニーズに対応していない点は何か。その結果、どういう現象が起こっているか |
| | 3 | 顧客開拓、企画力での弱みは何か |
| | 4 | 業績悪化要因につながっている弱みは何か |
| | 5 | 商品力、開発力、サービス力での弱みは何か |
| | 6 | サービス力での弱みは何か |
| | 7 | コスト力、価格力での弱みは何か |
| | 8 | 人材基盤（社員の質、層、組織力）の弱みは何か |
| | 9 | 設備力、資金力の弱みは何か |
| | 10 | 顧客クレームで多い項目は何か |
| | 11 | 明らかに弱みと思われる社内事情（風土、気質、モチベーション等）は何か |

# （6）「積極戦略」のヒント

① 「積極戦略」立案時のポイント

　SWOT クロス分析で一番重要なのはこの「積極戦略」である。これまでの細かい「機会分析」、隠れた「強み」の捻出も、この「積極戦略」の抽出のために検討するわけである。

　しかし、一般的な SWOT クロス分析での「積極戦略」を見ると、ここでの浅さが目立っている。では、どんな点を意識して「積極戦略」を検討すべきか。

　積極戦略をイメージすると次の図になる。

■ SWOT クロス分析【積極戦略】（イメージ図）

| | | 機会（O） |
|---|---|---|
| 外部環境 | 〈1〉 | 同業者や異業種を参考にして、高付加価値のニーズに対応した「高価格商品」を実現するには、どのような具体的な商材やサービスを開発すれば可能か |
| | 〈2〉 | 現在の商材に対して、サービスや機能、容量、頻度、手間を大幅に減らし、どのような「低価格商材」を実現すれば、販売チャンスが広がるか |
| | 〈3〉 | クラウド、Web、facebook、ツイッター等、ITのさらなる普及をどう上手に利用すれば、販売増につながるか |
| | 〈4〉 | 現在の市場（営業地域）だけでなく、域外、海外などのエリア拡大をすれば、どういうチャンスが広がるか（販売面や調達面も含めて） |
| | 〈5〉 | Web を活用して、通販、直販、顧客との直接のネットワークを構築すれば、どんなビジネスチャンスの拡大が可能か |
| | 〈6〉 | 顧客との共同開発、OEM（相手先ブランドによる製造）等、顧客との相互取り組みによるチャンスはどういうことが可能か |

| 内部要因 | | |
|---|---|---|
| **強み（S）** | | |
| A | 「機会」の市場・顧客ニーズに対応できる技術全般（技術スタッフ、技術面での優位性）の「強み」は何か | |
| B | 顧客に安心感を与えるアフターサービス方針や体制、機能としての「強み」は何か | |
| C | 他社より抜きん出ている固有ノウハウ（生産技術・販売面・性能面・機能面・体制面等）は何か。また「強み」に活かせる取扱製品の価値転換の可能性は何か | |
| D | 他社では取り扱えない商品の権利（特約店や専売地域）としての「強み」は何があるか | |
| E | 特に強い顧客層・エリアはどこか。それはなぜ「強い」のか | |
| F | 他社との差別化につながる顧客への支援機能（IT、情報サービス、営業事務、バックアップ体制等）での「強み」は何か | |
| 組合せ番号 | 【積極戦略】自社の強みを活かして、さらに伸ばしていく対策。または積極的に投資や人材配置して他社との競合で優位に立つ戦略 | 左記対策を実施した場合の概算数値（件数増減、売上増減、経費増減、利益改善、％増減等） |
| 〈2〉－B | ●即実行する戦略や具体策<br>●重点方針や突破口になる戦略<br>●人員も費用もかけて取り組む戦略 | |
| 〈5〉－E | ●即実行する戦略や具体策<br>●重点方針や突破口になる戦略<br>●人員も費用もかけて取り組む戦略 | |

以下にそのポイントを整理してみる。

- ●「機会」のどの分野やターゲット（顧客・商品等）に、「強み」のどの部分を掛け合わせた結果、どんな効果が期待されるのかを明文化する
- ●固有名詞で戦略や具体策がイメージでき、どういう行動をとればよいかわかる表現にする
- ●固有の「積極戦略」が自己都合の勝手な解釈になっていないか（機会を客観的に見ているか）を徹底議論する
- ●総論、抽象論の「積極戦略」の場合は、掘り下げた表現になるよう再度議論を詰める
- ●逆に戦略というよりは、戦術の具体策のように単なる方法論になっている場合も、本当に戦略論はないのか再検討する
- ●「ニッチ市場やニッチカテゴリー」が具体的かつ論理的内容か見直す
- ●「強み」は、「ニッチ市場やニッチカテゴリー」に具体的に関連性があるか（理屈が通っているか）
- ●「何を、いくらで、これぐらいの数量」などのイメージが湧くレベルまで落とし込んだか
- ●「選択と集中」で、予算も人材も投入できる具体的な戦略か（他の戦略を止めてでもやりたい戦略か）

②「機会分析」から「積極戦略」を想定する

「機会分析」で使った「ヒント」から、「積極戦略」を想像しながら進める。

それぞれの「機会」に、使える自社の細かい経営資源である「強み」をぶつけることで、独自の積極戦略をあぶり出すわけだ。

次ページ以下に「積極戦略」のヒントを30掲載している。横には、それぞれのポイントも簡単に解説しているので、これらを活用すると、議論から積極戦略を導きやすい。

## ■【積極戦略】のヒント

| | 「積極戦略」のヒント | ポイント |
|---|---|---|
| 1 | 主力チャネルのビジネスベースに乗ってはいないが、角度を変えたら、自社保有の「技術」「ノウハウ」を求めるユーザー・業界はどこか | メインのビジネスの経営資源ではないが、攻め方次第では新規開拓につながる技術やノウハウ |
| 2 | 同業他社が手間やコスト面からやっていないことだが、自社では（止めたいけれど）実際に続けていること、または顧客評価が高いことは何か | その手間をとことん標準化し、それを差別化の武器として、横展開や新規開拓を図る |
| 3 | 今の競合の激しい商流（顧客チャネル・ルート）を減らし、他の顧客ゾーンや新チャネルが望むビジネスモデルにした場合、増える可能性のある顧客チャネルは何か | 問屋経由や代理店経由なら直販スタイルをとる。または消費者直結なら、業務用経由の商品をつくり、量販を目指す |
| 4 | 商品・サービスのスペックを絞り込み、「限定用途」「ニーズ特化」の商品を開発販売すれば、増える可能性は何か | 絞り込んだスペックで低価格高粗利の実現や、滅多に使われないがこれがないと困る商品を高価格にし、ネットを通じて全国販売をする |
| 5 | この店しかない商品、この地域しかない商品にすることで、「わざわざ来たくなる商品」をつくろうとしたら、どんなものがあるか | 顧客限定のブランディングをすることで、「あそこしかない」を創り出す |
| 6 | 季節・期間で繁閑の差がある事業の場合、閑散期だけに絞ったビジネスモデル・提供商品ではどんなものが可能か | 閑散期は稼働率重視で、低利益でもよいビジネスモデルにして、閑散期のコストを吸収する |
| 7 | 商品・サービスの特性から流通チャネルのコラボで、自社にもよく、提携先にもよい「win-winの関係」ができる業界はどこか | 特定業界向けの提携企画書やPR文書、Webをつくり、業務提携をする。その場合、自社の顧客もオープンに活用できるメリットを相手方に提案すると話が早い |
| 8 | 同業者や競合者の中には「このビジネス分野、この商品を止めたい」と思っている可能性があるところに、共同開発、販売提携、場合によっては買収提案をするとすれば、どんな特性を持った同業者か | 競合先も消耗戦に疲れ、止めたいビジネスがある。それを提携することで、相手も自社もwin-winになる |
| 9 | 超高価商品・超プレミアム商品・超限定商品を出すことで、どんな新たな顧客が開拓可能か | ちょっとくらいの差別化ではなく、とんでもない高価格商品とか限定商品をWebで売ったり、話題性やニュース性を出すことで自社PRにつなげる |

| | 「積極戦略」のヒント | ポイント |
|---|---|---|
| 10 | 規格化や標準化でコスト削減を目指す競合者とは逆張りで、「完全個別ニーズ対応型」の面倒くさいサービスの提供を打ち出し、かつ高利益率になるとしたら、どんな商品・サービスか | オーダーメードなのに、大手の標準化商品と価格競争してはいけない。オーダーメードのメリットを全面に出し、高価格では限定数量で販売する |
| 11 | 競合者、同業者の苦手な部分・強みではない部分の業務や製造を請け負ったり、OEM（相手先ブランドでの製造）受託して、競合者をライバルではなく、顧客とする戦略はないか | 別会社やグループ会社で専門の受託サービス事業を立ち上げることで、新たなビジネスモデルが構築できる。「昨日の敵は今日の友」 |
| 12 | 自社でコストパフォーマンスの高いビジネスプロセスを、その分野ではコストパフォーマンスが悪いと予想される競合者・同業者に提供できないか | どんな競合者・同業者もすべて自前で高いコストパフォーマンスがあるとは限らない。業務プロセスでライバルと手を握り、販売で競争することも戦略である |
| 13 | 元々の商品サービスのスペックを大きく変えずに、「新たな用途開発」「新たな付加価値」が出てくる可能性があるとすれば、どんな新たな顧客開拓が可能か | 既存商品・サービススペックを違う角度から使えば、新たなニーズが生まれる商品。結果的にもともと行っている業務なら低価格で新価値を提供できる |
| 14 | 付加価値シリーズ・付加価値ブランドを開発し、高価格戦略をとるとしたら、どんな商材をどのように売るべきか | 値上げと思われない戦略は、「別ブランド戦略」である |
| 15 | Web、SNSを活用して、通販、直販、顧客との直接のネットワークを構築すれば、どんなビジネスチャンスの拡大が可能か | 「インターネットで売れない商品はない」と言われるなかで、既存商品や新商品をWebで売るためには、どんな規格で、どんな手法で、どんなサイトで行えば可能か |
| 16 | 商品名・パッケージデザイン・容量・流通ルートなどを変えることで、新たな顧客の取り込みや既存客の掘り起こしにつながる可能性はないか | 販売ターゲットを変えることで、既存商品の見た目、規格変更、流通ルートの変更はどんなことが可能か |
| 17 | 既存商品の「周辺サービス」「周辺業務」「周辺商品」を受注しようとすれば、どういう商材が可能か | 既存商品では競合社との価格競争になるが、既存商品の周辺商品・サービスをパッケージ化し、同業者にも営業ができないか |
| 18 | 既存商品の「リペア・リサイクル・リフォーム（3R）による低価格の付加価値商品」を特定商材やサービスで実現することで、販売拡大が可能になるとすればどんなことか | 財布の紐が固い時代、買い替えサイクルを伸ばして製品を長持ちさせるというニーズに応えて、3Rを商品パッケージにするにはどんなことがあるか |

| | 「積極戦略」のヒント | ポイント |
|---|---|---|
| 19 | 既存客からさらにビジネスチャンスをつかめるアフターサービスやメンテナンスは、具体的にどういうことを強化すれば売上増が見込めるか | どんな有料のアフターサービスなら顧客は納得するか。ライバルと差別化できるアフターサービスは何か。アフターサービスをブランド化するには何が必要か |
| 20 | 自社の商品やサービスの延長線上に、新しい価値観や社会構造、ライフスタイルから増えるニーズはどんなものがあるか | 構造変化、ライフスタイルの変化があれば、そこに新たなビジネスニーズが生まれる |
| 21 | 技術革新や輸入品等で新たな代用品や代替品を仕入れることができれば、どういうチャンスが広がるか | 国内品に限らず海外品の低価格商品で代用できるものはないか。また、これまで部品単位の受発注だったが、手間を削減したモジュール単位で代用が可能になる |
| 22 | 仕入先・外注先との共同開発やコラボレーションで、今後のビジネスチャンスになるテーマはないか | 自社だけで考えず、川上の仕入先や外注先と共同プロジェクトにすることで、新製品やサービス、付加価値の向上を実現する |
| 23 | どういう新たな販売先（新チャネル）の出現の可能性があるか。またそれをどのように展開すれば「機会」になりうるか | 新たな売り先が市場で生まれるということは、新たな販売チャネルが生まれるということ。それに合わせた商品開発をすれば、チャンスが広がる |
| 24 | 既存事業の不動産や固定資産活用における「機会」は何が考えられるか（賃料値下げ、複合活用等） | 現在の不動産の新たな活用方法や、空室や地価の下落に伴う賃料低下の可能性をいう |
| 25 | 新たに規制が強化されそうな動きで、自社の事業に直結する「機会」の動きは何か | 規制が強まれば、既存業界は保護される方向に動き、新規参入障壁が高くなる可能性がある |
| 26 | 逆に規制が緩和されそうな動きで、参入障壁がなくなり、自社の事業に直結する「機会」の動きは何か | 規制緩和により、既存業界に風穴を開けるという可能性を指す |
| 27 | 海外の政治経済のリスクから生まれる「機会」はどんなものがあるか | マクロ的に見て、自社のビジネスの影響する地政学的リスクや可能性はどういう点かを見る |
| 28 | 国内政治の動きや新法からどんな「機会」が考えられるか | 政治経済の動きから、新たな法律が制定される場合、自社のビジネスの機会をもたらすのは何かを検討する |
| 29 | 国内の少子化、人口減から生まれる新たな市場や「機会」はどんなものがあるか | 少子化、人口減から生まれる新たなニーズやビジネスチャンスを見る |
| 30 | 高齢人口増加で、どんなことが「機会」につながるか | 自社のビジネスに関連する高齢化市場はどういうことが成長可能かを見る |

### ③「積極戦略」の具体策の概算数値を入れる

　積極戦略の枠の隣に、「左記対策を実施した場合の概算数値（件数増減、売上増減、経費増減、利益改善、％増減等）」という欄がある。ここには、積極戦略で出た具体的な商材や戦略商品、顧客対策の内容を実行した場合、「実施件数」「売上貢献」「経費増予定」「利益貢献」「従来の○％増減」などを概算で書く。

　例えば、「積極戦略」の中で、「A商品に○○サービスを付加して改良し、B客（30社）に対して、重点販売する。単価はだいたい10万円で、年間100個販売する」などと書かれたとする。そして、それを初年度はどれくらい、2年目はこれくらいと分ける（普通のビジネスは初年度は少なめ、後から大きく増やすイメージで考える）。

　また、個数が少なければ粗利率も悪いだろうし、最終年度の個数で量産すれば粗利率も改善されるという計算もしておく。さらに、その新商材を販売するために、新たな販促経費がかかるなら、それも年度別の概算を書いておく。そして、この「左記対策を実施した場合の概算数値（件数増減、売上増減、経費増減、利益改善、％増減等）欄」は、以下のような具体的な数字の記述になる。

- 初年度の2020年度　　売上200万円（20個）　　粗利率20%　　販促費用50万円
- 2年度目2021年度　　売上500万円（50個）　　粗利率25%　　販促費用30万円
- 3年度目2022年度　　売上1000万円（100個）粗利率30%　　販促費用20万円

　この欄は、詳細な内容分析をして書くのではなく、大体の概算や、思いつきでよい。ここに、何らかの数値を記入しておけば、後から作成する「具体策連動型中期収支計画」の時に役立つ。

# （7）「致命傷回避・撤退縮小戦略」のヒント

### ①「致命傷回避・撤退縮小戦略」の考え方

「致命傷回避・撤退縮小戦略」は、「脅威」×「弱み」から発生することで、「ネガティブな戦略」のイメージだろう。しかし、SWOTクロス分析における「致命傷回避・撤退縮小戦略」は、「生き残るために、前向きに取り組む戦略」だという位置づけである。

これまでの経営改善計画書で多かったのは、この「致命傷回避・撤退縮小戦略」だった。間違ってはいないが、これだけでは今後の成長戦略が見えない。だから、先に「積極戦略」を十分議論したうえで、「今後の勝てる戦略」を決めた後、「致命傷回避・撤退縮小戦略」を議論するのである。

（SWOTクロス分析「致命傷回避・撤退縮小戦略」イメージ図は次ページ掲載）

### ②「致命傷回避・撤退縮小戦略」に使われる具体的な戦略

これまでに指導したクロス分析の「致命傷回避・撤退縮小戦略」の検討では、どんな具体策や戦略が出てきたかを紹介しよう。だいたい下記の10項目に分類できる。

---

【1】 顧客・エリア・チャネル・ルートの選別（利益の出ない顧客からの撤退またはサービス選別）

【2】 商品の選別（デメリットの多い商品からの撤退）

【3】 可能性戦略への集中化（積極戦略に集中するために、赤字事業からの撤退）

【4】 事業戦略の仕分けと絞り込み（選択と集中）

【5】 原価コスト見直し、発注先や規格仕様の見直し、経費大幅削減

【6】 内部から外注・アウトソーシング化

【7】 人員配置の見直し

【8】 社内業務の仕分け、職務範囲の見直し（コア業務への人員配置）

【9】 資金使途の制限（投資先の絞り込み）

【10】 最終的には人員リストラ

---

■ SWOT クロス分析【致命傷回避・撤退縮小戦略】（イメージ図）

| | | 脅威（T） |
|---|---|---|
| 外部環境 | 〈1〉 | 顧客（消費者）からの「サービス面」「スピード対応要求」の圧力やニーズはどういう点が自社の「脅威」となりうるか |
| | 〈2〉 | 技術革新による代替品や低価格の輸入品等の供給による「脅威」は、具体的にどういうことがあるか |
| | 〈3〉 | 自社の営業地域・マーケットの人口動態やライフスタイルの変化で「脅威」になるとしたらどういうことか |
| | 〈4〉 | 競合他社の動きで警戒すべき「脅威」になる動きは何か |
| | 〈5〉 | 外注先・仕入先の動向や要望で「脅威」になることは何か（値上、事業縮小・廃業、サービス縮減、品質問題等） |
| | 〈6〉 | 直販、通販、ネット販売等の直接販売の動きでは、どういう「脅威」的な展開が具体的にマイナスに影響するか |

③「致命傷回避・撤退縮小戦略」に具体策の概算数値を入れる

　積極戦略と同様、右の枠に「左記対策を実施した場合の概算数値（件数増減、売上増減、経費増減、利益改善、％増減等）欄」がある。実際の「致命傷回避・撤退縮小戦略」で、ある経費削減策を実施した場合、どういう数値に影響するか、これも概算で書いておく。

　「ある営業所を３年以内に撤退し、出張形式でその地域の顧客に対応する」と戦略が決まったとする。この場合、売上が３年間でどれくらい下がるのか、撤退経費がいくらかかり、その後経費効果としてどれくらいプラス作用するか、感覚

| 内部要因 | | |
|---|---|---|
| 弱み（W） | | |
| a | 競合者と比較して、自社が明らかに負けている点（ヒト、モノ、カネ、技術、情報、効率、社内環境等）は何か | |
| b | 顧客ニーズに対応していない点は何か。その結果、どういう現象が起こっているか | |
| c | 顧客開拓、企画力での弱みは何か | |
| d | 業績悪化要因につながっている弱みは何か | |
| e | 商品力、開発力での弱みは何か | |
| f | サービス力での弱みは何か | |
| 組合せ番号 | 【致命傷回避・撤退縮小戦略】自社の弱みが致命傷にならないようにするにはどうすべきか。またはこれ以上傷口を広げないために撤退縮小する対策は何か | 左記対策を実施した場合の概算数値（件数増減、売上増減、経費増減、利益改善、％増減等） |
| 〈3〉ーc | ●リストラ型の戦略の意思決定<br>●止める商品、止める顧客の具体化<br>●事業仕分け、戦略の絞り込み | |
| 〈6〉ーe | ●リストラ型の戦略の意思決定<br>●止める商品、止める顧客の具体化<br>●事業仕分け、戦略の絞り込み | |

でもよいので記載する。

　例えば、2020年度の下半期から事務所を引き払い、事務パートに辞めてもらうとする。売上は昨年比10％ダウン、事務所経費（人件費込み）30万円×6か月削減、その分出張経費月5万円増×6か月。2021年度は、売上2020年比10％ダウン、経費は2020年度より300万円減少などとする。

　この段階では細かい数字ではなく、概算、感覚でもよい。これも「具体策連動型中期収支計画」を作成する時におおいに役立つ。

# （8）「改善戦略」のヒント

### ①「改善戦略」の考え方

改善戦略は、「機会」「チャンス」「可能性」ある市場ニーズなのに、自社の「弱み」がネックになり、積極戦略を打ち出せないわけだから、時間をかけて「弱み」を克服する戦略である。

そのためには、まずは自社内の具体的な「弱み」を改善する対策を中期計画（1〜3年）の中で取り組んでいく形になる。基本は「積極戦略」と同じように、「ニッチ市場やニッチカテゴリー」の「機会」を実現するために、必要な経営資源がない、または不足しているという「弱み」が顕在化しているので、それを強化する具体策に先に着手する。

ここでも「弱み」克服のための取り組みは、あくまでも「ニッチ市場やニッチカテゴリー」にシフトしていくことに限定することが肝要である。あまり、弱み克服の幅を広げないほうがよい。

**■ SWOT クロス分析【改善戦略】（イメージ図）**

| | | 機会（O） |
|---|---|---|
| 外部環境 | 〈1〉 | 同業者や異業種を参考にして、高付加価値のニーズに対応した「高価格商品」を実現するには、どのような具体的な商材やサービスを開発すれば可能か |
| | 〈2〉 | 現在の商材に対して、サービスや機能、容量、頻度、手間を大幅に減らし、どのような「低価格商材」を実現すれば、販売チャンスが広がるか |
| | 〈3〉 | クラウド、Web、facebook、ツィッター等、ITのさらなる普及をどう上手に利用すれば、販売増につながるか |
| | 〈4〉 | 現在の市場（営業地域）だけでなく、域外、海外などのエリア拡大をすれば、どういうチャンスが広がるか（販売面や調達面も含めて） |
| | 〈5〉 | Webを活用して、通販、直販、顧客との直接のネットワークを構築すれば、どんなビジネスチャンスの拡大が可能か |
| | 〈6〉 | 顧客との共同開発、OEM（相手先ブランドによる製造）等、顧客との相互取り組みによるチャンスはどういうことが可能か |

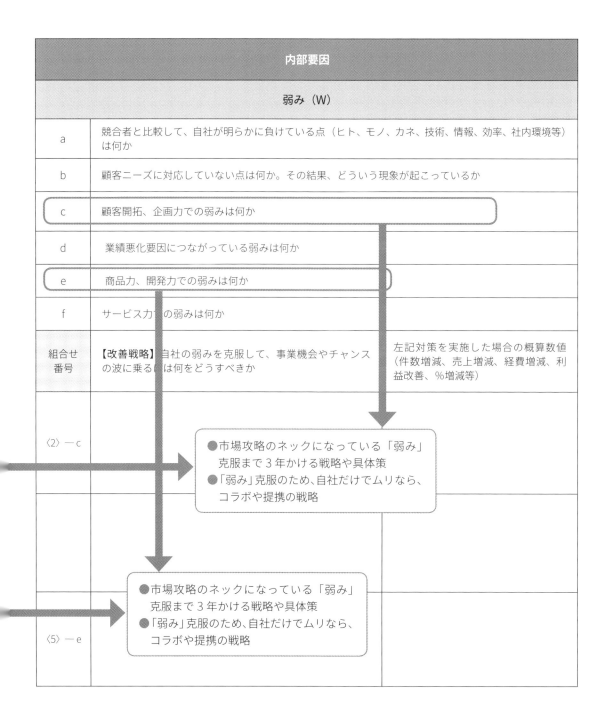

| | 内部要因 | |
|---|---|---|
| | **弱み（W）** | |
| a | 競合者と比較して、自社が明らかに負けている点（ヒト、モノ、カネ、技術、情報、効率、社内環境等）は何か | |
| b | 顧客ニーズに対応していない点は何か。その結果、どういう現象が起こっているか | |
| c | 顧客開拓、企画力での弱みは何か | |
| d | 業績悪化要因につながっている弱みは何か | |
| e | 商品力、開発力での弱みは何か | |
| f | サービス力での弱みは何か | |
| 組合せ番号 | **【改善戦略】**自社の弱みを克服して、事業機会やチャンスの波に乗るには何をどうすべきか | 左記対策を実施した場合の概算数値（件数増減、売上増減、経費増減、利益改善、％増減等） |
| 〈2〉ーc | ●市場攻略のネックになっている「弱み」克服まで3年かける戦略や具体策<br>●「弱み」克服のため、自社だけでムリなら、コラボや提携の戦略 | |
| 〈5〉ーe | ●市場攻略のネックになっている「弱み」克服まで3年かける戦略や具体策<br>●「弱み」克服のため、自社だけでムリなら、コラボや提携の戦略 | |

## ② 「改善戦略」の具体策

　「改善戦略」を実現する際に、どういうネックがあり、どう具体策を立案すべきか。ここでは代表的な４つの課題について、そのプロセスや対応策を考えてみる。

- 「弱み」を克服するために、社内の人材ではなく、新規採用とする場合
  - 賃金が低いと採用できないなら、給与体系の変更が先決
  - 専門人材がいなくて、一般社員を育成せざるを得ないなら、教育プログラムをどうするかを決める
- 「弱み」を克服するために、多能工を育成したいなら
  - 今いる人材を多能工にしたいなら、今後の採用計画、業務の見直しが必要
  - 技能を定義したスキルマップ、教育計画書も必要
- 資金がネックなら、資金づくりが先行する
  - 経営改善計画書を作成して、リスケを行う（対金融機関交渉）
  - 事業の撤退縮小、コスト削減で利益を出すにも時間がかかる
  - 売却できる不動産や資源がなければ、資金が生まれない
  - 借入対策、資本強化策等も中期で検討する
- 自社の経営資源だけで、「弱み」克服ができない場合
  - 他社の経営資源を活用するためのM&Aや業務提携先の開拓
  - 同業他社や異業種とのコラボ、別会社対策等

# （9）「差別化戦略」のヒント

**①両極端な考え方が生まれやすい「差別化戦略」**

　「差別化戦略」は、「市場やニーズはもうすでに限界、または明らかに縮小している脅威」に対して、自社の「強み」をどう活かして戦略を組むかである。

　先述のように「差別化戦略」は、

- ● 徹底して差別化と規模拡大を図り、圧倒的な一番店・地域トップを狙う
- ● 撤退する同業者の吸収合併、支援などでシェアを高める
- ●「強み」もあるが、この市場を捨てて、「機会」の可能性ある分野にシフトする

などが挙げられる。

　資本力があればいろいろな戦略も可能だが、一般に中小企業では難しい戦略といえる。

　仮に同業者が撤退した後、自社１社または２社くらいの寡占状態になったとしても、よほどの戦略商材を持っていない限り、やはり価格の優位性が通用しない傾向がある。

　ひとつの判断としては、「自社含めて２～３社の寡占状態」になったとしても、その事業が赤字事業であれば、トップシェアでない限り、やはり「撤退」のほうが正しい場合が経験的にも多いように思われる。

　「差別化戦略」の３つの選択については、第１章の(2)の⑦を参照。

　（SWOT クロス分析「差別化戦略」イメージ図は次ページ掲載）

## ■ SWOT クロス分析【差別化戦略】（イメージ図）

| 外部環境 | | 脅威（T） |
|---|---|---|
| | 〈1〉 | 顧客（消費者）からの「サービス面」「スピード対応要求」の圧力やニーズはどういう点が自社の「脅威」となりうるか |
| | 〈2〉 | 技術革新による代替品や低価格の輸入品等の供給による「脅威」は、具体的にどういうことがあるか |
| | 〈3〉 | 自社の営業地域・マーケットの人口動態やライフスタイルの変化で「脅威」になるとしたらどういうことか |
| | 〈4〉 | 競合他社の動きで警戒すべき「脅威」になる動きは何か |
| | 〈5〉 | 外注先・仕入先の動向や要望で「脅威」になることは何か（値上、事業縮小・廃業、サービス縮減、品質問題等） |
| | 〈6〉 | 直販、通販、ネット販売等の直接販売の動きでは、どういう「脅威」的な展開が具体的にマイナスに影響するか |

| | | 内部要因 |
|---|---|---|
| | | **強み（S）** |
| A | | 「機会」の市場・顧客ニーズに対応できる技術全般（技術スタッフ、技術面での優位）の「強み」は何か |
| B | | 顧客に安心感を与えるアフターサービス方針や体制、機能としての「強み」は何か |
| C | | 他社より抜きん出ている固有ノウハウ（生産技術・販売面・性能機能面・体制面等）は何か。また「強み」に活かせる取扱製品の価値転換の可能性は何か |
| D | | 他社では取り扱えない商品の権利（特約店や専売地域）としての「強み」は何があるか |
| E | | 特に強い顧客層・エリアはどこか。それはなぜ「強い」のか |
| F | | 他社との差別化につながる顧客への営業支援機能（ＩＴ、情報サービス、営業事務、バックアップ体制等）での「強み」は何か |
| 組合せ番号 | 【差別化戦略】自社の強みを活かして、脅威をチャンスに変えるには何を、どうすべきか | 上記対策を実施した場合の概算数値（件数増減、売上増減、経費増減、利益改善、％増減等） |
| 〈3〉－B | ●じり貧市場でも他社のシェアを奪い圧倒的No.1になる戦略<br>●ライバルがお手上げになるまでの我慢戦略<br>●「強み」があっても「撤退する」戦略 | |
| 〈6〉－E | | ●じり貧市場でも他社のシェアを奪い圧倒的No.1になる戦略<br>●ライバルがお手上げになるまでの我慢戦略<br>●「強み」があっても「撤退する」戦略 |

# 3

# SWOT 分析を活用すれば
# 経営計画書はこう変わる

《3章に掲載したシート類》
■ SWOT 分析を活用した経営計画書の作成工程
■ SWOT 分析検討会　記入用シート
■ SWOT クロス分析後の「実現可能性のある抜本対策」体系図
■ 3 か年中期経営計画
■ クロス分析の「戦略」「具体策」を反映した【具体策連動型中期収支計画表】
■ 今期の経営スローガン及び重点具体策・アクションプラン

# （1）今までの「数値羅列型」「抽象的表現」の経営計画書の限界

**①決算書分析と返済原資からの「根拠なき経営計画書」に経営者はうんざりする**

　これまで多くの経営計画書を見てきた中で、会計事務所が支援して作成した経営計画書は、損益計画、キャッシュフロー計画中心である。また、商品別売上利益、顧客別売上利益を作成している場合があるが、その根拠までは落とし込んでいない。その分野は会計ソフトでは対応できないし、担当している会計事務所の職員も踏み込んでいない。いずれにしても「数値羅列型計画書」になっているケースが多いのが実態である。

　これまでのように決算書主義・担保主義の融資環境だったら、経営計画書は補助的な扱いであり、さして重視もしてこなかったからそれでもよかっただろう。しかし、事業性評価やローカルベンチマークなどを重視するこれからの時代において、これまでのような数値だけの経営計画書では意味をなさない。

　また、数値羅列型経営計画書に対しては、経営者も「どうせ銀行に出すだけの形式的書類」だと軽視している感がある。その証拠に、「融資を受けたいので、会計事務所のほうで適当に事業計画を作ってくれませんか」と依頼する経営者が少なくないのだ。

　その依頼に対して、会計事務所はちょっとだけヒアリングをして、返済ができそうな「お化粧をした経営計画書」を作成しているわけである。このような「魂の入ってない経営計画書」に、経営者の関心も薄く、ましてや数値だけの予実モニタリングをされても、あまり真剣に乗ってこないのは心情として理解できる。しかも、経営計画書の作成をソフトウェアを使い、そして有料で提案している会計事務所もある。こうした方法では、初年度は何とか依頼されても、次年度以降は断られるだろう。それは至極当然のことだと思う。

**②「利益が出る理由は？」に答えられない**

　経営計画書には大原則がある。それは、「前期実績」と「翌期目標」は、同じではないということだ。商品や顧客の環境も変化するし、原価や経費もいろいろな変動要因がある。そして、企業の宿命として、「成長し続けなければならない」という鉄則がある。

　すると、売上・利益は前年より拡大目標になるはずだ。仮に不景気になり「減

収計画」になった場合でも、利益を確保するために、原価削減、業務効率化、経費削減の新たな対策が求められる。

　経営計画書の売上や利益の数値が昨年よりよくなり、中期的に売上・利益の増大が求められるわけである。もし、融資を受けているなら、返済原資は成長を見込んだキャッシュフローから捻出されるわけだから、絶対に成長してもらわないと困るのだ。

　しかし、「数値計画は確かに成長している計画」だが、その根拠の具体策が見当たらないことがある。経営者に聞いても、「社員がしっかり頑張るから」とか、「とにかく今の商材でこの目標はやるしかない」といった言葉は出るが、「具体的な戦略」や「差額対策」の固有名詞がないケースが多い。

　そこに問題がある。

### ③概念論、抽象論的表現の具体策は「実行できない」がバレバレ

　金融機関も「根拠なき経営計画書」は見抜いているかもしれない。しかし、担保で保全しているし、過去の決算書もまあまあよいので、稟議は通すだろう。だが、概念論、抽象論ばかり目立つ経営計画では、今後の事業性評価には対応できない。

　これからの経営計画書になくてはならないのは、「実行できる具体策」「差額対策になる具体的な商材」、そして、それを実行するためのアクションプラン（具体的な行動計画）があることだ。要は「金融機関を説得できる経営計画書」にしなければならないのである。

　金融機関だけではない。社員に対しても同じことが言える。業績が悪い企業（または赤字企業）が、将来目標で「売上〇億円、経常利益〇万円　賞与４か月」などと経営者が言ったとしても、社員はその根拠となる戦略が具体的に見えなければ、「単なるリップサービス」と見抜いていて、早々に会社を見限り、退職するかもしれない。

### ④何十枚も書かれた経営計画書、チェックがしにくい経営計画書は無用

　数十ページに及ぶ数値計画が書かれた経営計画書は、カタチは立派でも正直見る気がしないものだ。また、それがパソコンのソフトの中に何十枚もシートがあり、クリックする度に画面がコロコロ変わるのも、苦手な経営者は多い。

　また、アクションプラン（行動計画）が細かく記述されておらず、チェックしても行動結果がわからない、アウトプットが見えないものは、PDCAが回しに

くい。そういう経営計画書では、事業性評価やローカルベンチマークなどを現実的に使おうとしている人にとっては、無用の長物になるだろう。

　本書で解説する経営計画書作成のノウハウは、戦略立案からアクションプランまで「わずか4〜5枚の経営計画書シート」で、単純にわかりやすく、モニタリングしやすいシステムにしている。だから、使いやすい。

### ⑤ SWOT分析を活用した経営計画書が評価される理由

　経営計画書に書かれた目標数値に対して、それを実現させる根拠を与えることこそ、この「SWOT分析を活用した経営計画書」の目的である。

　先述したようにSWOT分析を実施し、そこから生まれた数値対策に直結する「積極戦略」や「致命傷回避・撤退縮小戦略」「改善戦略」には、根拠となる具体策が入っている。

　その「積極戦略」は、商品 ( サービス ) 名、ターゲット顧客ゾーン、売り方（作戦）、仕掛け、販売個数、売上目標、利益目標などが固有名詞と数字で記載される。「積極戦略」が複数あれば、それだけ差額対策のバリエーションが増え、それらの対策を数値化して、来期、中期の収支計画表に反映させる。だから、数値としても根拠がある。

　しかも、SWOTクロス分析の結果だから、「独自化」「差別化」の固有戦略が入っている。ニッチニーズ・ニッチ市場での独自の「積極戦略」でも、初年度の売上貢献は少ないかもしれないが、それを横展開、深耕開拓や広域展開などの戦略をとることで、中期的な成長戦略とすることもできる。

# （2）SWOT 分析を活用した経営計画の進め方

① SWOT 分析からの経営計画書作成、モニタリングまでの工程

　SWOT 分析を活用した経営計画書の中身と、それをどんな方法で進めるか、その工程を解説する。詳細は別表に記載しているとおりである。全部で大きく 6 つの工程に分かれる。

　まず、事前の準備、打ち合わせとして、必要売上、必要粗利、必要利益と現在の業績のギャップ確認を行う。ここでは、SWOT 分析によって、どんな商材をどれくらい作るかをイメージするため、現状の経常利益と必要経常利益のギャップを把握する。その結果、必要粗利、必要売上がわかれば、SWOT 分析で何が求められているかが見えてくる。【具体策連動型中期収支計画表】の「破局のシナリオ」から、ギャップ金額を確認する。

　これらの工程を示すと下記のようになる。

---

ⅰ SWOT 分析：第 2 章で解説したとおりである。

ⅱ 実抜体系図：実抜とは、「実現可能な抜本対策」である。SWOT 分析から中期方針を整理し、金融機関にも社員にもわかりやすくするための体系図化である。

ⅲ 中期経営計画：3 か年の売上・利益や各種重要指標の目標と、その中身を大まかに書いたものである（ただし、事業所単位・店舗単位の場合は割愛する場合がある）。

ⅳ クロス分析の「戦略」「具体策」を反映した具体策連動型中期収支計画表：3 か年の収支計画と、その根拠となる商材戦略（SWOT クロス分析から生まれた戦略や具体策）が同時に把握できるようになっている。

ⅴ 今期の経営スローガン及び重点具体策：アクションプラン。クロス分析から生まれた商材戦略や具体策を、実行状況のチェックが可能な行動プロセスに落とし込み、さらにそれを、いつの会議で、どんなアウトプットでチェックするかまで記載している。

ⅵ モニタリング：毎月の業績の予実チェック及びアクションプランの進捗状況のチェックで、PDCA を回していく。

---

## ■ SWOT分析を活用した経営計画書の作成工程

| | 作成コンテンツ | | 実施内容 |
|---|---|---|---|
| 事前準備 | 必要売上、必要粗利、必要利益と現在の業績のギャップ確認 | ① | 融資返済に必要なキャッシュフローを捻出するために、必要な利益額チェック |
| | | ② | 現状の経常利益と必要経常利益の差額確認 |
| | | ③ | 必要経常利益を出すために、いくらの粗利額増が必要か確認 |
| | | ④ | 平均的な粗利率で割って、いくらの売上増が必要か確認 |
| | | ⑤ | 第4工程の【具体策連動型中期収支計画表】の「破局のシナリオ」の欄で確認 |
| 第1工程 | SWOT分析実施 | ① | 商材につながるニッチニーズ・ニッチ市場「機会」の深掘り |
| | | ② | 「機会」のなかで、即効性がある、潜在的な、小さな「強み」を深掘り |
| | | ③ | 「積極戦略」で、具体的な商材戦略とそれを開発販売するための仕掛け、作戦を決定 |
| | | ④ | 各商材の大まかな単価（粗利）、販売個数を決定 |
| | | ⑤ | 各商材のターゲット顧客、新たな販売チャネル、セールスプロモーションの決定 |
| | | ⑥ | 新戦略を実施した際に発生する原価・経費科目の大まかな概算 |
| 第2工程 | 実抜体系図への記入 | ① | SWOT分析で出た「積極戦略」「致命傷回避・撤退縮小戦略」「改善戦略」を記載 |
| | | ② | 3か年で構築する「商材戦略」「顧客戦略」「コスト戦略」「組織対策」に分類し箇条書き |
| | | ③ | 3か年中期ビジョン、数値目標、戦略項目を具体的に一覧記載 |
| 第3工程 | 中期経営計画への記入 | ① | SWOT分析の各種戦略から3か年の売上、利益予測をする |
| | | ② | 業績以外の重要な指標目標の設定 |
| | | ③ | SWOT分析の外部環境分析（機会と脅威）から「市場の予測」 |
| | | ④ | クロス分析の各種戦略から「事業展開」「商品戦略」「顧客戦略」「設備投資戦略」を記載 |
| | | ⑤ | 体系図から「組織体制」「部門戦略」を記載 |
| 第4工程 | クロス分析の「戦略」「具体策」を反映した【具体策連動型中期収支計画表】への記入 | ① | 前期業績の実績を記入（速報ベースでも可） |
| | | ② | 現状推移で「脅威」を反映した場合の3年後の数値（破局のシナリオ）記載 |
| | | ③ | 右側の欄にクロス分析の戦略、具体策と概算数値（売上・原価・経費）を記載 |
| | | ④ | 中期3か年の売上、粗利の記載 |
| | | ⑤ | 新戦略を実施した際に必要な原価、経費、償却費もここで調整して追加 |
| | | ⑥ | 最終的な必要経常利益と必要粗利、必要売上を調整しながら作成 |
| 第5工程 | 今期の経営スローガン及び重点具体策、アクションプラン | ① | 次期の経営スローガンの決定 |
| | | ② | 中期計画の中で、初年度に実施または仕掛ける重点具体策を記載 |
| | | ③ | 重点具体策を行動プロセスがわかるレベルまで、行動分解して記載 |
| | | ④ | 行動計画をモニタリングする期日、その期日に何をチェックするかを記載 |
| 第6工程 | モニタリング | ① | 業績の進捗状況のモニタリング |
| | | ② | アクションプランの行動計画が期日通り実施されたかをモニタリング |
| | | ③ | 未実施の場合の修正アクションプランの内容、期日を記述 |

実際に SWOT 分析を活用した経営計画書の実例や書き方については、本書の第 6 章以降の『事例編』に紹介している。これらの事例（8 例）は、SWOT 分析スキル検定の最上位コースである「SWOT 分析スキル検定マスターコース」を修了した 4 名のコンサルタント（本書の共著者）が実際に作成支援した実例を解説とともに掲載しているので参照していただきたい。

**②事前準備：必要売上、必要粗利、必要利益と現在の業績のギャップ確認**

　前項の「① SWOT 分析からの経営計画書作成、モニタリングまでの工程」で記載したとおり、先に第 4 工程の「具体策連動型中期収支計画」の「破局のシナリオ」部分に取り組む。この箇所は、今までどおりの努力の延長線上で、業績はどう悪化するかをシビアに数値化する。

- 既存商品が過去 3 か年平均 5％ダウンしているなら、来期も再来期も 5％ずつダウンで見る
- 新商品が伸び悩んでいるなら、今の延長線上の売上で見る
- 原材料、外注費が上がる予定があるなら、平均上昇率を掛けた原価で見る
- 人手不足で内製化が難しく、外注が必要なら、その分外注費増を見る
- 労務費が増える（有給取得義務化、休日勤務増加、人手不足から時給増加等）なら、その分を計算に入れる
- 販売費及び一般管理費の各科目で、増える予定があれば、それを読む。また削減ができる科目があれば、それも見る
- 役員報酬はここでは削減せずに、業績がどのように悪化するかを数値で見る
- 融資の返済から見て、必要なキャッシュフローを稼ぐために、「必要経常利益」を算出する
- 「必要経常利益」をそのままにして、既存の粗利予定額にプラスして「必要粗利額」を算出する
- 「必要粗利額」を現状のレベルの粗利率で割ると、「必要売上高」が出る
- 「必要売上高」－「破局のシナリオでの売上高」＝「必要売上差額」

　この「必要売上差額」を埋める商材を決めるため、または粗利率改善の具体策を決めるために「SWOT 分析」を行うのである。

**③第 1 工程：SWOT 分析の記入フォーム**

　SWOT 分析は下記のフォームに記入する。

　SWOT の各要素「機会」「脅威」「強み」「弱み」、クロス分析の各戦略「積極戦略」

■ SWOT 分析検討会　記入用シート

| 会社名 | |
|---|---|
| 参加者 | |

| | 企業概要 | |
|---|---|---|
| 1 | 売上 | |
| 2 | 社員数・店舗数 | |
| 3 | テーマ・課題 | |
| 4 | SWOT 分析の目的 | |
| 5 | 経営者の期待 | |
| 6 | その他 | |

| | 強み（S）・・・ ターゲットと比<br>（ターゲットがない場合は一般的な発注者 |
|---|---|
| A | |
| B | |
| C | |
| D | |
| E | |
| F | |
| G | |
| H | |

| 外部環境 | 機会（O） | | 組合せ番号<br>（例〈2〉-<br>B) | 【積極戦略】自社の強みを活かして、さらに伸ばしていく対策。または積極的に投資や人材配置して他社との競合で優位に立つ戦略 |
|---|---|---|---|---|
| | | 〈1〉 | | |
| | | 〈2〉 | | |
| | | 〈3〉 | | |
| | | 〈4〉 | | |
| | | 〈5〉 | | |
| | | 〈6〉 | | |
| | | 〈7〉 | | |
| | | 〈8〉 | | |
| | 脅威（T） | 左記の状態で、具体的な手を打たない場合、どれくらいマイナスになるか概算数値や%を書く | 組合せ番号<br>（例〈②④〉<br>- BF) | 【差別化戦略】自社の強みを活かして、脅威をチャンスに変えるには何をどうすべきか |
| | | ① | | |
| | | ② | | |
| | | ③ | | |
| | | ④ | | |
| | | ⑤ | | |
| | | ⑥ | | |

| | | | 検討日時 | | |
|---|---|---|---|---|---|
| | | | | | |
| | | | | | |

| 内部要因 | | | | | |
|---|---|---|---|---|---|

| 較して<br>ニーズをベースに) | | | 弱み（W）・・・ターゲットと比較して<br>（ターゲットがない場合は一般的な発注者ニーズをベースに） | | |
|---|---|---|---|---|---|
| | | a | | | |
| | | b | | | |
| | | c | | | |
| | | d | | | |
| | | e | | | |
| | | f | | | |
| | | g | | | |
| | | h | | | |
| 左記対策を実施した場合の概算数値（件数増減、売上増減、経費増減、利益改善、％増減等） | 組合せ番号（例〈③〉- e/f) | | 【改善戦略】自社の弱みを克服して、事業機会やチャンスの波に乗るには何をどうすべきか | 左記対策を実施した場合の概算数値（件数増減、売上増減、経費増減、利益改善、％増減等） | |
| | | | | | |
| | | | | | |
| | | | | | |
| 左記対策を実施した場合の概算数値（件数増減、売上増減、経費増減、利益改善、％増減等） | 組合せ番号（例〈③⑥ - CD) | | 【致命傷回避・撤退縮小戦略】自社の弱みが致命傷にならないようにするにはどうすべきか。またはこれ以上傷口を広げないために撤退縮小する対策は何か | 左記対策を実施した場合の概算数値（件数増減、売上増減、経費増減、利益改善、％増減等） | |
| | | | | | |
| | | | | | |

「致命傷回避・撤退縮小戦略」「改善戦略」「差別化戦略は、第2章で解説したとおりである。

### ④第2工程：実抜体系図の書き方

実抜体系図の左側の「クロス分析の戦略と具体策」では、上段には「積極戦略」「致命傷回避・撤退縮小戦略」の優先度の高いクロス分析を転記する（文字数が多い場合は、簡略化した表記に）。「クロス分析の戦略と具体策」の下段では、時間の

**■ SWOT クロス分析後の【実現可能性のある抜本対策】体系図**

※「クロス分析の戦略と具体策」は、SWOT分析クロス分析シートから転記する（左側）
※「3か年中期方針及び実施戦略」は、クロス分析の各ゾーンで捻出された方針や戦略、
※「3か年中期ビジョン」は、中央の各種戦略を実施するにあたり、わかりやすい表現で

| 短期 or 中期 | 優先 No | クロス分析の戦略と具体策 |
|---|---|---|
| 【積極戦略】【致命傷回避・撤退縮小戦略】1か年で結果を出す優先度の高い | 1 | |
| | 2 | |
| | 3 | |
| | 4 | |
| | 5 | |
| 3か年で結果を出すための優先度の高い【改善戦略】 | 1 | |
| | 2 | |
| | 3 | |
| | 4 | |
| | 5 | |

かかる「改善戦略」を記載する。

　真ん中の「カテゴリー別実施戦略」は、左側に書かれた「クロス分析」からの戦略を、「商品」「顧客」「コスト」「組織」に分類し、簡素化した箇条書きで記載する。

　右側の「3か年中期ビジョン（実抜方針）」は、真ん中の「カテゴリー別実施戦略」をベースに、中期的な目標 KGI[※]（重要達成目標）、KSF[※]（重要成功要因）、KPI[※]（重要業績指標）などを記載する。（※については 86 ページで概説）

| 会社名 | |
|---|---|

具体策を 4 つのカテゴリーに分類して、固有名詞で記述する（中側）
「3 大方針または 5 大方針」等でビジョンの表現にする（右側）

| カテゴリー別実施戦略（1〜3 か年で構築する「商材」「顧客」「コスト」「組織改革」） | | | 3 か年中期ビジョン（実抜方針）（勝ち残るための必須条件でも可） | |
|---|---|---|---|---|
| 新商品開発・既存商品強化と戦略 | 1 | | 中期戦略目標 | |
| | 2 | | | |
| | 3 | | | |
| | 4 | | 売上に関連する目標 | |
| | 5 | | | |
| 新規開拓、新チャネル・エリア開拓、既存顧客強化と戦略 | 1 | | | |
| | 2 | | | |
| | 3 | | 利益・経費に関する目標 | |
| | 4 | | | |
| | 5 | | | |
| コスト改革（原価・固定費他）の方針と戦略 | 1 | | | |
| | 2 | | 業務・品質に関する目標 | |
| | 3 | | | |
| | 4 | | | |
| | 5 | | 組織に関する目標 | |
| 組織改革・人員体制の方針と戦略 | 1 | | | |
| | 2 | | | |
| | 3 | | | |
| | 4 | | その他 | |
| | 5 | | | |

### ⑤第3工程：中期経営計画の書き方

　上段には、「実抜体系図」（前ページ、右側の上）から抜き出した「中期戦略目標」を転載する（この中期経営計画は、単年度計画中心または中期計画が立てにくい場合、事業所単位や店舗単位の場合は割愛するケースもある）。従来の科目別売上目標を設定し、クロス分析で出てきた新たな商材を別科目にするなら、新たな売上科目を追加し、目標を設定する。また、年度ごとの粗利目標、経常利益目標、その他重要指標を独自で設定し、年度ごとに目標値を決める。既存事業と新規事業を分けて記述するとわかりやすい。

　下段の「市場の動き・予測」では、SWOT分析での「機会」「脅威」を参考に、自社に関係する競合環境の変化、景気先行き懸念や見通し、既存事業が盛衰する分野の可能性などを記載。3年間の見通しが同じなら、1行にしてもよいが、法的な規制や業界の変化が特定年度で発生する場合は、分けて記載する。

　「事業展開」では、クロス分析の結果、拡大、出店、進出、新規事業、M&A、提携等の具体策が出た場合、またはクロス分析には出なかったが、経営者が考えていることを記載する。ここでも、既存事業と新規事業それぞれについて記述するとわかりやすい。

　「商品戦略」では、積極戦略や致命傷回避・撤退縮小戦略で生まれた「伸ばす商材」「減らす商材」「新たな商材」「マーケティング展開」等を記載する。

　「顧客戦略」では、これもクロス分析で検討した新規顧客開発、CS（顧客満足度）向上策、顧客の囲い込み、新チャネル開拓、新ニッチ市場への参入等を記載する。

　「組織体制」では、クロス分析検討やそれ以外に経営者が考えている、後継者育成策、役員幹部登用、事業部制化、分社化、内製化、アウトソーシング化、グループ体制、新組織等などについて記載する。

　「設備・投資戦略」では、積極戦略や致命傷回避・撤退縮小戦略で生まれた、出店や撤退、工場機械設備投資、または売却、ノウハウ投資等を記載する。

　「部門戦略」では、これまで記載していないことで各部門に重要な戦略があれば、個別方針を記載する。

### ⑥第4工程：具体策連動型中期収支計画の書き方

　このシートは、左に数値計画、右にその根拠になる具体策や数値が記載された一覧である。

　これまでの経営計画書は、数値計画とその根拠となる具体策が別シートになっていることがほとんどで、「一目で見える化」したほうが、理解もしやすく、

■【3 か年中期経営計画】（　　　　年度〜　　　　年度）

| 中期戦略目標 | 1 | |
|---|---|---|
| | 2 | |
| | 3 | |

| | | 年度 | | 年度 | | 年度 | |
|---|---|---|---|---|---|---|---|
| 売上 | | | | | | | |
| 売上科目 | | | 比率(%) | | 比率(%) | | 比率(%) |
| | | | 〃 | | 〃 | | 〃 |
| | | | 〃 | | 〃 | | 〃 |
| 粗利益 | | | | | | | |
| 粗利益率　% | | | | | | | |
| 経常利益 | | | | | | | |
| 経常利益率　% | | | | | | | |
| 従業員数 | | | | | | | |
| 労働分配率　% | | | | | | | |
| 原材料比率　% | | | | | | | |
| ○○率　% | | | | | | | |
| 市場の動き・予測（自社に関係する競合環境、景気先行き、盛衰の分野等） | | | | | | | |
| 事業展開（拡大、出店、進出、新規事業、M&A、提携等） | | | | | | | |
| 商品戦略（伸ばす商材、減らす商材、新たな商材、マーケティング展開等） | | | | | | | |
| 顧客戦略（顧客開発、CS、囲い込み、新チャネル、新市場等） | | | | | | | |
| 組織体制（後継者役員構成、事業部化、分社、内製化、アウトソーシング化、グループ体制、新組織等） | | | | | | | |
| 設備・投資戦略（出店、工場機械設備投資、ノウハウ投資等） | | | | | | | |
| 部門戦略（営業、管理、生産、店舗等の個別方針を記す） | | | | | | | |

## ■クロス分析の「戦略」「具体策」を反映した【具体策連動型中期収支計画表】

（単位：千円）

| 科目 | ①部門 | ②科目 | ③前年度実績 | ④破局のシナリオ（普通の努力の延長線上なら）の3年後の数値 | ⑤（　）年度予想売上 | ⑥（　）年度予想売上 |
|---|---|---|---|---|---|---|
| 売上 | 部門（　） | | | | | |
| | | | | | | |
| | 部門（　） | | | | | |
| | | | | | | |
| | 部門（　） | | | | | |
| | | | | | | |
| | 部門（　） | | | | | |
| | | | | | | |
| | 売上合計 | | | | | |
| 原価 | | | | | | |
| | | | | | | |
| | | | | | | |
| | 原価計 | | | | | |
| 粗利 | | | | | | |
| | | | | | | |
| | | | | | | |
| | 粗利合計 | | | | | |
| | 平均粗利率 | | | | | |
| 販売費及び一般管理費 | 役員報酬（法定福利・福利厚生込） | | | | | |
| | 人件費（法定福利・福利厚生込） | | | | | |
| | 雑給 | | | | | |
| | 地代家賃 | | | | | |
| | 旅費交通費 | | | | | |
| | 販促広告費 | | | | | |
| | 運賃 | | | | | |
| | 接待交際費 | | | | | |
| | 減価償却費 | | | | | |
| | 什器備品費 | | | | | |
| | 事務消耗品費 | | | | | |
| | | | | | | |
| | | | | | | |
| | 販管費及び一般管理費合計 | | | | | |
| | 営業利益 | | | | | |
| 営業外 | 営業外収益 | | | | | |
| | 営業外支出 | | | | | |
| | 経常利益 | | | | | |

| ⑦（　　）年度<br>予想売上 | 戦略による概算数値（売上・原価・経費）整理 | | |
|---|---|---|---|
| | ⑧クロス分析の戦略と具体策から捻出される売上概況・内容（新商材・新規チャネル等売上の増や既存商材の売上増減等） | | 新たに増減する売上高 |
| | 〈1〉 | | |
| | 〈2〉 | | |
| | 〈3〉 | | |
| | 〈4〉 | | |
| | 〈5〉 | | |
| | ⑨クロス分析の戦略と具体策に該当する仕入または粗利に関する概況・内容（新商材・新規チャネル等で発生する原価や仕入、既存商材の売上ダウンに伴う仕入減、または粗利率の変動も含む） | | 新たに増減する原価・仕入 |
| | 〈1〉 | | |
| | 〈2〉 | | |
| | 〈3〉 | | |
| | 〈4〉 | | |
| | ⑩クロス分析の戦略と具体策に該当する経費支出・削減の科目と金額に関する科目及び概況と内容（新対策で新たに発生する経費も含む） | | 新たに増減する経費 |
| | 〈1〉 | | |
| | 〈2〉 | | |
| | 〈3〉 | | |
| | 〈4〉 | | |
| | 〈5〉 | | |
| | 〈6〉 | | |
| | 〈7〉 | | |

管理もしやすいことから、このフォームに帰着した。すでにこのフォームを使った経営計画書のコンサルティングを数多く経験しているが、経営者や幹部からは「一目でわかる」と好評である。

【①部門】とは、複数の事業部門や販売チャネルがある場合、戦略を整理するため、あえて分ける。例えば、卸部門、小売部門、ネット直販部門などに分けるように。

【②科目】とは、従来の売上科目と新規商材（既存商品、新商品、新たな顧客向け商品など）が、クロス分析の結果で発生していれば、そこに記載する。

【③昨年実績】は、決算確定前なら速報ベースでも可。売上、原価、経費、利益を整理。

【④破局のシナリオ（普通の努力の延長線上なら）の３年後の数値】は、これまでどおり普通に努力し、普通にできる範囲の経費削減をした結果、３年後にはどこまで数値が悪くなるかを概算で記入。赤字幅がますます拡大するのか、まさに「破局のシナリオ」を認識してもらうための欄である。（本章(2)-①を参照）

【⑤（　　）年度予想売上】【⑥（　　）年度予想売上）】【⑦（　　）年度予想売上）】は、初年度から今後３年間の売上、原価、経費、利益を記入する。SWOT分析時に「積極戦略」「致命傷回避・撤退縮小戦略」などで、概算数値を記入したはずなので、その数字を参考に記載する。ここの数字は、右記の根拠戦略の中身や数値の妥当性、必要経常利益、原価上昇圧力、経費削減効果などで再々調整をしていく。

【⑧クロス分析の戦略と具体策から捻出される売上概況・内容（新商材・新規チャネル等売上の増や既存商材の売上減等）】は、クロス分析から出てきた各種の売上に直結した商材対策、顧客対策を記入する。積極戦略の中身が箇条書きでわかりやすい表現なら、そのままコピーペーストしてもよい。またその右の「新たに増減する売上高」では、SWOTクロス分析での、積極戦略の右に書かれた「左記対策を実施した場合の概算数値（件数増減、売上増減、経費増減、利益改善、％増減等）」をコピーペーストする。

【⑨クロス分析の戦略と具体策に該当する仕入または粗利に関する概況・内容（新商材・新規チャネル等で発生する原価や仕入、既存商材の売上ダウンに伴う仕入減、または粗利率の変動も含む）】では、利益率に影響する事柄を記載する。
例えば、

• 価格が大きく下落する商品の粗利率変動要因
• 原材料・仕入についての変動要因と数値の読み

- 外注についての変動要因と数値の読み
- 物流費等に関する変動要因と数値の読み
- 現場経費等に関する変動要因と数値の読み
- 労務に関する変動要因と数値の読み

等々について、わかっている範囲で「厳しめ」に読む。

　【⑩クロス分析の戦略と具体策に該当する経費支出・削減の科目と額に関する科目と概況と内容（新対策で新たに発生する経費も含む）】では、「破局のシナリオ」以上に経費削減する項目があれば、減少金額とともに記載。役員給与のカットの余地がある場合は、ここで検討する。経費削減だけでなく、クロス分析での戦略商材を売り上げるために必要な、戦略経費、設備投資の減価償却費なども年度別に見ておく。

### ⑦第5工程：アクションプランの書き方

　アクションプランのポイントは、前述の「具体策連動型中期収支計画」で、右側に記載された各種の具体策を確実に実行するための行動プロセスの掘り下げと、モニタリングを可能とするためのシートである。

　まず、上段左の【Ⅰ今期の経営スローガン】は、これまで検討してきたことを一言集約して、「何に一番集中すれば、この計画が実現するか」を要約する。

　上段右の【Ⅱ今期の重点方針・重点具体策】では、前述の「具体策連動型中期収支計画」の右側に書かれた「各種の具体策」を要約して箇条書きにする。「重点方針・重点具体策」として、固有名詞で「いつ」「だれに」「何を」「どうする」「いくらの数値目標でやるのか」といったことがわかるように箇条書きにする。

　続いて下段の【Ⅲ今期の重点具体策とアクションプラン】での書き方を以下に記載する。

　【重点方針・重点具体策】は、上段右の、「重点方針・重点具体策」をコピーペーストする。

　【重点具体策を実行するために必要な準備、段取り、行動プロセス、詳細内容〈具体的に行動内容が見えるような表現。誰がいつまでにどのようにと言えるような具体的な行動項目〉】では、行動プロセスを最低3段階で分解する。

　第1作業は、その重点具体策を実現するための、最初の行動や準備・仕掛け的な内容である。

　第2作業は、第1作業で準備ができたら、次に行う行動や実際に動き出すための条件整備を記載する。準備仕掛けとも重なる部分があってもよい。

## ■今期の経営スローガン及び重点具体策・アクションプラン

### Ⅰ 今期の経営スローガン
（目指したい姿の一言集約。～しよう）

|  |
|--|
|  |

### Ⅲ 今期の重点具体策とアクションプラン

| 重点方針・重点具体策 | | 重点具体策を実行するために必要な準備、段取り、行動プロセス、詳細内容（具体的に行動内容が見えるような表現。誰がいつまでにどのようにと言えるような具体的な行動項目） | 担当部門または担当者 | いつまでに形にする |
|--|--|--|--|--|
| 1 | | | | |
| | | | | |
| | | | | |
| 2 | | | | |
| | | | | |
| | | | | |
| 3 | | | | |
| | | | | |
| | | | | |
| 4 | | | | |
| | | | | |
| | | | | |
| 5 | | | | |
| | | | | |
| | | | | |

| | 会社名 | |
|---|---|---|

## II 今期の重点方針・重点具体策
（今期実現したい経営の姿。反省と中期ビジョンを参考に）

| | |
|---|---|
| 1 | |
| 2 | |
| 3 | |
| 4 | |
| 5 | |

| | 第1四半期中にどこまで進めるか（チェックできる具体的な予定、おおよその月度と会議名も入れる）<br><br>○年○月～○年○月 | 第2四半期中にどこまで進めるか（チェックできる具体的な予定、おおよその月度と会議名も入れる）<br><br>○年○月～○年○月 | 第3四半期中にどこまで進めるか（チェックできる具体的な予定、おおよその月度と会議名も入れる）<br><br>○年○月～○年○月 | 第4四半期中にどこまで進めるか（チェックできる具体的な予定、おおよその月度と会議名も入れる）<br><br>○年○月～○年○月 |
|---|---|---|---|---|
| 予定 | | | | |
| 結果 | | | | |
| 予定 | | | | |
| 結果 | | | | |
| 予定 | | | | |
| 結果 | | | | |
| 予定 | | | | |
| 結果 | | | | |
| 予定 | | | | |
| 結果 | | | | |

第3作業は、結果を出すために、実施中のチェックや中間指導、中間対策、行動のゴールを記載する。

　【担当部門または担当者】は、各行動プロセス単位で、実行責任者氏名または担当部門名を記載する。

　【いつまでに形にする】では、各行動プロセス単位で、期限を設定する。

　下段右側の【第1四半期中にどこまで進めるか（チェックできる具体的な予定、おおよその月度と会議名も入れる）】では、予定欄に、左に書かれた各行動プロセスを、いつのどの会議で報告してもらうか、または具体的なアウトプットを出してもらうかを記載する。

　他の【各四半期中にどこまで進めるか（チェックできる具体的な予定、おおよその月度と会議名も入れる）】では、特に、第1第2四半期までの「予定」欄はしっかり書いておく。

　下段の「結果」欄では、そのチェック結果を記載し、「○○が◇月に△会議で決定済み」とか「○○は◇月の会議では△のため未実施」と記載する。未実施の場合は、修正チェック事項を「予定」欄に記載し、当該月にチェックする。

# （3）アクションプランのモニタリングと議事進行のノウハウ

### ①モニタリングのための経営会議

　第6工程のモニタリングとは、アクションプランの進捗状況を確認し、再度の決定事項として「修正アクションプラン」を作成する経営会議を意味する。

　会計事務所やコンサルタントがオブザーバーで参加する経営会議でのモニタリングといえば、経営数値の予実チェックが主流で、詳細な検討会はその企業単位の営業会議や幹部会議などで行われていた。しかし、経営計画書作成において、経営戦略を一緒に作成し、行動プロセスのアクションプランも一緒に作成したわけだから、会計事務所やコンサルタントは当然、そこまで介入しなければならない。

　また、自社単独で「SWOT分析を使った経営計画書」を作成した場合、このアクションプランのモニタリングをせずに、計画書とかけ離れた実態をそのままにしていると、金融機関から評価されず、融資において厳しく指摘されるだろう。

　会計事務所やコンサルタントが指導する「経営会議」の指導の原則を次に記す。

---

- 中小零細企業における経営会議の議題は、「計画書のチェック50％、スポット議題50％」を基準にする
- 経営会議の指導で、「○○社長、今日は何か議題がありましたか？」と事務所側が顧問先経営者に尋ね、顧問先経営者も「これといって何もないですね」と答えるようだと、その経営会議指導はほとんど継続しない
- 年初に立てた経営計画書、部門方針書等に記載された計画、アクションプランに対する進捗状況、実施結果のチェックとともに「修正アクションプラン」へ誘導する
- 今月の見通し、来月、再来月の業績のための仕掛けを議論する
- 今、喫緊に片付けなければならない経営課題を議論する
- 会計事務所・コンサルタント側からの提案事項の提示
- 経営会議前に、経営者と根回した検討課題、事前の役員検討課題等、下打ち合わせした事項を討議する

---

## ②司会と書記をする「経営会議支援システム」

　中小零細企業における経営会議で、会計事務所やコンサルタントがただ参加してコメントを言うだけでは、あまり効果的とはいえない。そもそも企業自身で具体的な決定事項まで導けるノウハウもなければ、難しい案件を自己決定できる経営者も決して多くない。

　そこで、私たちが長年実施してきた「経営会議支援システム」がある。これは、私の指導先である会計事務所にも数多く導入しているし、今回の共著者である「SWOT分析スキル検定マスターコンサルタント」も実行していることである。

　中小零細企業では、会計事務所やコンサルタントが経営会議の司会と書記を同時に行い、会議の進行をどんどん決定事項に誘導したほうが会議が進みやすい。

　多くの企業では経営会議が脱線し、誰も具体的な決定事項に誘導しない。総務担当者がまとめた議事録は、単に発言内容を羅列しているだけである。しかも、数日後に提出された議事録を読み返すこともなく、「あの会議では、結局何が決まったんだっけ？」などということになる。

　その最たる原因は、会議中に臨場感ある議事や決定事項を視覚で追いかけていないからである。

　私たちが推奨する「経営会議支援システム」は、議事内容をリアルタイムでPCに入力し、プロジェクターや大型モニターに投影させている。ムダな議論は入力しないし、決定事項や重要事項については、その行動プロセスを聞き出し、5W2Hの形で決定事項に誘導していく。

　社長が司会をやれば誰も意見を言わないし、総務担当者が司会をすれば自分より上席者に対して、「いつまでにやるか」とか、「なぜできなかったのか」などと具体的な追求が難しい。そういう時、第三者である会計事務所やコンサルタントが司会と書記を行えば、議事はスムーズにいく。当然、そのための会議での聞き出しスキルや簡素化、箇条書きの文字化技術も学習しなければならない。

　アクションプランのモニタリングでも、記載されたアクションプランをプロジェクターや大型モニターに投影して、参加者に見せながら、司会者として「実施状況のチェック」「未実施の場合の理由と再対策と再期限」「新たな課題と対策、担当や期限」を聞き出しながら、そのまま入力する。参加者は、そのモニターに投影された内容を見ながら議論に集中していくのである。

# 4

# 経営計画の中身と
# 実施状況を監査する
# 専門家

《4章に掲載したシート類》

■ 経営計画書　実態診断 50 項目チェックリスト
■ KPI 監査モニタリングの例（某印刷会社）

# （1）経営計画のモニタリングは「表面的な予実チェック」で終わってはいけない

これまで述べてきたように、「実践 SWOT 分析を活用した経営計画書」なら、その実現性や行動プロセスの PDCA には大変有効である。しかし、これを使いこなす会計事務所やコンサルタントはまだまだ少数である。

経営計画書をとりあえずは作成しても、金融機関に出す時だけ、また「一度は経営計画書を作ってみた」ということで、「作成しただけ」というケースが多いのが実態である。

経営計画はモニタリングしてこそ、価値が上がるものである。

しかし、多くの会計事務所のそれは、単なる予実チェックを「モニタリング」と称している。すなわち、「先月の売上結果」「利益結果」を確認して、「達成・未達を確認して、あとは世間話」をしているのである。仮に世間話ではなく経営課題の話をしたとしても、毎回同じような話題（人材、景気等）を繰り返すだけで、何も前進しない経営者面談を続けている監査担当者も多い。

実際にしっかりした PDCA モニタリングをしようとすると、「予実チェック」だけでは不十分だとわかる。その実績結果になった内容や行動面の PDCA モニタリングをしない限り、「表面的なモニタリング」と揶揄されても仕方ないであろう。

では、なぜ多くの会計事務所のモニタリングは「予実チェック」の範囲を出ないのだろうか？

---

●業績の根拠やアクションプランのチェックまで入り込めない（監査時間に余裕がない）

●別途料金で「経営会議モニタリング」指導料がもらえない

●予実チェック以外のモニタリング指導のノウハウがわからない（ファシリテーションができない）

●そもそも、監査時に経営者に会えない、経営者から相手にしてもらえない

---

このように、できない理由はいくらでもあるが、会計事務所が経営者のいちばん近いところにいるのに、経営者の真のニーズに応えきれていないのが実状なのである。

# （2）経営計画書の内容がわかる
## 「経営計画書診断」

　経営計画書が、そもそも「モニタリングに機能しそうなスペックかどうか」も重要である。経営計画書という言葉には絶対的な定義がないことから、

- 「数値羅列型収支計画書」を経営計画書と言ったり
- マニュアルみたいな内容を入れて紙幅を増やした計画書にしたり
- 指定されたフレームにただ記入するだけの「経営計画書」だったり
- 会計ソフトなどに数値を入れれば、自動的できるものを「経営計画書」と言ったり、
- 収支計画からキャッシュフロー、資金繰りまでの資料を「経営計画書」と言ったり

　というように、企業もコンサルタントも、会計事務所もバラバラなのが実状だ。
　そこで筆者は、「経営計画書のスペック」を診断する「経営計画書実態診断50チェックリスト」を無料で公開している（ダウンロードは https://re-keiei.com/free/report-014.html）。
　経営計画書の中身を診断するというのは、その企業の特性に応じた「実践的かつモニタリングできる経営計画書」か否かを多面的に分析し、改善のアドバイスをすることである。
　具体的にはどういう点を診断するのか。下記の診断チェックリストに沿って、評価（採点）し、具体的な課題とあるべき対策を打ち出す。

■経営計画書　実態診断50項目チェックリスト

| 評点 | 評点基準 |
|------|----------|
| 5点 | 大変よくできている。模範的である |
| 4点 | よくできている。修正する必要はない |
| 3点 | よいほうである。一部修正が必要 |
| 2点 | 中身が不足している。加筆修正が必要 |
| 1点 | 見直しが必要である |

| 診断日 | |
|--------|--|
| 企業名 | |
| 担　当 | |

| 分類 | No. | 診断項目 | 評点 | 課題と改善の提案 |
|---|---|---|---|---|
| 事前分析 | ① | 「前期の反省」シートはあるか | | |
| | ② | 「前期の反省」には、業績結果だけでなく「出来事」「良かった点」「改善点」が記載されているか | | |
| | ③ | 前年実績の売上、原価、経費、利益、資金別に具体的な反省課題が固有名詞で列挙されているか | | |
| | ④ | 「前期の反省」は経営者だけでなく、役員幹部も一緒に議論して書いたか | | |
| | ⑤ | 経営計画書作成には、経営者だけでなく、役員幹部も何らかの関与があるか | | |
| 中期計画分析 | ① | 3か年、5か年計画の経営数値目標はあるか | | |
| | ② | 3か年、5か年計画は毎回見直しているか | | |
| | ③ | 3か年、5か年計画の中で、ニッチ分野でナンバーワンの商品、技術、サービスの戦略はあるか | | |
| | ④ | 3か年、5か年計画の中で USP（独自のウリ）を目指す戦略の表記はあるか | | |
| | ⑤ | 3か年、5か年計画に、市場分析・経営戦略・部門戦略の記載はあるか | | |
| | ⑥ | 3か年、5か年計画の主旨や重要戦略が社員や金融機関にもわかるような「体系図」はあるか | | |
| 目標との差額分析 | ① | 単年度、3か年の「破局のシナリオ」の数値予定を出したか | | |
| | ② | 必要利益と現状利益から、必要売上・利益の差額を出して、経営者は納得したか | | |
| | ③ | 差額の売上・粗利と、今の経営戦略、重点行動は整合性があるか（差額対策の根拠は納得したか） | | |
| | ④ | 経費削減計画は内容が妥当か1（無理なコスト削減で帳尻合わせをしていないか） | | |
| | ⑤ | 経費削減計画の内容は妥当か2（伸ばす売上に必要な経費を十分確保しているか） | | |
| | ⑥ | 経費削減計画の内容は妥当か3（改善程度の削減ではなく、コスト構造の改革が入っているか） | | |
| | ⑦ | 収支計画と具体策の連動が一目でわかるようなシートになっているか | | |
| 商材・利益対策分析 | ① | 目標との差額を埋める「差額商材」は複数あるか | | |
| | ② | 「差額商材」の可能性を検証したか（逆 SWOT 分析等で） | | |
| | ③ | 重点強化製品とその製造開発の具体策、重点強化商品とその拡販具体策はあるか | | |
| | ④ | 重点顧客の深耕開拓の具体策（アイテムアップ）の表記はあるか | | |
| | ⑤ | 新規顧客開拓の具体策、BC ランク客のテコ入れ策の具体的な記述はあるか | | |
| | ⑥ | 重点キャンペーンなどの集中対策や突破口作戦の表記はあるか | | |
| | ⑦ | 具体的対策が入ったコスト削減対策は、効果的な内容か（行動プロセスまで明確か） | | |
| | ⑧ | 過去の実績や外部環境から「減少する商材」は、予定通り減少した計画にしているか | | |
| | ⑨ | 過去の実績や外部環境から「伸びている商材」は、具体策を強化して、最大限増やす計画になっているか | | |
| | ⑩ | 新商品、新規客に対する今年度中の具体策は入っているか。それは数値計画に入っているか | | |
| | ⑪ | 損益状況をモニタリングできるシートはあるか | | |

| | | | | |
|---|---|---|---|---|
| 組織役割・会議分析 | ① | 今年度目標、中期計画に沿った組織図・役割分担が組織図に記載されているか | | |
| | ② | 組織図には、「誰が何の担当責任」と具体的に書かれているか | | |
| | ③ | 経営戦略や重点具体策と連動した組織改革具体策はあるか（新部署、タスクフォース、プロジェクト、委員会、兼務等） | | |
| | ④ | 人手不足対策の具体策は入っているか（多能工化、海外やシルバー活用、外注化、機械化、IT化等） | | |
| | ⑤ | 人材育成の具体策は入っているか（教育研修プラン、見える化、技能伝承等） | | |
| | ⑥ | 組織図の検討では、経営者と一緒に議論したか | | |
| | ⑦ | 会議体系は適切なものか（意思決定機関が明確か、回数頻度は適正か、司会は妥当か） | | |
| | ⑧ | 各会議で何を議論し、誰が司会・書記で、どう運営されるか、経営者と一緒に議論したか | | |
| アクションプラン分析 | ① | 今年度目標達成、中期計画の仕掛けの必要な戦略・重点具体策はわかりやすく明記されているか | | |
| | ② | 重点具体策は、商品、顧客、価格、効率化、組織人事、仕組みなど、主要な課題が入っているか | | |
| | ③ | 戦略・重点具体策は、行動プロセスに分解され、段階別の行動がわかるような表記になっているか | | |
| | ④ | 行動プロセスごとに、最終期限、責任者・担当者が明記されているか | | |
| | ⑤ | 行動プロセスごとに、〇月の〇〇会議で、何をどうチェック・提出・決定されるか、モニタリングできるか | | |
| | ⑥ | モニタリング時に、修正行動計画が書ける欄があるか | | |
| | ⑦ | アクションプランは、各担当が自ら詳細を決めて、納得したものか | | |
| 計画書活用分析 | ① | 経営計画書は、毎月経営会議などで「見てチェックする機会」を確実につくっているか | | |
| | ② | 経営計画書ができたら、新事業年度時に、幹部や社員に公開報告などの発表会をしているか | | |
| | ③ | 業績の予実チェックをしているか | | |
| | ④ | KPIの予実チェックはしているか | | |
| | ⑤ | アクションプランの予実チェックは会議で実施しているか | | |
| | ⑥ | 経営計画書は紙か、PC上のデータか、何らかの形で役員幹部がいつでも見れる状態か | | |
| 平均点 | | | | |

【経営計画書　診断　総括コメント】

| 経営計画書で良い点・評価できる点 | 経営計画書の改善が必要な点<br>（問題箇所と不足箇所） |
|---|---|
| | |

# （3）KPI 監査とは

　ベテランのコンサルタントが行うような、専門的なアドバイスが必要な指導や経営顧問ではなく、「会計事務所らしいコンサルティング」がある。それが KPI 監査である。

　これまでの「業績数値結果の予実管理」から、一歩踏み込み、KSF（重要成功要因）となる「重要な営業対策、原価効率化、固定費コスト削減、人事労務対策など」を、KPI（重要業績指標）として、行動プロセスの指標化を行う。
　その指標の進捗状況のチェックと、未実施の場合の行動プロセスや修正行動予定をモニタリングしていくのが「KPI 監査」である。

　KPI 監査を実施するためには、各企業の KSF を具体的にあぶり出す必要がある。これを BSC（バランススコアカード）で見るならば、戦略目標を決定づける 4 つの視点（財務、顧客、業務プロセス、学習と成長）が KSF となる。
　KSF は、私たちが「業績の公式」と呼び、例えば売上や利益は、どのような具体的な要素の掛け算で成り立っているかを明示したものとしている。だから、カタチにこだわらず、売上・利益に直結する戦略課題別に KSF を作成し、その到達可否判断に KPI（重要業績指標）を設定する。

　次の表（86 〜 87 ページ）は、ある印刷会社の KPI を整理し、それを月次モニタリングしたフォームである。
　この印刷会社の【業績の公式】（KSF）は次のようなものであり、それぞれの KPI 目標を設定し、監査時にモニタリングしているわけである。

- 地元ニュース広告枠の新規開拓面談数（見積書提出数）
- ホームページ通販事業者への提案メール件数
- 企画書付見積提出数、データベース化数
- 下版の時間内提出率
- 輪転機空き時間削減
- ムダ紙購入率削減

モニタリングは、KPIの結果に対して未達の場合、翌月までに「何を」「だれが」「なぜ」「いつまでに」「どうする」を聞き出しながら対策欄に記入していく。

　コンサルタント側から「あれはこうすべきだ」とアドバイスしなくてもよい。KPIという戦術的な目標に対しての具体策を聞くので、相手（経営者や幹部）も5W2Hで答えやすいからだ。変にアドバイスなどはせず、ここで大事なことは、ただ聞き出すことである。

　また、翌月の監査時に、各対策欄に書かれた内容の進捗状況を聞けば、おのずと「経営や具体策への関与」は強まっていく。

　それがKPI監査である。

　KPI監査にともなうKSF、KPIの導き方は、第5章に詳細を解説している。

| 1 | KSF（Key Success Factor）は、「重要成功要因」と呼ばれ、事業を成功させる必要条件をいう |
| 2 | KGI（Key Goal Indicator）とは、売上高や成約数、利益率などビジネスの最終目標を定量的に評価できる指標。「重要目標達成指標」と呼ばれる |
| 3 | KPI（Key Performance Indicator）は「重要業績指標」と呼ばれる。KGI を必達するために、必要な行動プロセスを指標化したもの |
| 4 | KPI の数値が改善されれば、おのずと売上、利益が上がる |
| 5 | 監査時に、KPI の状況を毎回チェックし、具体策を経営者と一緒に作り出すことを「KPI 監査」と呼ぶ |
| 6 | 毎月、目標と結果を確認し、次月にどういう対策をするか、対策欄に記入する |
| 7 | 来期の経営計画作成時の具体策やアクションプランに活用する |

| | | KPI 項目 | 予実 | 9 月 | 10 月 |
|---|---|---|---|---|---|
| 売上 | 1 | 地元ニュース広告枠の新規開拓面談数（見積書提出数） | 目標 | 10 件 | 10 件 |
| | | | 結果 | | |
| | | | 対策 | | |
| | 2 | ホームページ通販事業者への提案メール件数 | 目標 | | |
| | | | 結果 | 30 件 | 30 件 |
| | | | 対策 | | |
| | 3 | 企画書付見積提出数、データベース化数 | 目標 | 5 件 | 5 件 |
| | | | 結果 | | |
| | | | 対策 | | |
| 利益 | 1 | 下版の時間内提出率 | 目標 | 50% | 50% |
| | | | 結果 | | |
| | | | 対策 | | |
| | 2 | 輪転機空き時間 | 目標 | 20h | 20h |
| | | | 結果 | | |
| | | | 対策 | | |
| | 3 | ムダ紙購入率（間紙購入費 / 社内加工高） | 目標 | 1% | 1% |
| | | | 結果 | | |
| | | | 対策 | | |

| 顧問先名 | ○○印刷 |
|---|---|
| 担当者 | △△△△ |

| モニタリングする KSF（業績の指数） | |
|---|---|
| 売上 | 地元ニュース広告枠の新規開拓面談数（見積書提出数） |
| | ホームページ通販事業者への提案メール件数 |
| | 企画書付見積提出数、データベース化数 |
| 利益 | 下版の時間内提出率 |
| | 輪転機空き時間削減 |
| | ムダ紙購入率削減 |

| 11月 | 12月 | 1月 | 2月 |
|---|---|---|---|
| 15 件 | 15 件 | 8 件 | 8 件 |
| | | | |
| | | | |
| 30 件 | 30 件 | 30 件 | 30 件 |
| | | | |
| 5 件 | 5 件 | 5 件 | 5 件 |
| | | | |
| 50% | 40% | 60% | 40% |
| | | | |
| 10h | 5h | 20h | 20h |
| | | | |
| | | | |
| 1% | 3% | 1% | 1% |
| | | | |
| | | | |

# （**4**）コンサルタントや会計事務所が行う
# 【アクションプラン監査】とは

　アクションプランは、もともとの経営計画の根拠である具体策を、実行可能な行動プロセスによって、何からどう手を付けて、どこまでを到達基準にすればよいかをPDCAできるようにしなければならない。

　しかし、当初の行動計画はいつの間にか頓挫していることが多い。外部状況の変化や内部要因で、当初の予定どおりに実行できないことは多々ある。だとすれば、その対策の延長線上に今期の経営計画があるので、新たな具体策を立てるか、数値計画を修正するかが必要になる。

　また、外部環境も内部要因も変化していないのに、忙しさにかまけて当初決まったことをいつの間にか放置している場合がある。それは、アクションプランのチェックを定期的に行っていないから、誰も責任をとらず放置しているからだ。

　そこで、アクションプラン監査は、第3章で紹介した「アクションプラン」シートを活用して、継続的にモニタリングしていくのである。本来なら、経営計画書作成支援をした会計事務所職員やコンサルタントが行うべきだが、彼らも他の業務が忙しいと、こういうモニタリングが疎かになりがちである。

# 5

# 経営計画モニタリング・
# KPI監査の実際

《5章に掲載したシート類》

■ 経営会議（幹部会）の議事進行

■ KSFを聞き出す10のヒント

■ アクションプラン監査での「対策欄」の書き方

# （1）経営計画モニタリングのための経営会議の進め方

　前章で「経営計画モニタリング」「KPI監査」の大まかな業務について紹介した。それでは、実際のクライアント・関与先の現場ではどんなことをするのだろうか。この章では、そのリアルな中身について整理する。

## ①経営会議支援とは

　せっかく現実的な経営計画書を作成しても、「作りっぱなし」でチェックも見直しもしていなければ、「仏作って魂入れず」である。経営計画書は、融資に関連して金融機関に提出するだけのものに終わらせるのはもったいない。

　経営計画書のチェックやモニタリングは、「経営会議」という名の最高意思決定会議で行うことである。この経営会議の運営次第で、経営計画の進捗状況は大きく変わってくる。

　私のセミナーを受講していたある会計事務所職員が、「経営会議でモニタリングならやっていますよ」と自信ありげに答えたことがあった。私が「どんな進め方をしているのか？」と聞いたら、彼がやっていることは以下のことだった。

- 収支計画の予実チェック
- 売上、粗利、営業利益の結果について、経営者へ内容確認
- 経費科目が計画以上になった場合のチェック

　そこで私は「売上、粗利の状況と原因や次月以降の対策は詳しく聞かないのか？」と尋ねると、「出来事とか収支の結果の原因は聞きますが、対策については自分ではわからないし、そこまで時間もとれないので、深く聞いていません」という。

　つまり彼は、「経営会議支援の定義」の真意がわかっていないから、「経営会議もどき」をして、経営会議支援をした気になっているのである。

　中小企業にとって経営会議とは、最高意思決定機関である。ということは、経営計画書をチェックして、次月以降の行動具体策まで支援するのが「経営会議支援」である。

## ②ダメな経営会議支援とモニタリング経営会議支援との違い

　前述の会計事務所の職員が行っていたのは、経営会議という名の「予実チェッ

ク」だけである。それでも、しないよりはましだが、そういうチェックのみの経営会議では、中小零細企業の経営者は途中で嫌気を指す傾向がある。それは、「予実チェック」とはいえ、結果的にできてないこと、未達の数値結果を「いちいちチェックされる」からである。しかも、細かい数字はともかく、儲かっているかそうでないか、売上が減少傾向か増加傾向かくらい、だいたいの経営者はすでにわかっている。

「○○比率が低い」「損益分岐点操業度が下がっている」「○○回転率が低い」等々の分析結果を、専門的な数値に置き換えて追求しても、要は売上か利益か、資金繰りかの問題に帰着するはずだ。特に会計事務所職員の「経営会議支援」が継続しないのは、そういう結果数字の現象面だけにフォーカスすることに原因がある場合が多い。

経営者が知りたいし、議論したいのは、「結果数値のチェック」ではなく、「次月以降、数値を改善する具体策」である。

モニタリング経営会議で行うことは、次の3点に収れんされる。

- 収支結果の確認（ここは会計事務所職員と同じ）
- 前月経営会議の決定事項や行動計画チェック時に決めたことの進捗状況の確認
- 今月の結果（収支、KPI等）を見て、新たな次月以降の具体策づくり

本当にダメな経営会議支援は、時間ばかりとられて何も生産的でない会話に終始する。その最たるものが「人材育成、人材採用」に関するものだ。

多くの経営者は

- 「人手が足りない」
- 「募集しても求職者が来ない」
- 「また人が辞めた」
- 「社員のレベルが低く、いつまで経っても一人前にならない」
- 「幹部が幹部の仕事をしない」

等々と愚痴をこぼす。会計事務所職員やコンサルタントにもこれと似たようなことを話してくるはずだ。

しかし、「ヒト」に関連する課題は、一朝一夕には解決しない。言葉は悪いが、そういう課題は「経営者との世間話」の類である。なぜなら、「次月までに具体的な決定事項」は生まれないからだ。たまに愚痴を聞くことは必要だが、モニタ

リングのための経営会議の内容ではない。

【モニタリング経営会議】なら、収支内容を確認したうえで、

---

- ●今起こっている収支に影響する課題の原因を深掘りして確認し、次月以降に行う対策を5W2Hで明文化する
- ●売上や原価の重点科目、KPIなどの進捗結果から、次月以降に必要な行動具体策を5W2Hで明文化する
- ●前月の経営会議で決まった具体的なこと、アクションプランの修正の進捗結果に対する再対策を5W2Hで明文化する

---

これらをしっかり行い、経営会議結果をアウトプットすることが重要である。

### ③モニタリングとは、会議時にPDCAを具体的に回すこと

モニタリングとは「経過観察」「状況監視」と訳される。しかし、ただチェックするだけなら、そこには付加価値は生まれない。経営会議でPDCAを回して、再決定事項を出すから意味がある。

特にKPIを設定して、その進捗状況を確認するKPI監査の場面では、次月以降のKPI達成に向けた再決定事項をアクションプランに追記する必要がある。

では、実際の経営会議はどのように行われているか、ある企業の「経営会議の進め方マニュアル」を紹介しよう。

このケースは、経営会議に社長以下役員幹部が数名参加している規模である。中小零細企業の場合は、これを経営者と直接、コンサルタントや会計事務所職員が行う形になる。

| No. | 進行要領 | 議事進行のトーク |
|---|---|---|
| 1 | 開会のケジメ | 「ただいまから、〇月度経営会議を始めます」<br>一同　起立<br><br>「よろしくお願いします」（全員で） |
| 2 | 経営理念の唱和 | 「まず経営理念の唱和をします」<br>経営理念を全員で唱和<br><br>着席 |
| 3 | 責任者コメント | 「〇〇社長からコメントをいただきます。社長お願いします」<br><br>社長のコメントが終わったら「ありがとうございました」 |
| 4 | 本日の議題確認 | 「それでは、本日の議題の確認をします」<br><br>「最初に、△△専務から先月の業績報告をしていただきます」<br><br>「続いて、前回の経営会議の決定事項の進度チェックです」<br><br>「それから、本日の議題であるAの件、Bの件、Cの件の議題に入ります」<br><br>「最後に総務から、今回の◇◇についての提議がありますのでよろしくお願いします」<br><br>「終了時間は、〇時〇分を予定しております」 |
| 5 | 前回決定事項のチェック | 「それでは、先月の経営会議・幹部会での決定事項の確認をします」<br><br>「前回終了時に配布された、決定事項一覧表をご覧ください」<br>※またはモニターに議事録を投影させて皆でチェック<br><br>「まず、1番目の〇〇の実施の件ですが、〇月〇日までに、△△専務となっていましたが、△△専務、済みましたか？」<br><br>※「前月の決定事項のチェック」で、進行していない場合は、その理由や原因の確認。再議論が必要でないならその場で「いつまでにやりますか？」と確認する |
| 6 | 業績報告（前月収支結果、KPI結果） | 「では、△△専務、先月の業績（収支結果、KPI結果）報告をお願いします」<br><br>「この業績報告から、確認したいことや質問があったら、ご意見をどうぞ」と他の参加者に意見を言う場を与える<br><br>「△△専務、この業績報告から、意見や皆さんに提案したいことがあったら、おっしゃってください」<br><br>※重要科目の目標に対する結果、KPI結果は、その後の議題検討に時間をとるので、ここでは結果だけの確認にする。そうしないと、会議自体がダラダラになりかねない |

| No. | 進行要領 | 議事進行のトーク |
|---|---|---|
| 7 | 議題の検討 | 「それでは、KPI 目標に対するアクションプランの〇〇の件の検討を行います。まず趣旨について社長からご説明をお願いします」<br><br>※以降は重要科目の目標未達の原因と対策、KPI の未達理由と対策などとなる。いろいろ議論しながら、この議題の終わりには、具体的な決定事項に導くように進める<br><br>「〇の件ですが、今、社長が言われたことで決定してよろしいですか？」<br><br>※返事がなかったり、うなずく幹部が複数いれば、「それではこれを決定にしますが、この件は誰が責任者としてやりますか？　いつまでにしますか？」と担当者を確認する<br><br>※「それは、□□部長がいいなあ」と担当が決まれば、そのついでに、「それでは□□部長、この件はいつまでに報告していただけますか？」とたたみかけるように工程の確認をする<br><br>※「具体的行動内容」「担当」「期限」が決まれば、その都度「決定事項一覧表」に記入するよう書記に確認する。（自身が司会をする場合は、PC に入力して、それを随時モニターに見せながら進める） |
| 8 | 議事終了と決定事項の確認 | 「本日の議題は以上です」<br><br>「それでは、今日の決定事項の再確認をします」<br><br>※ケースによっては、書記に言ってもらう場合もある<br><br>「〇〇の件は、□□部長が　△月△日までに報告」<br>……他の決定事項もここですべて再確認する |
| 9 | 責任者コメント | 「最後に社長から締めのコメントをいただきます。〇〇社長お願いします」 |
| 10 | 次回の会議日程の確認 | 「次回は、〇月〇日△時から、本社会議室で経営会議を開催します」 |
| 11 | 閉会のケジメ | 「一同、起立。それでは以上で〇月度経営会議を終了します。ありがとうございました」（皆でありがとうございました） |

中小零細企業の場合は、会計事務所職員やコンサルタントのPCをモニターやプロジェクターにつなぎ、決定事項やアクションプランのフレームに直接入力していく。

これで、約2時間ぐらいの会議である。

### ④経営会議は別途契約で

こういう経営会議で司会と書記をすることは、経営者にとって大変ありがたいことだ。

このような運営は、そのまま「ポジティブ経営顧問」の姿そのものである。積極的に役割を担い、経営会議をリードする顧問を私は「ポジティブ経営顧問」と呼ぶ。逆に、質問されたら答える、最後のコメントを言う経営顧問を「ネガティブ経営顧問」と呼んでいる。

経営会議前の社長への根回し面談も含めると、そこそこ時間もかかり、会計事務所職員やコンサルタントはまさに経営者の懐刀、軍師そのものである。

会計事務所の場合は、この経営会議の指導については月次の顧問料に含まず、別途料金をいただくのが妥当である。ただ、これを同じ監査担当者が行うには難しい面もあるので、監査担当者の上司など違うメンバーが担当するほうが別料金を請求しやすい。

# （2）KSF（重要成功要因）を導き出す

経営計画書の監査では、「KPI監査」が重要になってくる。

KPI（重要業績指標）を設定するには、収支やKGI（重要達成指標）に直結したKSF（重要成功要因）をいかに導き出すかがポイントである。このKSFが中途半端で曖昧な内容だったり、数値目標にしても効果性が疑わしい場合は、KPIをモニタリングしても狙うべき効果はないだろう。

## ① KSFは３〜６か月で成果が見える内容であること

KSFの設定基準はいろいろな考えがあるが、私は「３〜６か月間で何らかの変化が可能で、KPI設定しやすいこと」と定義づけている。

KPIに直結したKSFが１年も２年もかかるものでは、途中で挫折してしまう。逆にいえば、経営者や幹部から出されたKSFに対して、「そのKSFは３〜６か月で結果になるような内容ですか？」と聞けばよい。

## ② KSFを導き出すアプローチ

KSFを導き出すアプローチとして、私たちが使うツールは「SWOT分析」と「業績の公式」である。SWOT分析は本書でも解説しているとおり、その有効性は各方面で認められている。では、前章で述べた「業績の公式」の出し方をさらに詳しく見てみよう。

「業績の公式」とは、売上、利益（主に粗利）がどういう構成でできているのかを整理し、その中でも「３〜６か月の業績に直結するキーワード」を選択することだ。

一般には、小売業の業績の公式は、「売上＝顧客単価×客数」で決まる。それをさらに詳細に見ていくと、

- 顧客単価＝商品別販売個数×単価
- 客数＝来店者数×買い上げ率
- 来店者数＝チラシ（SNS広告）＋ポストイン＋DM発送＋（優良客×電話コール数）＋クーポン・スタンプ発行数＋会員数等
- 買い上げ率＝よい接客＋訴求する販促＋目玉商品＋お値ごろ感　等々

ということは、売上の構成要素である「顧客単価」「客数」がKGI（重要目標

達成指標）となり、そのKGIを達成するために必要なKSF（重要成功要因）が、上記の細かい内容になるのである。

例えば印刷業の「業績の公式」、それも「売上の公式」を見てみよう。これはある印刷会社で作成した「売上の公式」である。

- 売　上＝有効顧客数×見積依頼数×見積決定率
- 有効顧客数＝新規開拓件数＋既存のB客以上数
- 見積依頼数＝訪問回数（またはインサイドセールス数）×有効面談率×提案商材情報
- 見積決定率＝決定権者面談×競合他社の見積聞き出す件数×決定権者の面倒な作業の肩代わり等
- 新規開拓件数＝ターゲット顧客数×決定権者面談率×情報提供数×見積依頼率
- 有効面談率＝訪問数×決定権者面談率×商談時間

これらの「売上の公式」を見ると、必要な行動プロセスが見えてくる。

ある製造業のKSFの事例を紹介しよう。その製造業では、「粗利率」をいかに上げるかが課題となっている。

ここでの「業績の公式」は「粗利の公式」となる。

粗利率を見る場合、まず自社努力でできることを優先的に選択する。すると、多くの場合「生産効率」と「ムダ削減」がキーポイントになる。

また、場合によっては「価格を上げる戦略」もある。ただし、価格戦略は慎重にKSFにしないと大きな受注ダウンになる危険性を内包している。

その企業における「粗利を悪くしている主要な原因」は、

- 利益率の高い受注を外注に回し、利益率の低い受注を内製化している
- 生産リードタイムに比べて正味作業時間が短い
- 手直し、ロスが発生している（材料のムダ、工数のムダ）

そこで、KSFは

- 利益率の高い受注（主にA加工品、B加工品）の内製化率を高める
- 正味作業時間を増やすため、担当者と部品、部材配膳ルールを決めて、効率的に配膳する
- 工程内検査を徹底し、不良品を次工程に回さない

などになった。

これらの KSF に対して、指標目標にしたのが KPI である。

　簡単にいえば、KSF を目標化した KPI の数字が改善されれば、おのずと KGI が改善され、最終的には売上、利益も改善されるということである。

### ③ KSF を引き出す 10 のヒアリング内容

　会計事務所職員やコンサルタントが、前述の「業績の公式」から KSF を導き出すには、多少の経験と知識が必要だ。そういう経験も知識もない場合、どうすればよいか。

　私たちは次表の「KSF を聞き出す 10 のヒント」を使って経営者へヒアリングを行い、その回答を KSF にするようにしている。

■ KSFを聞き出す10のヒント

| 分類 | No | 質問するヒント | ヒントの内容・聞き出すポイント |
|---|---|---|---|
| 売上 | 1 | 各商品の中で、一番短期間（3〜6か月）で業績貢献できる商品とその方途は何か | キャンペーンなどで重点商品にして販売結果が出やすいものは何か。季節商品、在庫商品で値段勝負できるものを対象にして、値段勝負できるなら新規開拓に使える。 |
| | 2 | ボリュームゾーンの顧客（担当）をどう強化し、目標にしたら、3〜6か月で変化するか | ボリュームゾーンとは、一番売れている商品、売れている顧客層を指す。すでに売れている認知度の高い商品や顧客に対して、どんなアプローチや提案、販促を仕掛ければ、売上増が可能かを聞き出す。 |
| | 3 | 既存客では、どの客層、地域などに集中的に営業をかければよいか | 営業地域がばらついていたり顧客層がバラバラでも、貢献度の高い地域や顧客層がいるはずだ。そこに期間キャンペーンとして、どんな集中営業をかければ、既存客の掘り起こしが可能かを聞き出す。 |
| | 4 | 休眠客やBCランク客に対して、どんな商材アプローチと目標でいけば可能性が広がるか | 過去にお付き合いがあった顧客で今は何らかの理由でご無沙汰している休眠客に、再アプローチするにはどんな商材でどんな売り方が妥当かを聞き出す。また、B客、C客別のインサイドセールスやFAXDMなどのツールを使って掘り起こしをするには、どんな商材がよいかを聞き出す。 |
| | 5 | 新規開拓の成果を上げるには、どのような作戦と目標にしたらよいか | 新規開拓が停滞していたらそのうちじり貧になる。どの地域の新規を優先的に狙うか、どの業種に集中するかを決め、そこにどんな商材や売り方をすれば、新規開拓が促進するかを聞き出す。 |
| 利益 | 6 | 粗利を改善するために、どんな商品を、どんな顧客に対して、どんな価格にすべきか | 粗利を悪くしている製品または顧客を列挙し、それぞれの価格改善の仕方や段階的な価格変更はどうすべきか聞き出す。競合が激しく価格改善がそのまま受注ダウンになる可能性があるので、主力以外から攻めるのもひとつの方法である。 |
| | 7 | 利益率を上げるため、どんな原価（材料、外注、労務費、現場経費）対策をとるか | 利益率が悪い理由を原価の科目別に聞き出し、同時にそれぞれの原価率改善のアイデアも聞き出す。<br>●原材料＝3社見積2社購買の徹底、原価を下げる業者交渉、ムダな原材料の発注や管理の徹底、生産計画と購買の調整<br>●外注費＝工程表の早期化、生産管理の徹底、内製化率のバランス、外注価格の再確認、技能者の育成<br>●労務費＝計画的に時間外の削減、残業時間の平準化、正味作業時間対策<br>●現場経費＝水道光熱費の管理等 |
| | 8 | 業務の効率化、手直し、品質の改善などについて、どんな対策をとれば利益率改善が進むか | 時間当たり作業量、1人当たり作業量を上げるために必要な具体策を聞き出す。また、手直しや再作業が頻回している作業項目やその理由を聞き出し、そこにどんな対策を入れれば、その回数が減らせるかも聞き出す。 |
| | 9 | どの経費をどうコントロールすれば、コスト削減になるか | 販売費及び一般管理費の中で、どの科目を管理すればコスト削減と営業利益貢献になるかを聞き出す。同時に経費の効果性と生産性とのバランスも聞き出し、単なる経費削減チェックだけにならないようにする。 |
| | 10 | 残業、時間外を減らすために、何を、どんな目標で実行すればよいか | 人件費の時間外削減と業務効率を上げるために必要な具体策を聞き出す。どの部門のどんな作業が時間外につながっているのか、単に人を増やせば済むことではなく、現有人員でできる対策やポイントも聞き出す。 |

# (3) KPI (重要業績指標) を導き出すノウハウ

前項で KSF (重要成功要因) の出し方について詳述した。

KSF から「行動プロセス」を整理して、そのままアクションプラン監査につなげることも可能だが、その前に、その KSF を数値目標にする KPI の作業が必要となる。KPI のモニタリングが重要な役割を担うからだ。なぜなら、KPI が改善しないと、KGI が改善されず、売上・利益の改善につながらないからである。

では、KSF をどのようなカタチで KPI にしていくのか —— 先ほどの KSF が聞き出せれば、KPI として数値目標にするのは比較的容易である。

### ① KSF を聞き出す 10 のヒントから出る KPI の参考例

「KSF を聞き出す 10 のヒント」から、KSF に対してどんな KPI になるかを見てみよう。

---

i　各商品の中で、いちばん短期間 (3 〜 6 か月) で業績貢献できる商品と目標は何か

《聞き出すポイント》

　キャンペーンなどで、重点商品にして販売結果が出やすいものは何か。

　季節商品、在庫商品で値段勝負できるものを対象にする。値段で勝負できるなら、新規開拓に使える。

《考えられる KPI》

　◇重点商品名の期間売上目標

　◇重点商品の個人別・月別提案回数、見積提出数

　◇キャンペーン期間中の重点商品のデモ回数

　◇重点商品のアンケート回収数　等々

---

ii　ボリュームゾーンの顧客 (担当) をどう強化・目標にしたら、3 〜 6 か月で変化するか

《聞き出すポイント》

　ボリュームゾーンとは、いちばん売れている商品、顧客層を指す。

---

すでに売れている、認知度の高い商品や顧客に対して、どんなアプローチや提案、販促を仕掛ければ、売上増が可能かを聞き出す。

《考えられる KPI》

◇主要顧客への重点商品期間売上目標

◇主要顧客の担当別・月別提案回数、見積提出数

◇キャンペーン期間中の主要顧客への重点商品のデモ回数

◇主要顧客の発注権限者（最高権限者）との面談回数

◇主要顧客の発注権限者の来店数

◇主要顧客のアンケート回収数　等々

---

iii　既存客では、どの客層、どの地域などに集中的に営業を仕掛ければよいか

《聞き出すポイント》

営業地域がばらついていたり、顧客層がバラバラでも、貢献度の高い地域や顧客層がいるはずだ。そこに期間キャンペーンとして、どんな集中営業を仕掛ければ、既存客の掘り起こしが可能かを聞き出す。

《考えられる KPI》

◇重点地域顧客の期間売上目標

◇重点顧客層の担当別・月別提案回数、見積提出数

◇キャンペーン期間中重点顧客のデモ回数

◇重点顧客のアイテムアップ（別途商品販売数）数

◇重点顧客のアンケート回収数　等々

---

iv　休眠客や BC ランク客へどんなアプローチ商材と目標でいけば可能性が広がるか

《聞き出すポイント》

過去にお付き合いがあった顧客で、今は何らかの理由でご無沙汰している休眠客に再アプローチするには、どんな商材でどんな売り方が妥当かを聞き出す。

また、B客、C客別のインサイドセールスやFAXDMなどのツールを使って掘り起こしするのは、どんな商材がよいかを聞き出す。

《考えられるKPI》

◇休眠客への期間面談回数と見積提出数

◇休眠客からの修正顧客情報回収数

◇キャンペーン期間中B客へのデモ回数

◇C客への重点商品のFAXDM、メール営業回数

◇B、C客の発注権限者への訪問面談数

◇BC客へのアンケート回収数　等々

v　新規開拓の成果を上げるには、どのような作戦と目標にしたらよいか

《聞き出すポイント》

　新規開拓が停滞していたら、そのうちじり貧になる。

　どの地域の新規客を優先的に狙うか、どの業種に集中するかを決め、そこにどんな商材や売り方をすれば、新規開拓が進むかを聞き出す。

《考えられるKPI》

◇月間新規開拓訪問数（名刺回収数）

◇月間新規訪問先での見積提出数

◇既存客から新規顧客紹介数（紹介者の名前を出す許可をもらえた数）

◇新規客への、「きっかけ商品」販売実績　等々

vi　粗利を改善するために、どんな商品、どんな顧客に、どんな価格を打ち出すか

《聞き出すポイント》

　粗利を悪くしている製品または顧客を列挙し、価格改善の段階的な変更はどうすべきかを聞き出す。

　競合が激しく価格改善がそのまま受注ダウンになる可能性があるので、主力以外から攻めるのもひとつの方法である。

《考えられるKPI》

◇指定商品、指定顧客への新価格見積回数

◇周辺商品、付属商品の値上げ見積回数と実績

◇商品の値上げ要請書についての顧客経営者への説明回数

◇周辺商品、付属商品ごとの値上げ実績

◇商品別顧客別粗利率改善状況　等々

---

vii　利益率を上げるため、どんな原価（材料、外注、労務費、現場経費）対策をとるか

《聞き出すポイント》

　利益率が悪い理由を原価の科目別に聞き出し、それぞれに原価率改善のアイデアを聞き出す。

　　◇原材料＝３者見積２社購買の徹底、原価を下げる業者交渉、ムダな原材料の発注や管理の徹底、生産計画と購買の調整

　　◇外注費＝工程表の早期化、生産管理の徹底、内製化率のバランス、外注価格の再確認、技能者の育成

　　◇労務費＝計画的に時間外の削減、残業時間の平準化、正味作業時間対策

　　◇現場経費＝水道光熱費の管理等

《考えられる KPI》

　　◇３者見積２社購買実施部材数

　　◇廃棄材料重量（産廃業者引き取り数）

　　◇工程表どおりの外注発注率

　　◇外注先技能者のスキルアップ数（指導状況）

　　◇新規外注先の確保数

　　◇部門別時間外平準化率

　　◇部門別正味作業時間数　等々

---

viii　効率化、手直し、品質の改善のために、どんな対策をとれば利益率改善が進むか

《聞き出すポイント》

　時間当たり作業量、１人当たり作業量を上げるために、必要な具体策を聞き出す。

　手直しや再作業が頻回している作業項目やその理由を聞き出し、そこにどんな対策を入れれば、その回数が減らせるかも聞き出す。

《考えられる KPI》

　　◇ある作業、業務の時間当たり、１人当たり作業量、生産量

◇ある作業、半製品、検品時の手直し回数

◇作業改善、品質改善のアイデア提出数　等々

---

ix　どの経費をどうコントロールすれば、コスト削減になるか

《聞き出すポイント》

　販売費及び一般管理費で、どの科目を管理すればコスト削減と営業利益貢献になるかを聞き出す。

　経費の効果性と生産性とのバランスなどに注視し、単なる経費削減チェックだけにならないようにする。

　経費削減チェックだけだと、経営者は不快になる傾向がある。

《考えられるKPI》

◇新規客からの問い合わせと販促広告費の比率

◇CPA（Cost Per Acquisition）：ネット広告（WEB広告）で、本商品購入やサンプル申し込みなど、コンバージョン1件あたりにかかった広告費用を指す

◇旅費交通費と決定権者面談数との相関関係

◇通信費と顧客開拓との相関関係　等々

---

x　残業、時間外を減らすために、何を、どのような目標ですればよいか

《聞き出すポイント》

　人件費の時間外削減と業務効率を上げるために、必要な具体策を書き出す。

　どの部門のどんな作業が時間外につながっているのか、単に人を増やせば済むことではなく、現有人員でできる対策やポイントを聞き出す。

《考えられるKPI》

◇特定部門の時間外削減状況

◇粗利と時間外延べ時間との相関関係

◇計画残業以外で、突発残業と粗利との相関関係

◇多能工化率（個人別スキルマップでの多能工化率）　等々

KPIは、その企業のKSFの進捗状況を数値化・指標化することで、実際の達成状況をセニタリングすることができる。実際には、第4章で紹介した「KPI監査モニタリングシート」へ記入する。

　KSFだけのモニタリングだと、定性評価のみとなり、実際の進捗状況がわかりにくい。そこに定量評価のKPIが加わることで、より客観的な実態を把握できる。数値や指標を見ることで、次項のアクションプラン監査もシビアに取り組めるようになる。

# （4）アクションプラン監査の実際

### ① 「KPI 監査モニタリングシート」への KPI 結果の記入とモニタリング

　毎月 KPI の結果を確認したら、「KPI 監査モニタリングシート」の「結果」欄に前月の KPI 数値を記入する。そこで KPI 目標と KPI 結果の差が一目瞭然になる。

　それぞれの KPI は目標達成、未達成に分かれる。「未達成」の場合は、モニタリングの中でその内容を確認し、次月以降に反映させる。

### ② KPI が未達になった理由のモニタリング

　KPI が未達になったのには、何らかの理由がある。中小零細企業で一番多い理由は、「実行しなかった」という、何とも程度の低い言い訳である。しかし、それが多いのも現実である。

　そんな中で、単にアクションプラン監査をすると、

- では、再度、いつまでに実施するか
- 次は、大丈夫か

等の、前回の決定事項のダメ押しだけに終わる場合が多い。

　これだと、おそらく次回も「実行しなかった」「やれなかった」という言い訳が報告される可能性が高く、KPI をチェックしても何の効果もない。

　そういう場合、私がよく使うモニタリング時のヒアリングは、

- アクションできなかった一番の理由は何か
- 何があれば、目先のことに左右されずにアクションできたか
- 忙しい状況でも、事前に何があれば行動が可能か

等、その KPI 達成に必要な行動の準備策を決める。

　できれば、そのモニタリング経営会議の場で、そのためのシートや準備に必要な文書、フレームなどを作成するのである。これは経営会議で単に議論するだけでなく、必要な書式や文書もモニターで見せながら作成することで、クライアントや関与先との関係性がより深まることにつながる。

　結局、経営者や役員が、前月の KPI 監査時、アクションプラン監査時に決めたことを実行しなかった最大の理由は、「とりかかりに時間がかかり過ぎたり、実行までのイメージが湧いていないことで、目先のことを優先してしまったこと」

にある。

### ③アクションプラン監査（対策欄）の書き方

　KPI監査後の対策として、「対策欄」にその月の反省と次月以降の対策を記述する。

　その対策はなるべく、期限と担当を明記し、具体的なアウトプット重視の表現にする。「いつまでに」「だれが」「何を」「どうする」を書かないと、次月のモニタリングで具体的なチェックができない。

　ここで大事なことは、「具体的なアウトプット策」を誘導できるかである。アクションプラン監査では、抽象論や感覚的な表現での「決定事項」は意味をなさない。また、担当と期限を決めても、どんなアウトプットかをイメージできなければ実行されない可能性が高い。

　したがって、前述したように、経営会議の場で「必要フレームや文書を聞き出しながら作成し、参考アウトプットを作成する」と、大変喜ばれるし、行動の可能性も高くなる。

　第4章の印刷会社の「KPI監査モニタリングシート」のモニタリング結果と対策欄には、どんなことが書かれているかを参考にしてほしい。

　この「対策欄」には、具体的な結果と次月以降の対策や準備すべき事項の具体策、担当、期限が網羅されている。毎月のKPI監査、アクションプラン監査をした際に、この「対策欄」に詳細を書き込んでいけば、次の監査時に「何からどう聞けばよいか」明確にわかる。

　そして、その決定事項を記載して、メールやLINE、メッセンジャーなどで該当者に渡し、各自の行動スケジュールに入れてもらえれば、実行率は高くなっていく。

■アクションプラン監査での「対策欄」の書き方

| | | KPI項目 | 予実 | 9月 | 10月 |
|---|---|---|---|---|---|
| 売上 | 1 | 地元ニュース広告枠の新規開拓面談数（見積書提出数） | 目標 | 10 | 10 |
| | | | 結果 | 8 | 10 |
| | | | 対策 | (1)既存客中心に、9月に5件の新規紹介訪問と10件の休眠先訪問<br>(2)見積まで行ったのが8件のみ<br>(3)広告効果に疑問があるという声が4件あった<br>(4)次月（10月1日〜）は「広告効果の反応を地域別に数値で表したデータ表」を作成し再度訪問する（作成は部長） | (1)「広告効果の反応を地域別に数値で表したデータ表」の作成が遅れ、見せたのは、10件にとどまる<br>(2)10件のうち、休眠と新規で反応があった<br>(3)ある新規先から「お試し記事掲載」みたいなものを提案される<br>(4)「お試し記事掲載」を10月20日からPR開始（作成は部長） |
| | 2 | ホームページ通販事業者への提案メール件数 | 目標 | 30 | 30 |
| | | | 結果 | 18 | 28 |
| | | | 対策 | (1)この地域での通販をしている業者が少なく、リストが増えない<br>(2)10月から地域をA県、B県まで増やしてメールを送る<br>(3)9月30日までに、A県B県のリストアップと見込み客データに追記（A課長） | (1)A県B県まで増やしてメールした結果、問い合わせが3件あった<br>(2)問い合わせ後訪問したが、サンプルパッケージが少なく、BtoCのイメージサンプルを増やす必要がある<br>(3)10月20日までに「BtoCの5業種のサンプルを作成」（部長）して、再度持参する |

# 6

# 【根拠ある経営計画書】
# 事 例

# 1 中古自動車販売業

## 1. 会社概要

①社名：B自動車　（九州某県）

②業種及び取扱商品

　中古車販売業、車検・整備、レンタカー事業

③売上・従業員数

　売上高3億6,000万円、従業員数9人

④経営概要

　九州某県で中古自動車販売を主業に車検・整備・レンタカーを含めた自動車に関する事業を営む。

　中古車販売は市内の2つの展示場で営業展開している。

　Y社長は35歳と若いが、個人通算業歴は10年あり、同業他社のなかでも経験と実績を積んでいるので、同業他社の経営者からもB社の動向は常に注目されている。

　経営者の事業に対する考えは常に前向きであり、社員にもその前向きな考えが浸透している。ミッションやビジョンは明文化していないが、半年前（2019年5月）に、3名の社員がY社長に業務改善や新規売上をアップするための施策をボトムアップ型で提案をしているような社風である。

　業績も好調で、銀行からも低金利で必要のない融資の利用を催促されているような状況である。もちろん無担保融資のみで、金利も0.8％台と低金利であり、中古自動車の仕入資金をメインに反復利用している。

## 2. SWOT分析を行った経緯

### ①抱えている経営課題

　某生命保険会社の知人からの紹介で、一度軽い面談をした。その後、知人が主催している銀行融資セミナーに私が講師として取り組んでいる時、セミナー後にY社長と個別面談した。

　この個別面談の時に、売上も経常利益も順調に伸長しているのに、手元に現預

金が残らず、銀行融資残高が増加している悩みを打ち明けてくれた。また、事業が順調に伸びているものの、経営計画の必要性は感じており、今までの感覚で経営をしてきたことに不安を抱いていた。

② SWOT 分析を行った理由

この状況をふまえて、第一に銀行融資の適正化に取り組みながら、資金繰りの安定化に目途がついた段階で、中期経営計画の策定に入る前提で顧問契約を締結した。

もちろん中期経営計画の策定では、SWOT 分析に取り組むことは事前に Y 社長に説明をして了承を得た。

## 3. 参加者の概要

参加者は Y 社長、営業責任者、総務責任者（Y 社長の妻）、レンタカー担当者、会長、コンサルタントの 5 名で実施。

Y 社長は業務全般の動向を確認しながらバランスをとっている。すべての業務に精通しているが、計数管理についてはほとんど取り組んでいない状況だった。総務責任者の Y さんは Y 社長の妻で、請求書の作成や入金チェックについてはきちんと取り組んでいるようだが、資金繰り表の作成や毎月の試算表の振り返りなどはやっていない。

営業責任者は Y 社長が個人事業主時代からの盟友で、仕入及び販売のセンスについては抜群であるが、計数管理については苦手意識が強い。

会長は Y 社長の自宅そばに住んでいる御近所さんで、30 年以上前から個人事業主として自動車整備工場を自営していた。Y 社長が独立をして 5 年を経過した時に、会長自身の後継問題のことがあったので、一緒に事業に取り組むようになった。もくもくと仕事をするタイプで、会長とは名ばかりで経営には一切興味を持っていない。

レンタカー担当者は半年前に入社。前職は農協の金融部門に在籍していた。プロ野球選手を熱望して大学でも野球をしていたほどの腕前であり、気合と根性は抜群であるが、数字は苦手だという。

## 4. SWOT 分析・経営計画の検討時間

- SWOT 分析検討会は、1 回目 5 時間、2 回目 5 時間で計 10 時間を費やした。
- 経営計画書とアクションプランは、5 時間会議 5 回で計 25 時間を費やして作成した。

## 5. 検討会の運営

- **事前準備**：事前に「SWOT分析動機付けDVD」を参加者に視聴してもらい、SWOT分析当日は基礎知識及び「機会」と「強み」の宿題を考えてもらった。
- **場所等**：○○市内の研修会場を借り、プロジェクターとスクリーンを用意してもらった。
- **進め方**：プロジェクターにコンサルタントのPCをつなぎ、議論をしながら「フレームに入力」していき、その過程を可視化して進めた。

## 6. SWOT分析検討中の状況

【機会】としては、以下の意見が出た。

---

- 大手損保社（2社）に営業をして、事故車の代車を提供していく
- 土地柄、成人したら自動車をほぼ100％購入するので、若者に自社の認知を高めるSNSに取り組む
- 若い人の行動スタイルを捉え、スマホで検索した時にサイトのトップページに出てくるようにしていけば、自社認知が高くなる
- 自然災害（台風・大雨による水害）での損害の対応について真剣に考え始めているので、自動車保険（任意保険）の「車両保険」の必要性を説いて付保してもらう
- 低所得者層はローンで自動車を購入しているが、車両保険付保率が20％以下となっている
- 同業他社の経営者の高齢化と後継者不足
- 生業的規模（従業員5名以下）は廃業している

---

「機会」の検討時に、一般的に言われている少子高齢化の影響は、少なくとも今後5年間は自社は影響を受けないというのが参加者全員の共通認識であった。

　また、少子高齢化に関係してくるが、生業的な同業他社の廃業については、コンサルタントからの誘引で出てきた意見で、そもそも自社とは比較対象外であったので、たいして注視していなかった。ただ、今後については、他社の動向も念頭に置いて行動していくことで、自社の拡大をしていくときにM&Aもひとつの手段として考えられるような発言もあった。

　現状の顧客層は高齢者が多く、今後は若年層（18～20歳）の取り込みをしていかないと将来の中古自動車の売上がダウンしてしまうことが懸念された。

SNSは従来から若年層向けに活用していたので、ホームページの改訂を土台にして、現在取り組んでいるインスタグラムやブログの投稿回数を増やしていくと同時に、広告宣伝費としてSEO対策の予算を確保して自社認知を高めていき、事業拡大のイメージ連鎖ができたようである。

【強み】としては、以下の事項が挙げられた。

- 中古車の仕入のノウハウがある（高値で売れる仕入をしている）
- 経営者も社員も若く組織に活力がある（社員からボトムアップで業務の提案が出てくる）
- ホームページ以外のSNS（Facebook・ブログ・インスタグラム）から情報発信をして、若年層の潜在需要の喚起が可能である
- 中古車販売だけでなく、事業の横展開（車検・整備・レンタカー）に取り組んで、売上高及び経常利益を伸長している
- 社員の定着率が高い（20代で入社した社員の離職率は0%・4名）
- 某損保会社から事故の代車としてレンタカー事業を拡大している
- レンタカー事業部の営業社員が順調に取引先を拡大している
- 自動車保険（任意保険）を提携損保代理店に紹介しているが、連携して車両保険の付保率を高めているので、事故の際にお客様の修理代の負担を少なくするように取り組んでいる
- 事故を受け付けてから入庫するまでのリードタイムが短い（平均60分）
- 社員の平均年齢が34歳と同業他社と比較して低いので、人件費のコストパフォーマンスがよい

「強み」を検討する際は、先に議論した「機会」に使えそうな「強み」や「経営資源」を細かくヒアリングをして文章化していった。

特に、内部の人材（経営者・従業員）にフォーカスしていきながら、経営者と社員との融合による組織の活性化について議論することで、モノ（中古自動車の仕入方法・販売方法・サービス手法など）にも深掘りができるようになった結果、議論が活性化した。

## 7. SWOT分析検討時の参加者の反応と変化

全員が初めての取り組みであったので、1回目の最初の3時間は意見がなかな

か出なかった。そこで4色に分けた大型のポストイットを使用して、参加者がイメージしやすいように4つの窓（強み・弱み・機会・脅威）のキーワードを伝えて、イメージしたことをポストイットに書くように指示してから参加者が考えるようになった。

特に変化があったのは、「機会」について議論をしている時に、営業責任者から「このような取り組みを3年前から実行していれば、どのようにすれば中古車がより販売できるか、そのきっかけがわかるのに」と大きな声で発してから、全体の議論に熱が入り始めた。

また、「弱み」について話し合いをしている時にはY社長がこう切り出した。

「当然、経営の全責任は自分にあるのだが、経営管理全般について3年前くらいから自分なりに考えながら管理していれば、銀行融資の件も悩まずに済んだかもしれないし、今の業績よりももっとよい状態で会社の運営ができていたのかもしれない」と。

過去の反省の弁をふまえた前向きな意見が出てきたことで、SWOTクロス分析に入る前に、周囲の雰囲気もより前向きになり、最初は消極的な対応だった会長や総務責任者も、少しずつではあるが自分の意見を発するようになった。

### 8. SWOTクロス分析での各種戦略と参加者の反応

【積極戦略】については、SWOT分析に取り組む以前から方向性が合致していた部分が多く、「強み」と「機会」に多く意見が出ていたこともあり、スムーズに戦略策定もできた。

しかしながら、「致命傷回避・撤退縮小戦略」の話をしている際には、Y社長がいちばん苦手としている経営管理に関する項目について話をしている時に、ふだん感情を表に出さないY社長の表情が歪みながら、「自分が経営管理についてできていないことに憤りを感じる」と、社員のいる前で言い放った時の瞬間は、その場に緊張が走った。

### 9. SWOT分析から経営計画書、アクションプラン検討時の参加者の反応

会社及びY社長ともに、経営計画の策定に取り組むのは今回が初めてであった。SWOTから始まりアクションプランへの落とし込みなど、こうしたプロセスを経験したことがなかったことがかえって功を奏した。

この会社のよいところは、Y社長も35歳で社員も若い人が多いことと、社員全員が実直な性格なので、コンサルタントからの指示も守ってくれて、進行して

いくのが非常に楽だった。

　会社を設立してから今日まで売上を伸ばし続けている会社なので、売上の上げ方については、現場の社員にその手法が沁みついている。具体性のあるアクションプランを作成するプロセスで、コンサルタントが考えさせる質問をしていたこともあり、計画の具体性がさらに深くなった。

　また、計画の策定が進む中で、営業責任者とレンタカーの営業社員から「10年以内には必ず年商規模で県内一番になりたいという気持ちです」と言っていたのを聞いて、Y社長と社員全員が一体となって行動していくのだろうと感じた。

　さらに経営計画及びアクションプランを含む付属資料を作成する時には、コンサルタントが事例を用いて資料の相関性について説明した。

　会長と総務責任者が時に難しい表情を浮かべる場面もあったが、コンサルタントから事前課題に取り組むときに、「専門用語を意識しないで、自分の言葉で表現して欲しい」と依頼していたので、上記の2人も課題の発表を自分の言葉で言えるようになり、全員参加型の経営計画策定ができたようだ。

## 10．SWOT分析、経営計画書作成後の参加者の反応とその後

　取引している3行の金融機関（地元の第一地銀・地元の第二地銀・信用金庫）にSWOT分析とSWOTクロス分析をした中期経営計画をコンサルタントと一緒に提出した。

　すべての金融機関から、事業性評価を網羅している内容でかつアクションプランの内容も計数とその根拠に具体性があるので、「今後の成長に応じた融資を極力無担保で対応させてもらいたい」と高い評価をもらった。その後の事業展開では、特に若手のレンタカー担当者の新規開拓の成果が著しかった。

　その後コンサルタントは、策定した3年間の月次顧問契約を締結して、定期的な振り返りに取り組んでいる。コンサルタントはあくまでもファシリテーター役に徹しているだけだが、社長や経営幹部の毎月の定例会議での意見は、数字を前提に仮説に基づいて考えているようであるし、総務責任者も毎月の会議の資料（試算表や資金繰り表）の整理をしているうちに、自社の数字の流れが理解できるようになってきた。

# ■ SWOT クロス分析　記入用シート（中古自動車販売業Ｂ社）

| | 参加者 | 社長 |
|---|---|---|
| | | 総務責任者 |

| | | 強み（S）…<br>（ターゲットがない場合は |
|---|---|---|
| A | 中古車の仕入のノウハウがある（高値で売れる車種 | |
| B | 経営者も社員も若く組織に活力がある（社員からボ | |
| C | ホームページ以外のSNS（フェイスブック・ブログ・<br>若年者層の潜在需要の喚起に取り組んでいる | |
| D | 社販だけでなく事業の横展開（車検・整備・レンタ<br>利益を伸長している | |
| E | 社員の定着率が高い（20代で入社した社員の離職率 | |
| F | 某損保会社から事故の代車としてレンタカー事業を | |
| G | レンタカー事業部の営業社員が順調に取引先を拡大 | |
| H | 自動車保険（任意保険）を提携損保代理店に紹介し<br>率を高めているので、事故の際にお客様の修理代の<br>る | |
| I | 事故を受け付けてから入庫するまでのリードタイム | |
| J | 社員の平均年齢が34歳と同業他社として比較して<br>ンスが高い | |

| 機会（O） | | | 組合せ番号（例<br>〈2〉- A） | 【積極戦略】<br>自社の強みを活かして、さらに伸ばしていく対策。または積極的に投資や人材配置して他社との競合で優位に立つ戦略 |
|---|---|---|---|---|
| 市場・顧客 | 〈1〉 | 大手損保会社（2社）に営業をして事故車の代車を提供していく | 〈1〉-FG | レンタカー事業部の売上及び経常利益を上げていくために、令和3年度から営業社員を雇用して、大手損保会社1社を取り込んで売上拡大を図る |
| | 〈2〉 | 土地柄、成人したらほぼ100%車を購入するので、若手に自社の認知を高めていくためのSNSに取り組む | | |
| | 〈3〉 | 若い人の行動スタイルを捉え、スマホで検索した時に、サイトのトップページに出てくるようにしていけば自社認知度が高くなる | 〈2〉-C | 自社ホームページの可視化を図り、若い人たちに視覚で訴求することで、将来のファン化を図る。また、県庁所在地の目立つ交差点に野立て看板を設置して自社認知を高めていく |
| | 〈4〉 | 自然災害（台風・大雨による水害等）の損害への対応について真剣に考え始めているので、自動車保険（任意保険）の「車両保険」の必要性を説いて付保してもらう | | |
| 競合 | 〈5〉 | 同業他社の経営者の高齢化と後継者不足 | 〈4〉-H | 提携損保代理店と連携し、事故や自然災害時の任意保険の車両保険の優位性を説きながら、車両保険の付帯率を上げることで、事故時や災害時の車両入替や修理の対応を車両保険で対応してチャンスロスを防ぐ |
| | 〈6〉 | 生業的規模（従業員数5名以下）は廃業している | | |
| | 〈7〉 | | | |
| その他 | 〈8〉 | 低所得者層はローンで自動車を購入しているが、車両保険付帯率が20%以下となっている | 〈5〉〈6〉-D | 高齢（70歳以上）の経営者で後継候補者がいない同業他社を事業譲渡（M&A）で購入し、中古車販売部門を拡大していく |
| | 〈9〉 | | | |

| 脅威（T） | | | 左記の状態で、今のまま具体的な手を打たない場合、どれくらいマイナスになるか概算数値や%を記入する | 組合せ番号（例<br>② - A） | 【差別化戦略】<br>自社の強みを活かして、脅威をチャンスに変えるには何をどうすべきか |
|---|---|---|---|---|---|
| 市場・顧客 | ① | 高齢化により大型車から小型車に車種変更することで、販売価格と利ザヤが低下する可能性がある | | ③-C | 少子高齢化の影響で売上ダウンにならないように、若年者層の新規開拓をする際に、ブログ（週に3回程度）とインスタグラム（随時・毎日）から自社認知を高めていきながら、問い合わせ件数を増やしていく |
| | ② | 高齢化の影響により、運転免許証返納で既存顧客が減少していく可能性がある | | | |
| | ③ | 少子化の影響で車の自動車購買人口が減少していく | 車販部門のの5%減 | | |
| 競合 | ④ | 大手同業者（上場企業）のチラシ攻勢による販売強化 | | | |
| | ⑤ | 同業他社の大手企業が中古車でも人気車種を高値で仕入れてきているので、仕入負担が大きくなる | | | |
| | ⑥ | M&Aによる同業他社の規模の拡大 | | | |

外部環境

| | 会長（Sさん） | | |
|---|---|---|---|
| （Yさん） | 営業責任者（Tさん） | レンタカー担当者（Bさん） | |

| 内部要因 | | | |
|---|---|---|---|

| ターゲットと比較して<br>一般的な発注者ニーズをベースに） | | 弱み（W）…ターゲットと比較して<br>（ターゲットがない場合は一般的な発注者ニーズをベースに） | |
|---|---|---|---|
| の仕入をしている） | a | 経営者に経営管理のノウハウがないので資金繰りが安定しない | |
| トムアップで業務の提案が出てくる） | b | 経営者が良心的すぎて、いまだにお客様から電話が鳴り止まない状態（日に20本程度） | |
| インスタグラム）から情報発信して、 | c | 総務経理が2名体制で取り組んでいるが、経験不足で仕訳や帳簿管理のミスが多い | |
| カー）に取り組んで、売上高及び経常 | d | 社長以外に会社に1日平均40本の電話がくるので、業務連絡にモレやダブリが出てきている | |
| は0%・4名） | e | 自社集客が弱く、カーセンサーとGOOの媒体をメインに集客をしている | |
| 拡大している | f | 具体性のある経営計画の策定と定期的な計数的経営の振り返りに取り組めていない | |
| している | g | 創業時からの取締役（70歳）が引退したら、既存顧客の20%の縁が薄くなる可能性が高い | |
| ているが、連携をして車両保険の付保<br>負担を少なくするように取り組んでい | h | 既存顧客データはあるが、データ分析に取り組んでいないので、クロスセリングができていない | |
| が短い（平均60分） | i | SNSの活用をしているが、ホームページの内容が薄く、他のツールと比較してもアンバランスになっているし、ホームページの解析ができていないので、自社集客が弱い | |
| 低いので、人件費のコストパフォーマ | j | | |

| 左記対策を実施した場合の概算数値（件数増減、売上増減、経費増減、利益改善、%増減等） | 組合せ番号（例〈2〉-b） | 【改善戦略】<br>自社の弱みを克服して、事業機会やチャンスの波に乗るには何をどうすべきか | 左記対策を実施した場合の概算数値（件数増減、売上増減、経費増減、利益改善、%増減等） |
|---|---|---|---|
| 現状（令和2年度）よりプラス<br>2020年度 売上1,200万円<br>2021年度 売上1,500万円<br>2022年度 売上1,500万円 | 〈2〉〈3〉-h | 既存の顧客データでも、家族状況について車検時にヒヤリングをしていきながら、18〜20歳までのターゲットの情報収集をする。自働車購入時に自社を選択してもらえるように、購入1年前から親にアプローチしていく | 現状（2020年度）よりプラス<br>2020年度 売上@150万円×5名＝750万円<br>2021年度 売上@150万円×7名＝1,050万円<br>2022年度 売上@150万円×10名＝1,500万円 |
| 現状（令和2年度）よりプラス<br>2020年度 売上@150万円×24名＝3600万円<br>2021年度 売上@150万円×40名＝6,000万円<br>2022年度 売上@150万円×60名＝9,000万円 | 〈3〉-i | ホームページの内容が薄く、現状エンドユーザーからの問い合わせもほとんどないので、ホームページの全面改訂を図ると同時にブログ・インスタグラム・FacebookなどのSNSに互換性を持たせることで問い合わせを増やしていく | 現状（2020年度）よりプラス<br>2020年度 売上@150万円×5名＝750万円<br>2021年度 売上@150万円×7名＝1,050万円<br>2022年度 売上@150万円×10名＝1,500万円 |
| 災害及び事故の予測は不可能なので、売上高については自然増で考慮 | | | |
| 3年後をめどに、年商2〜3億円のD社（○○市内）の事業譲渡を受け、中古車の売上1億円増加 | | | |

| 左記対策を実施した場合の概算数値（件数増減、売上増減、経費増減、利益改善、%増減等） | 組合せ番号（例②-b） | 【致命傷回避・撤退縮小戦略】<br>自社の弱みが致命傷にならないようにするにはどうすべきか。またはこれ以上間口を広げないために撤退縮小する対策は何か | 左記対策を実施した場合の概算数値（件数増減、売上増減、経費増減、利益改善、%増減等） |
|---|---|---|---|
| 2020年⇒年間で10件<br>2021年⇒年間で40件<br>2022年⇒年間で60件の問合せ | ①②③-g | 会社が会長の退職を引き延ばしているので、3年後に退職してもらうことにして、その間に既存顧客の引き継ぎをしていく。顧客の中心は60〜70代前半になるので、ハガキや訪問を通じて引き継ぎをしていきながら、お客様から紹介をしてもらい売上ダウンを食い止める | 何も取り組まない場合の売上ダウン金額の平均は年間2,000万円 |
| | ①②③-a | 少子高齢化の影響で売上ダウンが懸念されているので、3年先の中期経営計画の策定を実施する。その中で経費分析を実施して、売上及び利益に貢献しない経費については、計画的に削減していく | 接待交際費を3年間で現状の半分程度年間180万円まで削減する |

## ■ SWOT・クロス分析後の「実現可能性のある抜本対策」体系図

※「クロス分析の戦略と具体策」は、優先順位付けされた「クロス分析
※「3か年中期方針及び実施戦略」は、クロス分析の各ゾーンで捻出された
※「3か年中期ビジョン」は、中央の各種戦略を実施した結果、「大きな数

| 短期<br>or<br>中期 | 優先<br>順位 | クロス分析の戦略と具体策 |
|---|---|---|
| 1か年で結果を出す優先度の高い【短期実行対策】 | 1 | 某損保会社から代車を利用してもらえるように、営業攻勢（計画的な接待交際費の活用）を社長と営業社員が一緒に取り組む |
| | 2 | 既存顧客の今までの利用状況や家族情報の整理をして、定期的にキャンペーンハガキを送付して購買意欲を増幅させる |
| | 3 | 18～20歳までの若年者層の自社認知を高めて、購買頻度を高めていく |
| | 4 | ホームページの可視化を図る。部門別のページと車検や整備部門については可視化で閲覧者に訴求していく |
| | 5 | 第一展示場と第二展示場の環境を整える |
| | 6 | 紹介時の支払手数料の料率を売上高に対して0.5％アップして、紹介件数を増やす |
| | 7 | |
| | 8 | |
| | 9 | |
| | 10 | |
| 3か年で結果を出すための優先度の高い【中期戦略と仕掛け対策】 | 1 | 会長が引退するまでに、会長に紐づいている顧客の引き継ぎを終了させる |
| | 2 | レンタカー部門の営業社員を1名採用する |
| | 3 | M＆Aで中古車部門の買収をしてエリアでNO.2になる |
| | 4 | 車購入時に車両保険の付帯率を高めて、事故や自然災害時に事故負担を少なくするようにすることで弊社の利用頻度を高くする |
| | 5 | 経営管理体制（経営計画の策定） |
| | 6 | 経理体制の構築に取り組み、試算表と実績資金繰り表の振り返り体制をつくる |
| | 7 | 事業部制を導入して、社員のモチベーションアップを図り、生産性を上げていく |
| | 8 | |
| | 9 | |
| | 10 | |

優先順位　判断基準シート」から転記する
方針や戦略、具体策を４カテゴリーに分類して、固有名詞で記述する ■ は中期
値目標」や「実抜計画に連動した大きな構成比の変化目標」等のビジョンの表現にする

| 短期実行対策及び３か年中期方針及び実施戦略<br>（1～3か年で構築する「商材」「顧客」「コスト」「組織改革」） | | | 3か年中期ビジョン（実抜計画の目標値）<br>（勝ち残るための必須条件でも可） | |
|---|---|---|---|---|
| 新商品開発・開拓・既存商品強化の方針と戦略 | 1 | 某損保会社からレンタカーの利用率向上 | 中期戦略目標（構造改革する項目と指標） | 少子高齢化の影響を受けないように、18～20歳の若年層の新規開拓 |
| | 2 | 既存顧客に３か月に一度のDMを送付してキャンペーンを展開する | | |
| | 3 | 既存顧客からの紹介運動を実施 | | 収益性の高いレンタカー部門の売上を伸ばして財務体質を強化 |
| | 4 | 若年層の自社ホームページの閲覧数の増加 | | |
| | 5 | | | 事業部制を導入して社員のモチベーションアップと生産性の向上 |
| 新規開拓、既存顧客強化の新チャネル・エリア開拓・ | 1 | 新規損保会社の開拓（１社） | | |
| | 2 | 若年層向けに車に関する情報提供を月に２回程度YouTubeで配信していく | 売上（商材、顧客・新規対策）に関連する目標 | M＆Aを実施して売上高（全体）６億円超 |
| | 3 | 年に３回（11月・1月・2月）、若年層向けの自動車に関するセミナーを実施 | | |
| | 4 | 高齢者向け（70歳）以上には年に３回（4月・7月・10月）免許返納に関するセミナーを開催 | | 2023年度の若年層の車販9,000万円（60台） |
| | 5 | | | |
| コスト改革（原価・固定費他）・品質向上の方針と戦略 | 1 | 接待交際費の有効活用（削減していきながら費用対効果を検証して売上を伸ばしていく） | | レンタカー部門の2023年度の売上高7,500万円 |
| | 2 | | | |
| | 3 | | 利益・業務品質・組織に関連する目標 | 経常利益3,000万円超 |
| | 4 | | | |
| | 5 | | | レンタカー部門の営業社員２名体制 |
| 組織改革・企業体制・その他の方針と戦略 | 1 | レンタカー部門の営業社員を１名採用 | | |
| | 2 | 経営管理体制の構築 | | 自社で経営管理ができる体制の構築 |
| | 3 | 経理体制の構築 | | |
| | 4 | 事業部制の導入 | その他 | 財務コンサルタントの経営指導 |
| | 5 | | | |

## ■ 3 か年中期経営計画 【2020 年度〜 2022 年度】

| 中期ビジョン【売上高及び粗利益】 | 車販部門の売上向上を図るために、<br>3 年後の売上高 635,000 千円・粗利 |
|---|---|
| 中期ビジョン【経営管理】 | 経営者の経営管理能力の向上（経営<br>標を 100%達成していく |

| | 2020 年度 | |
|---|---|---|
| 総売上 | 445,000 | |
| 　車販部門 | 330,000 | 比率 74.2% |
| 　レンタカー部門 | 70,000 | 〃 15.7% |
| 　車検・整備部門 | 25,000 | 〃 5.6% |
| 　板金塗装部門 | 20,000 | 〃 4.5% |
| 粗利益 | 125,950 | |
| 粗利益率（%） | 28.3% | |
| 経常利益 | 10,236 | |
| 経常利益率（%） | 2.3% | |
| 従業員数（人） | 9 | |
| 労働分配率（%） | 52.9% | |
| 広告宣伝費比率（%） | 1.5% | |
| 支払手数料比率（%） | 2.5% | |
| 市場の動き・予測（自社に関係する競合環境、景気先行き、盛衰の分野等） | メイン購買層の高齢化によって、自動車の買替頻度のされる | |
| | 当面、同業者も耐え忍ぶ展開で、弱小またはキャッシ | |
| ポジショニングまたはシェア（業界、地域での位置づけ、強みの出し方、商材別シェア等） | 現状の車販規模では○○市内 3 位のポジションであり、 | |
| | 車販以外の関連部門でも、特にレンタカー事業につい | |
| | 損保会社の新規開拓 | |
| 商品戦略（伸ばす商材、減らす商材、新たな商材、マーケティング展開等） | 中古車の販売は M&A も活用して、3 年間で 190,000 千 | |
| | レンタカー部門については 1 年後から営業担当者を | |
| | M&A による顧客リストの確保 | |
| 顧客戦略（顧客開拓、CS、囲い込み、新チャネル等） | 既存顧客 1,700 名の情報整理（家族情報をメインに） | |
| 組織体制（非正社比率、後継者、独算制、分社、グループ体制、新組織等） | レンタカー部門の社員を 1 名採用 | |
| | SNS の担当を 2 名決めて、ホームページ及び FB 担当<br>欲を高めていく | |
| | 部門別の会計の採用に伴い部門別独立採算制を導入し | |
| 設備・投資戦略（出店、機械設備、ノウハウ投資等） | 第二展示場の整地及び事務所の改修（500 万円） | |
| 部門戦略（営業部、管理、生産、店舗等の個別方針を記す） | 車検・整備部門及び板金塗装部門の社員数は現状維持 | |
| | 車販部門は経営者と営業マンが 2 週に一度の営業会議 | |
| | レンタカー部門は経営者と営業マンの引き継ぎがスム<br>規損保会社の開拓は経営者が取り組み、それぞれが連 | |
| | 管理部門については、部門別会計の導入及び経営者の<br>全体経営をすることで中期ビジョンを達成していく | |

若年層の新規開拓と既存顧客情報を整理し、M&A の実施及びレンタカー部門の強化をしていきながら、益 178,000 千円の目標を達成する

計画策定能力・資金繰り管理・毎月の部門別の予実対比）を図りながら、立案した 3 か年の経営計画の目

（金額：千円）

| 2021 年度 | | 2022 年度 | |
|---|---|---|---|
| 490,000 | | 635,000 | |
| 360,000 | 比率 77.2% | 490,000 | 比率 77.2% |
| 85,000 | 〃 12.6% | 100,000 | 〃 12.6% |
| 25,000 | 〃 3.2% | 25,000 | 〃 3.2% |
| 20,000 | 〃 2.5% | 20,000 | 〃 2.5% |
| 142,300 | | 177,650 | |
| 29.0% | | 28.0% | |
| 19,391 | | 27,045 | |
| 4.0% | | 4.3% | |
| 9 | | 12 | |
| 49.7% | | 51.1% | |
| 1.7% | | 1.9% | |
| 2.5% | | 3% | |

長期化や購入者の行動半径の短縮化による影響や、購入車種のコンパクト化による影響で売上ダウンが懸念

| ュフローの悪い同業は淘汰される | 2022 年度の目標達成をすればエリア NO1 の座も奪取可能 |
|---|---|
| 2 位の同業他社の認知も高く同社の車販は 4 億円程度であるが、3 年以内で 2 位の座は奪取可能 | |
| ては開拓余地が年商ベースで 1 億円ある | |
| ホームページの全面改訂 | 18 ～ 20 歳までの若年層の自社認知の向上 |
| 円の増収を目指す | |
| 1 名採用して、3 年後に 45,000 千円の増収を目指す | |
| 新規損保会社の開拓（レンタカー部門） | 車検及び板金部門は横ばい推移 |
| 既存顧客の家族情報から、18 ～ 20 歳までの世帯に情報発信して車販につなげる | |
| ブログの内容改訂 | M&A を実施して既存顧客のデータ 800 名分を確保 |
| | M&A で営業社員を 3 名補充 |
| 者とブログ及びインスタグラム担当者で連携しながら、各媒体と相関性の高い情報提供をしていき、購買意 | |
| て、決算賞与を 2 年後から採用していくことで、社員のモチベーションアップを図る | |
| 第一展示場の拡張（20 台を置けるスペース） | ホームページの全面改訂（200 万円） |
| | 3 年後に M&A の実施（購入価格 60,000 千円） |
| とし、車販及びレンターカの売上にリンクしてくるが横ばい推移で捉える | |
| で取り組んでいきながら、販売状況と打ち手の課題ギャップの認識をしていくことで目標を達成していく | |
| ーズに取り組めたので、この 1 年間は 1 人態勢で売上を伸ばしていきながら、新規に営業を 1 名採用し、新携することで売上アップを図る | |
| 経営管理能力向上を図ることで経営を可視化しながら、社員の目標設定や振り返りを日常化させ、 | |

## ■クロス分析の【戦略】【具体策】を反映した中期収支計画表

(単位：千円)

| 科目 | 部門 | 商品または顧客 | 昨年度実績 | 今期（2019）年度予想 | 2020年度 | 2021年度 | 2022年度 |
|---|---|---|---|---|---|---|---|
| 売上 | 部門 | 中古車販売部門 | 272,553 | 300,000 | 330,000 | 360,000 | 490,000 |
| | | レンタカー部門 | 42,887 | 55,000 | 70,000 | 85,000 | 100,000 |
| | | 車検・整備部門 | 23,445 | 24,000 | 25,000 | 25,000 | 25,000 |
| | | 板金塗装部門 | 19,667 | 20,000 | 20,000 | 20,000 | 20,000 |
| | | 売上合計 | 358,552 | 399,000 | 445,000 | 490,000 | 635,000 |
| 原価 | 部門 | 中古車販売部門 | 215,317 | 240,000 | 267,300 | 291,600 | 396,900 |
| | | レンタカー部門 | 12,008 | 15,400 | 20,300 | 24,650 | 29,000 |
| | | 車検・整備部門 | 15,239 | 15,600 | 16,250 | 16,250 | 16,250 |
| | | 板金塗装部門 | 14,947 | 15,200 | 15,200 | 15,200 | 15,200 |
| | 原価計 | | 257,511 | 286,200 | 319,050 | 347,700 | 457,350 |
| | 粗利 | | 101,041 | 112,800 | 125,950 | 142,300 | 177,650 |
| | 平均粗利率 | | 28.2% | 28.3% | 28.3% | 29.0% | 28.0% |
| 販売費及び一般管理費 | 役員報酬（3名） | | 23,040 | 23,040 | 23,040 | 23,040 | 23,040 |
| | 従業員給与 | | 25,443 | 26,000 | 30,000 | 31,000 | 41,500 |
| | 賞与 | | 1,250 | 1,500 | 1,800 | 1,800 | 3,000 |
| | 法定福利費・福利厚生費 | | 7,211 | 7,328 | 7,952 | 8,097 | 9,793 |
| | 広告宣伝費 | | 4,520 | 6,000 | 9,000 | 10,000 | 12,000 |
| | 支払手数料 | | 7,320 | 7,980 | 11,125 | 12,250 | 15,875 |
| | 旅費交通費 | | 1,113 | 1,200 | 1,500 | 1,600 | 1,700 |
| | 通信費 | | 1,325 | 1,400 | 1,700 | 1,750 | 1,800 |
| | 接待交際費 | | 3,830 | 3,000 | 2,000 | 1,900 | 1,800 |
| | リース料 | | 756 | 756 | 756 | 756 | 756 |
| | 地代家賃 | | 3,066 | 3,066 | 3,066 | 3,066 | 3,066 |
| | 減価償却費 | | 6,524 | 6,000 | 6,400 | 5,900 | 5,400 |
| | 水道光熱費 | | 1,222 | 1,300 | 1,300 | 1,300 | 1,300 |
| | 事務用品費 | | 354 | 400 | 400 | 400 | 400 |
| | 消耗品費 | | 2,435 | 2,500 | 2,550 | 2,600 | 2,650 |
| | 車輌費 | | 2,175 | 2,200 | 3,000 | 3,100 | 3,200 |
| | 経営セーフティネット共済 | | 2,000 | 2,400 | 2,400 | 1,200 | 0 |
| | 顧問料 | | 600 | 1,800 | 3,000 | 3,000 | 3,000 |
| | その他経費 | | 2,422 | 3,000 | 3,200 | 3,300 | 3,500 |
| | 販売費及び一般管理費合計 | | 96,606 | 100,870 | 114,189 | 116,059 | 133,780 |
| | 営業利益 | | 4,435 | 11,930 | 11,761 | 26,241 | 43,870 |
| 営業外 | 営業外収益 | | 500 | 500 | 500 | 500 | 500 |
| | 営業外支出 | | 1,500 | 2,000 | 2,000 | 2,000 | 3,000 |
| | 経常利益 | | 3,435 | 10,430 | 10,261 | 24,741 | 41,370 |

| 戦略での概算数値（売上・原価・経費）整理 | | | |
|---|---|---|---|
| クロス分析の戦略と具体策から捻出される売上概況・内容<br>（新商材・新規チャネル等売上の増や既存商材の売上減等） | | | 新たに増減する売上高 |
| 〈1〉 | 中古車部門 | SNSを活用していきながら、18〜20歳までの若年層からの売上を確保していく | 2020年度3,000万円・2021年度4,000万円・2022年度はM&Aを実施して1億円＋3,000万円＝1億3,000万円の売上増 |
| 〈2〉 | レンタカー部門 | 2020年度から営業社員を1名採用して、損保会社1社と自動車整備工場の開拓をしていきながら売上増加を図る | 2020年度〜2022年度までの各年度ともに1,500万円の増収 |
| 〈3〉 | その他 | 車検・整備部門及び板金塗装部門は現状維持。基本的には車販とレンタカーの売上増加に伴う自然増加を目論む | 自然増を考慮しているので売上の増減は無し |
| 〈4〉 | 中古車部門 | 仕入原価は80％にて計算。従来は78〜79％で推移） | 2020年度以降の仕入原価については市況を鑑みて81％で試算 |
| | レンタカー部門 | 仕入原価は28％で計算 | 2020年度以降は市況を鑑みて29％で試算 |
| クロス分析の戦略と具体策に該当する経費支出・削減の科目と額に関する科目及び概況と内容（新対策で新たに発生する経費も含む） | | | 新たに増減する経費 |
| 〈1〉 | 従業員給与 | レンタカー部門の営業社員の採用とM&Aで、車販の営業社員を3名確保する | 2020年度にレンタカー部門の営業社員を採用年間400万円／2022年度はM&Aで車販の社員3名採用・年間で1,000万円 |
| 〈2〉 | 賞与 | 同上 | 2020年度30万円増加・2021年度は2020年度と同額・2022年度は120万円増加 |
| 〈3〉 | 広告宣伝費 | ホームページの改修・SEO対策・Facebook広告を中心に取り組み、自社認知を高めていきながら、問い合わせ件数を増やしていく | 2021年度はホームページの全面改訂費用に200万円＋広告費100万円・2021年度以降は広告を中心に2021年度が100万円・2022年度が200万円対前年比でプラス |
| 〈4〉 | 支払手数料 | すべての部門の紹介手数料の料率を対売上に対して2⇒2.5％に増加して、顧客の囲い込みを図る | 2020年度より、料率を売上に対して0.5％増加していく |
| 〈5〉 | 接待交際費 | 売上や利益に結び付かない経費分析をして削減していく | 2020年度100万円削減・2021年度10万円削減・2022年度20万円削減 |
| 〈6〉 | 減価償却費 | 第二駐車場の整地及び事務所の改修・ホームページの全面改訂 | 各年度90万円の減価償却費の増加 |
| 〈7〉 | 車輌費 | レンタカー部門の営業社員にかかる必要経費 | 2020年度に80万円、以降は年間10万円の負担加味 |
| 〈8〉 | 経営セーフティネット共済 | 節税を主とした経営セーフティネット共済の掛金支払は2021年度で終了 | 2021年度は120万円・2022年度は240万円の自然減 |
| 〈9〉 | 顧問料 | 経営管理体制（計画立案・損益と資金繰りの振り返り）を自社内で取り組めていないので、財務コンサルタントと顧問契約を締結して、自走式経営に取り組めるようにする | 2020年度から年間300万円・2022年度まで契約し、その後は自社で取り組めるようにする |

■ 2019 年度　今期の経営方針・スローガン及び重点具体策　会社名 ( 中古自動車 B 社 )

I　今期の経営スローガン

（目指したい姿の一言集約「〜しよう」）

> 原点回帰、お客様のことを知ろう！　顧客情報からお客様に還元できるサービスを真剣に考える。

III　今期の重点具体策と年間スケジュール

| | 重点具体策 | 重点具体策を実行するために必要な準備、段取り、詳細内容（具体的に行動内容が見えるような表現。いつまでに、だれが、どのように、と固有名詞で表現できる具体的な行動項目） | 誰が行う、または担当部門 | いつまでに形にする | |
|---|---|---|---|---|---|
| 1 | レンタカー部門の売上を社長と営業マンで協業して過去最高まで伸ばす | 損保会社の支社長、担当者と月1回のミーテイングをしていきながら、過去のトレンドをつかむ | B さん | 2019 年 8 月〜 | 予定 |
| | | 県内の自動車整備工場の未訪問リストを作成して、年間・月間・週間の訪問予定表と To Do リスト（やるべき仕事のリスト）を作成する | B さん | 2019 年 10 月まで | |
| | | 既存先についても四半期に一度の打ち合わせをして、他社を利用している会社を自社に持ち込むようにする | B さん | 2019 年 8 月〜 | 結果 |
| 2 | 中古車販売部門は既存顧客のデータ整理（家族情報取得）から売上を伸ばす | 1,700 名の既存顧客の情報整理（家族情報の収集をメイン）して、若年層（18 〜 20 歳）の掘り起こしをしていく | T さん | 2020 年 1 月まで | 予定 |
| | | 会長関係の顧客データ約 350 名の引き継ぎをしていきながら、新たな提案をしていくことで売上増加を図る | T さん | 2019 年 11 月〜 | 結果 |
| 3 | ホームページの改訂と YouTube の取り扱いを開始して、SNS のシナジー効果（Facebook・インスタグラム）から若年層（18 〜 20 歳）からの問い合わせ件数を増やす | ホームページを全面改訂する。特に、写真と解説を含めて事業内容を閲覧者に見やすいようにする | B さん | 2020 年 2 月〜 | 予定 |
| | | 自動車に関する何でも Q&A コーナーや YouTube を立ち上げる | B さん | 2019 年 8 月〜 | |
| | | | | | |
| 4 | 会長が持つ既存顧客の情報整理に取り組み、勇退するまでの 3 年間で引き継ぎを実行する | 会長の既存顧客のリストを作成する（約 350 名） | T さん | 2019 年 8 月〜 | 予定 |
| | | リスト作成後に会長と顧客リストについてのヒヤリングを実施 | T さん | 2019 年 11 月〜 | |
| | | フォロー体制を構築する | T さん | 2019 年 11 月〜 | 結果 |
| 5 | 経理管理体制の構築を図るため、財務コンサルタントの指導を受けて計数的感覚を身に付ける | 過去 3 年分の経営に関する定量資料から会社の動向を把握して、精度の高い部門別の計数管理を実践して、計画立案した目標の 100% 必達を図る | 社長 | 2019 年 8 月〜 | 予定 |
| | | 経理管理体制の構築を図る。今後の事業部制の導入に伴い、計数関係もすべて事業部制にリンクさせて毎月の振り返りができるようにする | 社長 | 2019 年 8 月〜 | |
| | | 経理総務社員（2 名）に経理実務の専門教育をしていきながら、早期試算表・実績資金繰り表が翌月 10 日には作成できるようにする | 財務コンサルタント | 2019 年 8 月〜 | 結果 |

## Ⅱ　今期の経営方針
(今期実現したい経営の姿。反省と中期ビジョンを参考に)

| | |
|---|---|
| 1 | レンタカー部門の売上を社長と営業マンで協業して過去最高まで伸ばす |
| 2 | 中古車販売部門は既存顧客のデータ整理(家族情報取得)から売上を伸ばす |
| 3 | ホームページの改訂とYouTubeの取り扱いを開始して、SNSのシナジー効果(Facebook・インスタグラム)から若年層(18〜20歳)からの問い合わせ件数を増やす |
| 4 | 会長が持つ既存顧客の情報整理に取り組み、勇退するするまでの3年間で引き継ぎを実行する |
| 5 | 経理管理体制の構築を図るため、財務コンサルタントの指導を受けて計数的感覚を身に付ける |
| 6 | |
| 7 | |

| 第1四半期中にどこまで進める(チェックできる具体的な予定、おおよその月度も入れる) 2019年8月〜10月 | 第2四半期中にどこまで進める(チェックできる具体的な予定、おおよその月度も入れる) 2019年11月〜2020年1月 | 第3四半期中にどこまで進める(チェックできる具体的な予定、おおよその月度も入れる) 2020年2月〜4月 | 第4四半期中にどこまで進める(チェックできる具体的な予定、おおよその月度も入れる) 2020年5月〜7月 |
|---|---|---|---|
| ●毎月の損保会社とのミーティングで、1年間の事故状況がどんな流れになっているのか把握する<br>●県内の未訪問先の自動車整備工場をリストアップし、エリア別・規模別にして整理する<br>●既存先の自動車整備工場についてヒヤリングシートを作成する | ●毎月の損保会社とのミーティングで、弊社に持ち込める案件が年間で何件程度あるのか把握する<br>●県内の未訪問先の自動車整備工場でも、年商1億円以上の整備工場に絞って訪問開始<br>●既存の取引先には四半期毎に訪問して状況を把握する | ●損保会社に自動車整備工場を紹介して、損保会社の自動車保険の持ち込みを増やすことで、損保会社からレンタカーの紹介をもらう<br>●既存先から状況把握をしたうえで、追加の代車を出せる場合は、支払手数料を5%UPで対応していく | 同左 |
| | | | |
| ●保有している既存顧客のデータで、家族情報(18〜20歳をメイン)の収集ができていない先の整理をする | ●情報整理ができた若年層のリストについては、その世帯にハガキを送付していき、世帯主に電話フォローをして中古車販売につなげる<br>●新規の掘り起こし先を100件 | ●新規の商談件数を30件持ち込み、月5〜6台の中古車販売に結び付ける | |
| | | | |
| ●YouTubeの概要をまとめる(車に関するお金の話・車のメンテナンス・ライフプランに合わせたカーライフなど) | ●YouTubeのネタの収録を開始(1本7分の内容・50本)<br>●12月上旬から週に2本(月・木)の動画を配信開始 | ●ホームページの見積依頼(概算200万円以内) | ●ホームページの業者の決定とコンテンツの確定 |
| | | | |
| ●会社で策定した顧客カードをもとに、Tさんが会長からヒヤリングをして100名分作成する | ●会社で策定した顧客カードをもとに、Tさんが会長からヒヤリングをして100名分作成する<br>●会長とフォロー体制について協議する(会長の考えを尊重する) | ●会社で策定した顧客カードをもとに、Tさんが会長からヒヤリングをして100名分作成する | ●会社で策定した顧客カードをもとに、Tさんが会長からヒヤリングをして50名分作成する<br>●会長が納得した上でのフォロー体制の確立 |
| | | | |
| ●3年分の財務分析に取り組み、社長がコンサルタントに損益の因果関係を分析してもらい、社長自身が自社の状況を数字で把握できようにする<br>●財務コンサルタントが介在して現状の仕訳の状況を確認する<br>●経理担当者の業務フローと仕訳についての実務状況を確認 | ●部門別の振り返りで損益と予実対比をして、ぼんやりとしたイメージで理解している状態<br>●財務コンサルタントが経理のマニュアルを策定する<br>●経理担当者に中古車販売部門の仕訳について伝え、その内容を把握してもらう | ●部門別の振り返りで損益と予実対比をして、要因分析ができている状態<br>●財務コンサルタントが策定した経理マニュアルを使用して、経理担当者に経理業務の全体イメージを伝えていく<br>●経理担当者にその他の事業部の仕訳について伝え、その内容を把握してもらう | ●翌年度の予算修正を図るときに、財務コンサルタントに相談しなくても、数字に落とし込みができている状態<br>●経理担当者は、経理マニュアルを見て疑問点の70%は自己解決できている状態 |
| | | | |

# 2 温泉ホテル業

## 1．会社概要

①社名：温泉ホテル W 社

②業種及び取扱商品

　東北の某温泉地で温泉ホテルを経営

③売上・従業員数

　売上高 9 億 9,300 万円、従業員数 112 人

④経営概要

　H 社長は、現在 59 歳の 3 代目。このホテルの周辺の温泉街には 15 の同業者が軒を並べている。このホテルのポジションは温泉街の中では 2 位にいるが、ほとんどの同業他社はバブル崩壊後の不況で財務状況は厳しく、半数以上のホテルや旅館が倒産や廃業に追い込まれている。また、5 社ほどは大手資本が入っているような状況である。

　経営者の事業に対する考えは常に前向きではあるが、先代（女性）が亡くなるまで約 40 年間にわたって旧式なスタイルで経営をしてきたので、経営計画の策定・資金繰り管理・営業管理・業務管理はずさんであった。

　その結果、社員の能力は向上するどころか、むしろ時代の流れについていけなくなっている。特に、営業社員については、団体営業の売上ダウンに歯止めがかからない状況なのに、前経営者から「目標の 70％の実績があれば問題ない」という教育を受けてきているので、新経営者の経営管理手法についてこられない人が続出している状況であった。

　さらに前経営者は営業だけにとどまらず、料理の 1 品から皿の 1 枚まですべてのことにトップダウンで取り組んできていたので、従業員がやる気を失せるような状態で、ただ景気に身を任せて経営をしてきたのだろうと面談をしていて感じた。

　業績も 25 年前から対前年比の売上をカバーできておらず、25 年前の業績は売上高が約 20 億円で営業利益 40,000 千円（減価償却費 80,000 千円）であったが、直近の業績は売上高 993,000 千円で、営業利益▲ 8,488 千円（減価償却費 72,000 千円）で、運転資金の赤字補填を銀行から調達しているので、

返済負担も重くなってきている。

　ちなみに銀行融資の毎月の返済元金額は約10,000千円もあり、年間で120,000千円のキャッシュフローを捻出できないので、銀行からの赤字補填の長期運転資金の反復利用をしていかないと、3年以内に銀行融資の条件変更（リスケジュール）をしないと事業継続が厳しくなるような状況である。

　このような状況ではあるものの、新経営者は、親（前経営者）が取り組んできた経営スタイルについては反面教師になっており、自ら経営管理手法を学びながら経営計画の策定や資金繰り管理、営業手法まで、温泉ホテルの経営に必要とされている多くのことについて学んできているので、改善余地及びその効果はあると思料した。

## 2. SWOT分析を行った経緯
### ①抱えている経営課題
　研修会社が主催している銀行融資セミナーの講師をしていた時に初めて接見した。その半年後に先方の代表から、一度温泉ホテルに宿泊しながら会社の現状を確認してもらったうえで、再生可能性の判断と今後の銀行融資のアドバイスをしてもらいたいと依頼が入った。

　そこで現地に入り、実際に宿泊して施設・食事・従業員の歓待などを受けると同時に、作成されていた経営計画書を確認していて気づいたことがあった。それは、経営計画にしても営業計画にしても、形式的条件は具備されていたが、計画の根拠が具体性に欠けていた。

### ②SWOT分析を行った理由
　SWOT分析にも取り組んでいたが、その内容は表現できるようなものではなかった。後日、面談の時に、SWOT分析を十分にしていないことによる経営計画のブレについて説明をしたら、説明の途中で、経営計画の再作成及びSWOT分析の依頼を受けた。

　また、私が初めて訪れた際には、言葉では表現できないような重い空気を感じた。それは、コンサル契約を締結してからわかったことだが、旧代表（故人）と現代表との確執がホテル全体に沁みついているようであった。

　SWOT分析に取り組む前に経営者ミーティングを実施した時に、現経営者が重たい口を開いて旧経営者との親子間の確執について話してきた。

　旧代表者は旧態依然とした旧式の温泉旅館の運営に固執していた。例えば、仲

居さんは全員着物で応対をする、食事は質よりもむしろ量で勝負する、すべての夕食の場に女将（旧代表）が挨拶回りをする、などである。社員教育も自分が経験してきたことのみで、新しいことに着手しないため、若い社員とのギャップが大きく定着率が低かった。また、お金の管理も経理1人に任せて、「赤字になったら銀行融資を受ける」ということをしていた。

現経営者は10年以上前から、旧代表に上記を含めた経営の効率化や売上向上に向けた対策について意見具申をしてきたのだが、理由もなく全否定されてきた経緯があった。こうしたことから、重苦しい雰囲気がこのホテルに漂っていたのである。

さらに、現経営者は自発的にセミナーや研修会に参加して、最新鋭の経営スタイルや集客方法について学んではいるものの、社員との意識ギャップが大きすぎることと、社員の能力を精査したうえで経営計画や営業計画を立案していないので、最終的に策定する計画はすべて絵に描いた餅となっていた。

## 3. 参加者の概要

参加者はH社長、常務（H社長の妻）、営業部長（執行役員）、料理長（執行役員）、支配人（執行役員）、総務経理部長（執行役員）、コンサルタントの7名で実施。

H社長は3代目で2018年に就任。業務全般を理解しており、社員の活性化を目論みながら行動しているものの、2代目の長期政権による組織の硬直化の影響が大きすぎて、売上及び利益ダウンを止めるまでに至っておらず、ストレスが溜まっている状態である。

常務は、ホテルの実務経験はなく、関連会社の飲食店の切り盛りを担当している。今回の経緯は常務本人からの強い希望であった。前社長のワンマン経営の時に一度ホテル業務に従事した経験もあるが、前社長との確執があったためにホテル業務から離れていた。今後は現社長の秘書的な立場での業務を担当する予定である。

営業責任者は前社長が個人事業主時代からの盟友で、仕入及び販売のセンスについては抜群ではあるが、計数管理については苦手意識が強い。

営業部長は、現社長が専務時代に大手エージェントの役員から紹介されて1年前に入社。大手エージェントに長年在籍して部長職まで経験しており、大手エージェントの攻略方法は熟知している。しかしながら、今の部下は前社長の悪い影響を受けているので、前職の時の部下とのギャップが大きすぎて組織が機能しなかったが、就任して1年経過してようやく組織として稼働し始めたようである。

料理長は5年前に入社。現社長が専務の時に東京のホテルにいた料理長を引き抜いた。料理センスは抜群であり、懐石料理を得意としている。しかし、食材にこだわり過ぎることと食材業者にもこだわりがあるようで、食材原価の原価管理を苦手としている。

支配人は○○県のホテルを再生した経験があった。その腕を買い、1年前に現社長が引き抜いた。業務改善については、業務スタッフの多能工化（マルチタスク）を推進していきながら、人件費の削減や経費の圧縮を得意としている。計数管理能力も抜群である。

総務経理部長は唯一の生え抜き社員である。この会社のことはすべて知っている。勤続年数は40年超。経理をメインに取り組んでいる。資金繰り管理や銀行融資交渉にも長けている。事務処理能力も高いのだが、2名で取り組んでいるのでオーバーワークとなっており、経営の振り返りをするための資料作成が遅くなっているような状態である。

## 4. SWOT分析・経営計画の検討時間

- SWOT分析検討会は、1回目7時間、2回目8時間、3回目5時間の計20時間を費やした。
- 経営計画書とアクションプランは、6時間の会議5回で計30時間を費やして作成した。

## 5. 検討会の運営

- 事前準備：事前に「SWOT分析動機付けDVD」を参加者に視聴してもらい、SWOT分析当日は基礎知識及び「機会」と「強み」の宿題を考えてもらった。
- 場所等：自社の会議室もあるが、雰囲気の違うところで考えてもらったほうが得策と考え、○○市内の研修会場を借り、プロジェクターとスクリーンを用意してもらった。
- 進め方：プロジェクターにコンサルタントのPCをつなぎ、議論をしながら「フレームに入力」していき、その過程を可視化して進めた。

## 6. SWOT分析検討中の状況

【機会】としては、以下の意見が出た。

①インバウンド客（ベトナム・タイ・台湾人）の増加が望める

②半径 150 km の隣接県からのリピーター客の増加

③アッパー層の開拓（露天風呂付部屋）

④本館の空いている部屋を湯治客向けに開放することで稼働率を上げる

⑤近隣の同業他社において後継者不足で廃業する可能性が高い

⑥外部コンサルを入れて経営管理機能を強化している

⑦外国人労働者（技能研修生）の採用をして、人材不足の解消を図る

⑧温泉ブームで、若年層のカップルが温泉旅館に宿泊している

　「機会」の検討時に、8つの機会のうち③④についての意見は出てこなかった。来訪客の分析は、コンサルタントが7年前から介在して顧客分析の指導もしているので、社長と総務経理担当が中心になって会話が盛り上がった。

　上記のいくつかの項目についてはファシリテーター役のコンサルタントが「～たら」「～れば」の質問を繰り返していく中で出てきた意見でもあり、自社内での会話ではなかなか出てこないことを参加者が言っていた。

　③については、従来の取り組みだと露天風呂付部屋の購入顧客単価が25,000円（税込）を超えてくるので、そもそも論としてアッパー層として捉えていた感が強かった。しかしながら、話の深掘りをしていく過程で、夜の食事をより高級化していくことで本来のアッパー層の開拓余地があると判断したようである。

　④については、逆転の発想をイメージしてもらうようにファシリテーター役が話の流れを変えたときに、支配人から出てきた意見である。支配人が前の温泉ホテルの再生に取り組んでいるときに、同業他社がホテルの稼働率を上げるために、単価を下げて食事も給仕はしないようにするスタイルをとり、1～3か月程度の長期滞在型の商品を開発して稼働率を上げた事例があった。その記憶が蘇ったことで、取り組むかどうかは別として、本館の稼働率が悪いことに関連づけて湯治客のイメージが湧いたようである。

【強み】としては、以下の事項が挙げられた。

①ネット集客の専門コンサルタントから集客ノウハウを身に付けていたので、現在は自社で広告宣伝費を配賦して売上を上げている

②露天風呂付客室の客室数が20以上あるので、露天風呂ブームにも対応できる

③ホテルの前の山と川の景観が四季に応じて変化するので、リピーター客を

狙える

④豊富な源泉量、良質な単純泉

⑤宿泊客のアンケート調査で、懐石料理の評判がよい

⑥関連会社のお菓子部門（饅頭）が好調で、年間で1億円程度売上があり、宿泊客からの評判もよい

⑦過去に他エリアで温泉旅館を再生させてきた敏腕の支配人が入社してきたので、業務改善のノウハウがある

⑧大手エージェントに在籍していた元幹部社員を営業部長として採用して、エージェント向け営業強化を推進できる体制ができた

　「強み」を検討する際は、先に議論した「機会」に使えそうな「強み」や「経営資源」を細かくヒヤリングして、それらを文章化していった。

　「強み」に関しては、SWOT分析に参加した経営幹部の多くが前社長の悪い影響を受けていないので意見はスムーズに出てきた。

　ファシリテーター役として気づいたのが、この会社の創業以来からの社員が積み重ねてきた信頼や独自の技能についての意見が出てこなかったことである。前社長のワンマン経営の悪い影響が組織に反映されていた結果であることを感じた。このことについては、「強み」についての意見出しをしている最中にファシリテーター役が言ってしまうと話が進まなくなってしまうので、経営計画とアクションプランを策定するまで言わなかった。


## 7. SWOT分析検討時の参加者の反応と変化

　最初の4時間はなかなか意見が出てこなかったが、以下の取り組みをしてから意見がスムーズに出てくるようになった。

　中古自動車販売の事例でも同じだが、初めてSWOT分析に取り組む場合、「何を」「どのように」考えればよいのかわからない人がほとんどなので、4色に分けた大型のポストイットを使用して、参加者がイメージをしやすいように4つの窓（強み・弱み・機会・脅威）のキーワードを伝えて、イメージしたことをポストイットに書くようにした。

　話の変化があったのは「機会」の落とし込みをしているときに、ファシリテーター役の「～たら」「～れば」のイメージ手法について説明してからである。ここに参加している人たちはそれぞれの部門のプロフェッショナルなので、SWOT分析のイメージの仕方について議論を進めていく過程で理解していったことがわ

かった。

　社長は意見を言うというよりも、各パートで全体感を軽く話してから各執行役員に意見を引き出すように努めてくれていたので、ファシリテーター役も軌道修正をするだけで済んだ。

## 8．SWOT クロス分析での各種戦略と参加者の反応

　【積極戦略】については、社長が専務時代から標榜していたことの7割は合致していたし、参加していた執行役員からも同じ意見が出ていたことに安堵していたようである。

　強いて言うのであれば、料理長は原価を度外視してでも宿泊客に美味しいものを提供したいこだわりがあったようである。1時間程度料理長から抵抗があったのだが、支配人から事前に準備していた資料（料理原価と改善策についての考察）を確認していく過程で、認めたくはなかった部分もあることを伝え納得してくれたので、全員が一致団結して会社の改善に向けて動かなければならない雰囲気になった。

## 9．SWOT 分析から経営計画書、アクションプラン検討時の参加者の反応

　経営計画とアクションプランについては、社長が専務時代から策定していた。自分が社長でなかったので、従来は絵に描いた餅であったこと、本来であればコンサルタントを巻き込まないで自己完結型で取り組みたい旨を参加者に伝えたうえで会議に入った。

　支配人も計画の策定能力や振り返り能力は抜群であり、総務経理担当者も現社長と一緒に経営計画策定実務の研修を受講していた。営業部長と料理長については、あくまでも関与している部分に関してのイメージ手法を伝えて、言葉と数字の融合を時間をかけながら取り組むように伝えた。

　また、事前課題でわからないことがある時には、ファシリテーター役に連絡をとるようにケアをすることを伝えたうえで取り組んだので、時間はかかったものの各部門責任者が自分たちの意見を言えるようになったのを確認して、この会社の再生は間違いないと確信した。

## 10．SWOT 分析、経営計画書作成後の参加者の反応とその後

　20数年来徐々に減収減益となっていたので銀行からの信用も失いかけていたが、今回のSWOTクロス分析をふまえた詳細を付加した経営計画書をもとに、

融資取引銀行を白社の会議室に集めて経営会議の発表会を実施した。参加した7行からの詳細な質問はなかったが、従来の経営計画との乖離が大きかったので、今後の様子を確認しながら会社の支援をしていきたいと言われた。

試算表と実績資金繰り表及び毎月の振り返りのコメントについては、毎月15日までに送付してPDCAを回すことを各金融機関と約束した。

現状は、会議に参加した責任者が部下を巻き込むように月の定例会議を実施ながら、目標達成ができるように活動している。業務改善をメインで担当している支配人が1年以内に常務に昇格するとともに、各部門長の補佐をしていくことで、計画対比の差異をプラスに転じるように動いていく予定である。

また、常務（社長の妻）は、従来は会社に姿を見せないようにしていたのだが、今回のSWOT分析を契機に、社長の秘書として取り組むことで、自分が役員として経営に参加している自覚を持ってもらえるようになった。

2019年11月末時点での目標対比（計画策定時点から8か月経過）は、売上高については▲2％、経常利益は▲2,084千円となっている。

毎月の振り返りで、乖離している数字については全社員に概要を知らせているので、残りの4か月で目標を達成することは間違いないと思われる。なぜなら、毎月の振り返りの会議をしている中で、営業マンやフロントの若手社員から、提案制度の導入をしてもらえないかという意見が出始めているからである。この取り組みを継続していくことで、トップダウン型からボトムアップ型経営に移行することとなり、この会社は経営改善の最初の一歩を踏み出したようである。

# ■ SWOT クロス分析　記入用シート（温泉ホテル W 社）

| 参加者 | 社長 |
| --- | --- |
| | 支配人 |

| | | 強み（S）…<br>（ターゲットがない場合は |
| --- | --- | --- |
| | A | ネット集客の専門コンサルタントから集客ノウハウ<br>宣伝費を配賦して売上を上げている |
| | B | 露天風呂付客室の客室数が 20 以上あるので、露天 |
| | C | ホテル前の山と川の景観が四季に応じて変化するの |
| | D | 豊富な源泉量、良質な単純泉 |
| | E | 宿泊客のアンケート調査では、懐石料理に定評がある |
| | F | 関連会社のお菓子部門（饅頭）が好調で、年間で 1 億<br>もよい |
| | G | 他エリアで温泉旅館を再生させてきた敏腕の支配人<br>ハウがある |
| | H | 大手エージェントに在籍していた元幹部社員を営業<br>向け営業強化を推進できる体制ができた |
| | I | |
| | J | |

| | | 機会（O） | | 組合せ番号（例〈2〉-A | 【積極戦略】<br>自社の強みを活かして、さらに伸ばしていく対策。または積極的に投資や人材配置して他社との競合で優位に立つ戦略 |
| --- | --- | --- | --- | --- | --- |
| 外部環境 | 市場・顧客 | 〈1〉 | インバウンド客（ベトナム・タイ・台湾人）の増加が望める | 〈1〉-A | 自社のホームページの英語・ベトナム語・タイ語・台湾語版を作成すると同時に、同じ言語でブログを発信して、インバンド需要を喚起していく |
| | | 〈2〉 | 半径 150 kmの隣接県からのリピーター客の増加 | | |
| | | 〈3〉 | アッパー層の開拓（露天風呂付部屋） | 〈2〉-BC | リピーターの個人情報を独自管理して、「定期的な情報発信」に取り組みながら、四季の景観と露天風呂の魅力を伝えていき、リピーター専用の商品（露天風呂付客室）を開発して囲い込みをする |
| | | 〈4〉 | 本館の空いている部屋を湯治客向けに開放することで稼働率を上げる | | |
| | 競合 | 〈5〉 | 近隣の同業他社で、後継者不足で廃業する可能性が高い | 〈7〉-G | 支配人の業務改善手法を採用し、高齢化している日本人社員の入替を実施するとともに外国人労働者（技能研修生）を採用して、マルチタスク（多能工化）ができる社員を育成していき、労働生産性の向上を図る |
| | | 〈6〉 | 外部コンサルを入れて経営管理機能を強化している | | |
| | | 〈7〉 | 外国人労働者（技能研修生）を採用して人材不足の解消を図る | | |
| | その他 | 〈8〉 | 温泉ブームで若年層のカップルが温泉旅館に宿泊している | 〈3〉〈4〉-EH | 営業本部長を中心に、大手エージェント 5 社に団体客の送客及びアッパー層向けの販促を推進する。「特別懐石料理×露天風呂付部屋」を目玉とした独自の高額商品を提供して差別化を図る |
| | | 〈9〉 | | | |

| | | 脅威（T） | 左記の状態で、今のまま具体的な手を打たない場合、どれくらいマイナスになるか概算数値や%を記入する | 組合せ番号（例②-A） | 【差別化戦略】<br>自社の強みを活かして、脅威をチャンスに変えるには何をどうすべきか |
| --- | --- | --- | --- | --- | --- |
| | 市場・顧客 | ① | 弊社のあるエリアの温泉街が若者にあまり知られていない | | ①-A | ネット集客で得てきた SNS ノウハウにより若者向けの商品を開発していき、同時にブログを開設して、若者に温泉街の認知を高めてもらい、来訪客を増やしていく |
| | | ② | 消費税増税（8 ⇒ 10%）による影響 | 売上▲ 3% | | |
| | | ③ | 働き方改革による影響でエンドユーザーの所得が減ることの懸念 | | | |
| | 競合 | ④ | 大手資本が近隣ホテルの買収をしている | | | |
| | | ⑤ | 意味のないダンピング戦略による客の奪い合いが横行している | | | |
| | | ⑥ | | | | |

| （執行役員） | 常務<br>総務経理部長（執行役員） | 営業部長（執行役員） | 料理長（執行役員） |
| --- | --- | --- | --- |
| | | | |

| 内部要因 | | |
| --- | --- | --- |
| ターゲットと比較して<br>（一般的な発注者ニーズをベースに） | 弱み（W）…ターゲットと比較して<br>（ターゲットがない場合は一般的な発注者ニーズをベースに） | |
| を身につけており、現在は自社で広告 | a | 営業マンの営業力不足 |
| 風呂ブームに対応できる | b | 管理部門の人材不足（経理2名のみ） |
| て、リピーター客を狙える | c | 会長（故人）の長期ワンマン体制による社員のモチベーション低下 |
| | d | 営業社員の高齢化で、新しい営業管理手法についていけていない |
| | e | 関連会社の飲食部門が不調となっており（7店舗のうち2店舗）、本業の利益を喰っている |
| 円程度売上があり、宿泊客からの評判 | f | 大手エージェント（JTB・近ツリ・日本旅行など）との関係性を深くしてこなかったせいで、売上増加に弾みがつかない |
| が入社してきたので、業務改善のノウ | g | 本館で稼働していない旧式の部屋が多数存在している |
| 本部長として採用して、エージェント | h | 料理長が食材に強くこだわり、食材の仕入を個別対応でしていたので、料理原価が高騰していた |
| | i | |
| | j | |

| 左記対策を実施した場合の概算数値（件数増減、売上増減、経費増減、利益改善、%増減等） | 組合せ番号（例〈2〉-b） | 【改善戦略】<br>自社の弱みを克服して、事業機会やチャンスの波に乗るには何をどうすべきか | 左記対策を実施した場合の概算数値（件数増減、売上増減、経費増減、利益改善、%増減等） |
| --- | --- | --- | --- |
| ◉3年後に売上高1,500万円増収 | 〈1〉-e | 関連会社の飲食部門の赤字店舗の統廃合をしていきながら、飲食部門で得てきた商品開発力を活用して、日本食が苦手なインバウンド客向けのメニューを開発して受け入れ態勢を図りながら、インバウンド客の取りこぼしを防ぐ | ◉測定不能 |
| ◉3年後に売上高1,000万円増収 | 〈5〉-ad | 高齢化して新しい営業管理手法についてこれない社員の入替をしていきながら、近隣の廃業予定の同業者の即戦力営業マンを雇用して、営業部門の強化を図っていく | ◉各年次の営業マンの売上高目標必達 |
| ◉3年後に10名削減して、業務スタッフの人件費を1,000万円削減 | 〈6〉-b | 財務管理に強い経営コンサル会社と契約し、総務経理社員を2名増員して経営管理体制を強化する | ◉測定不能 |
| ◉3年後に団体客をメインに7,000万円の増収 | 〈4〉〈8〉-g | 本館で稼働していない旧式の部屋を稼働させるために、低価格帯の商品を開発して、若年層や湯治客（10室限定）の開拓をしていく | ◉3年後に500万円の増収 |
| 左記対策を実施した場合の概算数値（件数増減、売上増減、経費増減、利益改善、%増減等） | 組合せ番号（例②-b） | 【致命傷回避・撤退縮小戦略】<br>自社の弱みが致命傷にならないようにするにはどうすべきか。またはこれ以上傷口を広げないために撤退縮小する対策は何か | 左記対策を実施した場合の概算数値（件数増減、売上増減、経費増減、利益改善、%増減等） |
| ◉3年後に300万円増収 | ⑤-fg | 大手資本のダンピング戦略に巻き込まれないようにするために、大手エージェントとの関係強化を図りながら、稼働していない本館の大部屋を団体客向けに稼働させるようにする | ◉3年後の売上ダウン1億円 |
| | ②-h | 客層別の料理メニューと食材の原価管理をしていかないと、消費税増税による影響で売上が下がった時に、想定を超える赤字が計上される可能性が高い | ◉食材の原価が　%増加 |

## ■ SWOT・クロス分析後の「実現可能性のある抜本対策」体系図

※「クロス分析の戦略と具体策」は、優先順位付けされた「クロス分析

※「3か年中期方針及び実施戦略」は、クロス分析の各ゾーンで捻出された

※「3か年中期ビジョン」は、中央の各種戦略を実施した結果、「大きな数

| 短期 or 中期 | 優先順位 | クロス分析の戦略と具体策 |
|---|---|---|
| 1か年で結果を出す優先度の高い【短期実行対策】 | 1 | 営業マンの「新営業管理手法」を導入して、その浸透具合を確認する |
| | 2 | 総務経理の人員を2名増員して、経営の振り返りの体制を構築する |
| | 3 | 関連会社の飲食部門の赤字店舗の撤退 |
| | 4 | 支配人を中心に、業務改善と同時並行で多能工化に取り組み、業務スタッフを10名削減していく |
| | 5 | 旧経営者の長期ワンマン経営による影響で社員のモチベーションが低下したままになっているので、経営理念・ビジョンを明確にして、会社の進むべき方向性を明示する |
| | 6 | 大手エージェント（5社）と取引深耕をしていきながら、団体営業とアッパー層向けの開拓をしていく |
| | 7 | |
| | 8 | |
| | 9 | |
| | 10 | |
| 3か年で結果を出すための優先度の高い【中期戦略と仕掛け対策】 | 1 | 老朽化している給排水設備の改修をして水に関する事故を防ぐ |
| | 2 | 営業マンの地力をつけるため、新管理体制が機能するように代表と営業本部長の2トップ体制で実行支援していく |
| | 3 | 旧経営者の長期ワンマン経営による影響で社員のモチベーションが低下したままになっているので、経営理念・ビジョンを明確にして会社の進むべき方向性を明示する |
| | 4 | リピーターのリスト作成をして、四季に合わせた形でリストの約5,000名の顧客に「○○○旅館通信」を発信していきながら、リピート客を増やしていく |
| | 5 | 自社ホームページを英語・タイ語・ベトナム語・台湾語バージョン対応とし、同時に同語でブログも解説して自社認知を高めていきながら、インバウンド客を集客していく |
| | 6 | 財務コンサルタントと契約をしてPDCAサイクルを回せるようにする |
| | 7 | 事業部制を導入して、社員のモチベーションアップを図り、生産性を上げていく |
| | 8 | |
| | 9 | |
| | 10 | |

「優先順位　判断基準シート」から転記する

方針や戦略、具体策を 4 カテゴリーに分類して、固有名詞で記述する　　　　　　　　　　　　　　　は中期

「値目標」や「実抜計画に連動した大きな構成比の変化目標」等のビジョンの表現にする

| 短期実行対策及び 3 か年中期方針及び実施戦略<br>（1～3 か年で構築する「商材」「顧客」「コスト」「組織改革」） | | | 3 か年中期ビジョン（実抜計画の目標値）<br>（勝ち残るための必須条件でも可） | |
|---|---|---|---|---|
| 既存商品強化の方針と戦略・新商品開発・開拓 | 1 | 大手エージェントと連携しながら、団体客の売上を増やしていく | 中期戦略目標と指標（構造改革する項目と指標） | 営業マンの若返りと新営業管理体制の浸透で、大手エージェントからの送客増加と既存中小エージェントからのボリュームアップを図る |
| | 2 | 露店風呂付部屋の販売強化 | | 業務スタッフの多能工化を推進していきながら働き方改革にも対応していき、社員を 10 名削減しても運営できる体制を構築する |
| | 3 | 既存中小エージェントからの団体客の売上増加 | | |
| | 4 | | | 食材へのこだわりを持ちながらも、仕入方法を一括購入にすることで、食材原価を低減させて売上総利益（粗利）の改善をしていく |
| | 5 | | | |
| エリア新規開拓、新チャネル・既存顧客強化の方針と戦略 | 1 | 半径 150 キロ圏内のリピーター客の開拓 | 売上（商材、顧客・新規対策）に関連する目標 | 3 年後の全体売上高 11 億 7,000 万円 |
| | 2 | 湯治客の開拓 | | |
| | 3 | 若年者層の開拓 | | 大手エージェントからの団体客等 7,000 万円の増収 |
| | 4 | インバウンド客（タイ・ベトナム・台湾）の開拓 | | |
| | 5 | | | 露店風呂付部屋の回転率 80％以上 |
| コスト改革（原価・固定費他）・品質向上の方針と戦略 | 1 | 業務スタッフの多能工化による人件費削減 | | |
| | 2 | 客層別の料理原価の見直し | 利益・業務品質・組織に関連する目標 | 経常利益▲ 3,070 千円 |
| | 3 | 営業マンの若返りによる人件費削減 | | |
| | 4 | 食材の仕入方法の変更 | | |
| | 5 | | | 総務経理担当者 2 名採用 |
| 組織改革・企業体制・その他の方針と戦略 | 1 | 経営理念の浸透をさせることで、社員のモチベーションアップを図る | | |
| | 2 | 給排水設備のメンテナンス（3,000 万円）実行 | | 食材原価の 1.5％低減 |
| | 3 | 顧客管理システムの入れ替え（1,500 万円）実施 | | |
| | 4 | 働き方改革への対応 | その他 | 財務コンサルタントの経営指導 |
| | 5 | | | |

■ 3か年中期経営計画 【2020年度〜 2022年度】

| 中期ビジョン【売上高及び粗利益】 | 今後3年間の売上は事業承継を機に<br>年後の売上12億円・粗利益10憶円 |
|---|---|
| 中期ビジョン【経営管理】 | 前代表者のワンマン経営の結果、す<br>コンサル会社を入れてでも改善を図 |

|  | 2020年度 | | |
|---|---|---|---|
| 総売上 | 1,075,000 | 比率 | 100% |
| 営業部門 | 280,000 | 〃 | 26% |
| ネット（露付以外） | 210,000 | 〃 | 19.5% |
| ネット（既存露付） | 135,000 | 〃 | 12.6% |
| ネット（新規露付） | 135,000 | 〃 | 12.1% |
| ネット（はなれ） | 30,000 | 〃 | 2.8% |
| 直 | 75,000 | 〃 | 7% |
| 宿泊以外 | 210,000 | 〃 | 19.5% |
| 粗利益 | 812,000 | | |
| 粗利益率（％） | 75.5% | | |
| 経常利益 | − 18,525 | | |
| 経常利益率（％） | − 1.7% | | |
| 従業員数（人） | 112 | | |
| 労働分配率（％） | 31.6% | | |
| 送客手数料比率（％） | 12% | | |
| 外注費比率（％） | 11.7% | | |

| 市場の動き・予測（自社に関係する競合環境、景気先行き、盛衰の分野等） | 周辺の同業者は12社中10社が大手資本が介入しており、 |
|---|---|
| | 無意味な価格競争が蔓延しており、露天風呂付の高価格 |
| ポジショニングまたはシェア（業界、地域での位置づけ、強みの出し方、商材別シェア等） | ○○温泉エリアに同業他社は12社あるが、現在は2位を |
| | 露店風呂付部屋は年間を通じて75%の稼働をしているし、 |
| | 露店風呂付部屋の新規増設 |
| 商品戦略（伸ばす商材、減らす商材、新たな商材、マーケティング展開等） | 大手エージェントの取引深耕を図りながら、団体客の送客 |
| | インバウンド・マーケティングを実施するために、ネット集うにホームページを改訂する |
| | 懐石料理に付加価値を設ける |
| 顧客戦略（顧客開拓、CS、囲い込み、新チャネル等） | フロント及び仲居さんの月1回の接客チェックと年に3回の覆面チェックで顧客対応の質を高めていく |
| | 新入社員研修の合宿商品を開発して大手エージェントを窓口にして囲い込みをする |
| 組織体制（非正社比率、後継者、独算制、分社、グループ体制、新組織等） | 営業社員（現状7名）の入替を2年間で行い、3名体制 |
| | 総務経理の社員を2名増加して、経営の振り返りができ |
| | 支配人を執行役員から常務取締役に昇格させて、3年間 |
| 設備・投資戦略（出店、機械設備、ノウハウ投資等） | 給排水設備のメンテナンス（3,000万円） |
| | 顧客管理システム入れ替え（1,500万円程度）をして、 |
| 部門戦略（営業部、管理、生産、店舗等の個別方針） | 営業部門は3年間で人の入れ替えをすることで、平均年齢 |
| | ネット集客については、自社のホームページに露天風呂付ジとYouTubeを活用して情報発信をしていきながら、問 |
| | フロント及び業務部門は支配人の主導のもと、業務社員減する |
| | 料理部門の食事について、旧経営者時代は品目別に仕入削減を目指す |
| | 総務経理部門は財務コンサルタント主導のもと、経営計 |

『原点回帰』をテーマに、大手ェージェントとの取引深耕、ネットからの露天風呂付以外の部屋を購入していただき、3
の目標を達成する

べての管理項目（業務・料理・営業管理）が形骸化していたので、経営幹部を中心に PDCA サイクルに取り組めるようにり、目標を 100％達成していく

（金額：千円）

| 2021 年度 | | | 2022 年度 | | |
|---|---|---|---|---|---|
| 1,120,000 | 比率 | 100% | 1,170,000 | 比率 | 100% |
| 300,000 | 〃 | 26.8% | 320,000 | 〃 | 27.4% |
| 215,000 | 〃 | 19.2% | 220,000 | 〃 | 18.8% |
| 135,000 | 〃 | 12.1% | 140,000 | 〃 | 12% |
| 140,000 | 〃 | 12.5% | 140,000 | 〃 | 12% |
| 30,000 | 〃 | 2.7% | 30,000 | 〃 | 3.8% |
| 80,000 | 〃 | 7.1% | 90,000 | 〃 | 11.4% |
| 220,000 | 〃 | 19.6% | 230,000 | 〃 | 29% |
| 848,200 | | | 890,350 | | |
| 75.7% | | | 76.1% | | |
| − 11,245 | | | − 3,070 | | |
| − 1% | | | − 0.3% | | |
| 100 | | | 100 | | |
| 30.6% | | | 29.7% | | |
| 12% | | | 12% | | |
| 11.6% | | | 11.6% | | |

その資本力で外装・内装工事に取り組み、価格競争に持ち込んでマーケットを押さえようとしている

| 帯で勝負しているホテルがほとんどない | 2022 年度の目標を達成すれば、エリア No.1 の座も奪取可能 |
|---|---|

維持している。1位の同業との売上高の差は 3,000 ～ 5,000 万円程度の射程圏内である

同業他社は一切取り組んでいないので差別化は可能

| 若年層（20 代～ 30 代前半）への自社認知の向上 | 自然環境（山と川）のアピール |
|---|---|

で売上アップを狙う。そのために団体客専用のパック商品を複数開発する

客でもブッキング・ドットコム、エクスペディアなどの海外主力サイトにも登録したり、英語・タイ語・台湾語で閲覧できるよ

関連会社の饅頭部門を買収して、○○県内のスーパーマーケットで販売して、自社認知を高めていく

既存顧客に年に3回（春・夏・冬）のミニコミ誌を送付してデータ整理をしていくと同時に、再来していただいたお客様に、御礼状を送付して顧客満足を上げていくことでリピートのリードタイムをさらに短縮させていく

| 大学生のゼミやサークルの合宿商品を開発して中小エージェントを窓口にして囲い込みを図る | 冬の閑散期に『湯治プラン』を集中的に宣伝して囲い込みを図る |
|---|---|
| で若返りを図る | 働き方改革への対応 |

るように財務系コンサルタントを2年間入れて、PDCA サイクルを運用できるようにする

で業務改善（人員配置・業務フロー）に集中的に取り組み、外注費を内製化することで経費削減を図る

露店風呂付顧客専用の食事をする部屋の改修工事（1,200 万円程度）

ABC 分析の精度を上げていく

を今の 55 歳から 45 歳まで若返りを図りながら、大手エージェント開拓に取り組み、団体顧客の営業で売上拡大を図る

部屋パックの詳細（食事も含める）を開示してエンドユーザーに訴求していく。また、湯治プランについても自社のホームペーい合わせ件数を増やしていくことで、冬の閑散期に長期滞在型（1～3か月）の顧客をつかむ

の多能工化を図り、残業なしの二交代制を導入して働き方改革に対応していきながら、人件費を現状から 1,000 万円程度削

れをしていたが、今後は仕入割引の利く大手企業から一括仕入をしていくことで、質を維持していきながら仕入価格の 1.5％

画の策定・資金繰り管理・毎月の予実管理を励行していきながら、PDCA を回せるようにする

## ■クロス分析の【戦略】【具体策】を反映した中期収支計画表

（単位：千円）

| 科目 | 部門 | 商品または顧客 | 昨年度実績 | 今期（2019）年度予想 | 2020 年度 | 2021 年度 | 2022 年度 |
|---|---|---|---|---|---|---|---|
| 売上 | 部門 | 営業部門 | 224,953 | 250,000 | 280,000 | 300,000 | 320,000 |
| | | ネット（露付以外） | 238,554 | 205,000 | 210,000 | 215,000 | 220,000 |
| | | ネット（既存露付） | 133,314 | 130,000 | 135,000 | 135,000 | 140,000 |
| | | ネット（新規露付） | 83,499 | 130,000 | 135,000 | 140,000 | 140,000 |
| | | ネット（はなれ） | 42,887 | 35,000 | 30,000 | 30,000 | 30,000 |
| | | 直問合せ | 73,614 | 70,000 | 75,000 | 80,000 | 90,000 |
| | | 宿泊以外 | 196,670 | 200,000 | 210,000 | 220,000 | 230,000 |
| | | 売上合計 | 993,491 | 1,020,000 | 1,075,000 | 1,120,000 | 1,170,000 |
| 原価 | （宿泊宴会売店）部門 | 営業部門料理原価 | 44,765 | 50,000 | 56,000 | 60,000 | 64,000 |
| | | ネット料理原価 | 40,554 | 34,850 | 37,800 | 38,700 | 39,600 |
| | | 既存露付料理原価 | 21,332 | 20,800 | 20,250 | 20,250 | 21,000 |
| | | 新規露付料理原価 | 13,372 | 20,800 | 21,600 | 22,400 | 22,400 |
| | | はなれ料理原価 | 7,291 | 5,600 | 4,800 | 4,800 | 4,800 |
| | | 直料理原価 | 11,776 | 8,499 | 11,350 | 12,350 | 13,350 |
| | | 昼食等料理原価 | 5,221 | 6,000 | 6,200 | 6,300 | 6,500 |
| | | その他原価 | 105,234 | 107,000 | 105,000 | 107,000 | 108,000 |
| | | 原価計 | 249,545 | 253,549 | 263,000 | 271,800 | 279,650 |
| 粗利 | | | 743,946 | 766,451 | 812,000 | 848,200 | 890,350 |
| 平均粗利率 | | | 74.9% | 75.1% | 75.5% | 75.7% | 76.1% |
| 販売費及び一般管理費 | | 役員報酬 | 24,000 | 42,000 | 45,000 | 51,000 | 56,000 |
| | | 営業マン給与 | 31,223 | 33,445 | 32,000 | 31,000 | 31,000 |
| | | 業務スタッフ給与 | 165,902 | 146,332 | 140,000 | 137,000 | 136,000 |
| | | 総務経理担当給与 | 8,683 | 8,240 | 6,000 | 6,500 | 7,000 |
| | | 法定福利費・福利厚生費 | 34,471 | 34,503 | 33,450 | 33,825 | 34,500 |
| | | 外注費 | 134,267 | 121,183 | 125,775 | 129,920 | 135,720 |
| | | 送客手数料 | 94,665 | 96,900 | 129,000 | 134,400 | 140,400 |
| | | 旅費交通費 | 14,567 | 15,442 | 16,000 | 17,000 | 18,000 |
| | | 広告宣伝費 | 48,772 | 51,223 | 58,000 | 64,000 | 70,000 |
| | | 電気代 | 52,879 | 53,229 | 55,000 | 57,000 | 58,000 |
| | | 重油代 | 25,449 | 26,778 | 28,000 | 30,000 | 32,000 |
| | | 水道ガス代 | 22,895 | 23,341 | 25,000 | 27,000 | 29,000 |
| | | 修繕・備品費 | 9,856 | 10,234 | 13,000 | 16,000 | 18,000 |
| | | 経営顧問（売上向上） | 3,600 | 3,600 | 3,600 | 3,600 | 3,600 |
| | | 経営顧問（財務） | 0 | 1,500 | 3,600 | 3,600 | 3,600 |
| | | 減価償却費 | 72,000 | 66,000 | 71,000 | 71,000 | 71,000 |
| | | その他 | 9,205 | 10,023 | 10,500 | 11,000 | 14,000 |
| | | 販売費及び一般管理費合計 | 752,434 | 743,973 | 794,925 | 823,845 | 857,820 |
| 営業利益 | | | − 8,488 | 22,478 | 17,075 | 24,355 | 32,530 |
| 営業外 | | 営業外収益 | 9,287 | 11,640 | 10,000 | 10,000 | 10,000 |
| | | 営業外支出 | 20,078 | 45,600 | 45,600 | 45,600 | 45,600 |
| 経常利益 | | | − 19,279 | − 11,482 | − 18,525 | − 11,245 | − 3,070 |

| 戦略での概算数値（売上・原価・経費）整理 | | |
|---|---|---|
| クロス分析の戦略と具体策から捻出される売上概況・内容<br>（新商材・新規チャネル等売上増や既存商材の売上減等） | | 新たに増減する売上高 |
| 〈1〉 営業部門 | 大手エージェント（5社）と取引深耕をして売上増加を狙う | 3年間で7,000万円増加 |
| 〈2〉 ネット（新規露付） | リピーターを新規露付に誘導 | 3年間で1,000万円増加 |
| 〈3〉 直問合せ | インバウンド及びリピーター | 3年間で2,000万円増加 |
| 〈4〉 宿泊以外 | お土産代・カラオケ代 | 3年間で6,000万円増加 |
| 〈5〉 営業部門料理原価 | 原価率20% | 2年目以降から1.5%の削減効果有 |
| ネット料理原価 | 原価率17% | |
| 既存露付料理原価 | 原価率16% | |
| 新規露付料理原価 | 原価率16% | |
| はなれ料理原価 | 原価率16% | |
| 直料理原価 | 原価率1% | |
| 昼食等料理原価 | 原価率35% | |
| その他原価 | 2020年9.4%〜2022年9% | |
| クロス分析の戦略と具体策に該当する経費支出・削減の科目と額に関する科目及び概況と内容（新対策で新たに発生する経費も含む） | | 新たに増減する経費 |
| 〈1〉 役員報酬 | 今期から部長職の4名を執行役員にしたため増加. | 従業員給料と相殺。ただし2020年から目標達成の度合いに応じて役員報酬を左記通りにアップ予定 |
| 〈2〉 営業マン給与 | 3年間で3名の高齢の営業マンを入替える | 3年間の総額で1,000万円削減 |
| 〈3〉 業務スタッフ給与 | 業務スタッフの多能工化で高齢社員の退職勧告を実施 | 3年間の総額で100万円削減 |
| 〈4〉 総務経理担当給与 | 2名を採用 | 2名で700万円／年増加 |
| 〈5〉 外注費 | 業務スタッフの多能工化による改善効果 | 年0.3%の削減効果 |
| 〈6〉 送客手数料 | 大手エージェント（5社）からの送客が増加 | 大手5社の料率が高くなるので12%で試算 |
| 〈7〉 広告宣伝費 | 自社認知のためにホームページの改修・ブログの取扱開始・PPC広告の強化 | 3年間で約2,000万円増加 |
| 〈8〉 経営顧問（財務） | 今期から財務コンサルタントと5年の長期契約を締結 | 月額300千円の費用増加 |
| 〈9〉 減価償却費 | 2020年に給排水設備・顧客管理システム・建物の改修 | 毎年500万円定額計上 |

■ 2019 年度　今期の経営方針・スローガン及び重点具体策　会社名（温泉ホテル W 社）

I　今期の経営スローガン
（目指したい姿の一言集約「〜しよう」）

> 旧体制からの脱却、経営陣と社員が一丸となって目標達成をする喜びを実感しよう！

III　今期の重点具体策と年間スケジュール

| | 重点具体策 | 重点具体策を実行するために必要な準備、段取り、詳細内容（具体的に行動内容が見えるような表現。いつまでに、だれが、どのように、と固有名詞で表現できる具体的な行動項目） | 誰が行う、または担当部門 | いつまでに形にする | |
|---|---|---|---|---|---|
| 1 | 大手エージェントとの連携強化を図ることで、団体旅行をメインに売上を伸ばしていく | 大手エージェント（5社）を攻略するエリアと各社への個別対応について、営業本部長がマニュアルを作成して、自社の営業マンに大手エージェント攻略手法を伝えていく | 営業本部長 | 2019年8月〜 | 予定 |
| | | 団体客向けの商品を5つ企画する | 各営業担当者 | 2010年8月 | |
| | | 月に2回の営業会議で進捗状況を管理していく | 営業課長 | 2019年9月〜 | 結果 |
| 2 | 業務スタッフの多能工化に取り組み、オペレーションの強化によって人件費削減を図る | 業務スタッフと面談を実施して、取り組もうとしている業務改善策についての流れを説明して、各人の反応を確認する | 支配人 | 2019年6月 | 予定 |
| | | 多能工化を導入するためのマニュアル作成と自己点検シートを策定する | 支配人 | 2019年7月 | |
| | | 稼働して6か月経過後をめどに、業務スタッフと再面談して、退職候補者を決めて退職勧告をしていく | 支配人と業務課長 | 2019年11月〜 | 結果 |
| 3 | 食材の仕入方法を見直して、売上総利益の改善を図る | 仕入先の見直しと仕入品目の原価の状況を把握する | 購買担当者 | 2019年6月 | 予定 |
| | | 一括仕入先の候補を選定する | 購買担当者 | 2019年8月 | |
| | | 月1回の料理部門との会議で改善策を見出しながら、食材の質を維持するとともに原価の低減を図る | 購買担当者 | 2019年9月〜 | 結果 |
| 4 | 既存中小エージェントからの団体客の売上を増加していく | 営業担当者に直近5年間の月別営業実績状況を把握させて、今後のターゲット先の選定と行動指針を決定する | 営業担当 | 2019年6月 | 予定 |
| | | 各担当者に中小エージェントの現況シートを作成してもらい、営業本部長に提出する | 営業課長 | 2019年7月 | |
| | | 月2回の営業ミーティングで進捗管理をしていく | 営業課長 | 2019年8月〜 | 結果 |
| 5 | 露天風呂付部屋の販売を強化していく | 露店風呂付部屋の年間予約率を80％超えにするための施策を考える | 営業担当 | 2019年6月 | 予定 |
| | | 新規ブログや YouTube から、自社と温泉街に関する情報を発信していき、自社認知を高めていきながら予約件数を増やしていく | 営業担当 | 2019年7月〜 | |
| | | | | | |

## II 今期の経営方針

(今期実現したい経営の姿。反省と中期ビジョンを参考に)

| 1 | 大手エージェントとの連携強化を図ることで、団体旅行をメインに売上を伸ばしていく |
|---|---|
| 2 | 業務スタッフの多能工化に取り組み、オペレーションの強化によって人件費削減を図る |
| 3 | 食材の仕入方法を見直して、売上総利益の改善を図る |
| 4 | 既存中小エージェントからの団体客の売上を増加していく |
| 5 | 露天風呂付部屋の販売を強化していく |
| 6 | |
| 7 | |

| 第1四半期中にどこまで進める（チェックできる具体的な予定、おおよその月度も入れる） | 第2四半期中にどこまで進める（チェックできる具体的な予定、おおよその月度も入れる） | 第3四半期中にどこまで進める（チェックできる具体的な予定、おおよその月度も入れる） | 第4四半期中にどこまで進める（チェックできる具体的な予定、おおよその月度も入れる） |
|---|---|---|---|
| 2019年4月～6月 | 2019年7月～9月 | 2019年10月～12月 | 2020年1月～3月 |
| ●大手エージェントの5社（JTB・近ツリ・日本旅行・名鉄観光・東武トップ）のエリア（関東及び東北）の営業所の選定をする<br>●マニュアルについては、営業本部長が前職の大手エージェントに在籍していた時の経験をもとに6月までに作成する<br>●8月末までに、マニュアルの運用方法について各担当者に内容を刷り込んで、行動できる状態にする | ●企画商品については、団体客用・大学生用・企業研修用・シニアアッパー層向け・ファミリー用に分けて立案する<br>●企画商品はパンフレットとパワポ説明用をワンセットにして、60分程度でプレゼンできるように訓練する<br>●9月に2回程度、プレゼン会議を実施して、プレゼン能力の向上を図る | ●月2回の営業会議で進捗状況を確認する | ●同左 |
| ●3か月間かけて、43名の業務スタッフに業務改善に関する面談を実施する（1人60分）<br>●70代を超える高齢スタッフが15名在籍しており、業務改善に関する考えを確認する<br>●事前に、業務改善に関するアンケートと自己点検チェックシートに取り組んでもらう | ●業務マニュアルは具体的方法まで詳細に記載する<br>●あくまでも時間外勤務をしないことを前提に多能工化を推進していく<br>●外国人技能実習生（ベトナム人と中国人）向けにも作成する（専門家に依頼） | ●自己点検シートを毎月提出させる<br>●外国人技能実習生には、短い時間で教育を押し込まないように、時間をかけながら教えていく<br>●3班に分けて月に1回の班会議を実施して、各人の進捗状況を把握していく | ●同左 |
| ●現状55社ある食材の仕入先の直近3年間の仕入実績を、月別と取引先別に分けて原価率を算出して現状把握をする | ●一括仕入先の候補を選定していく<br>●○○県の地元業者だけに限定しないで、大都市圏の大手卸会社やネット食材卸業者まで視野を広げて候補先に入れる | ●発注業務は総務が購買担当者として行動する。また、在庫管理を徹底するために3か月に一度、料理部門の責任者と在庫管理について会議し、在庫ロスを防ぐようにしていく | ●同左 |
| ●過去5年分（60か月）の月別・取引先別の受注金額と詳細を記入して、今後の主要訪問先リストの絞り込みをする<br>●営業担当者の振り返りの道具として機能させながら、現在担当している訪問先についての課題を浮き彫りにさせる | ●主要リストを作成する時には、訪問していない先をイメージさせながら作成させる<br>●現況シートを作成したら、営業本部長と面談をして、全ターゲット先についてのネタ出しをする<br>●今後の営業会議の報告形式を決める（司会は毎回変えて、各担当者の案件についての取り組み方を学ぶ） | ●進捗報告は毎週金曜日に営業課長に提出する<br>●月2回の会議の時間は2時間<br>●会議終了後は、3日以内に議事録を作成して、取り組み事項を再確認させる | ●この取り組みを継続していく中で、仕事についていけない高齢営業マン（7名中60代が3名）については、場合によっては後進に道を譲ってもらう（ソフトフェードアウト） |
| ●同エリアの同業他社及び露天風呂付部屋が活況な他社の事例研究を5社程度ピックアップして調査する<br>●自然環境と部屋の融合と食事の調和をイメージして施策を練る | ●SNSについてはブログから取り組む<br>●更新頻度は随時になるが、最低でも週に2回更新するようにする<br>●特に、季節の変わり目（冬→春・春→夏・夏→秋）については、週に3回程度の情報更新をする | ●YouTube広告の運用開始は、2019年○月から月2回程度の頻度で情報発信をしていく<br>●温泉・食事・自然の3つのテーマで1回の配信時間を7分程度にする<br>●視聴者の特典（食事の時のワンドリンクサービスや温泉饅頭【6個入】のプレゼント）を付けるなどの工夫をする | ●ブログとYouTube広告の継続フォロー |
| | | | |

# 3 飲食業

## 1. 会社概要

①社名：Y社（飲食業）

②業種及び取扱商品

　飲食業4店舗（居酒屋2店舗、ダイニングバー2店舗）

③売上・従業員数

　年商1億6,000万円、役員正社員7名　パート・アルバイト40名

④経営概要

　関西で居酒屋2店舗、ダイニングバー2店舗の4店舗を経営しているが、今後多店舗展開するうえで、財務が課題となっている。

## 2. SWOT分析を行った経緯

　Y社は昨年度、売上不振に陥っていた既存店を事業譲渡している。その店舗の業績悪化に伴い財務に問題が生じている。それを打破するために、新店舗の居酒屋をオープンすることになったが、既存店の売上も横ばいであり、さらなる業績向上が求められている。

　また、経営者や幹部中心のトップダウン型で店舗経営を行ってきたが、店長を中心に各店の業績向上を図りたいという要望もあり、今回の取り組みに至った。

## 3. 参加者の概要

　参加者は経営者、幹部、一部の社員、弊社（会計事務所）2名の8名で実施。これまで経営者・幹部の2名で経営を考えてきており、今回のような検討の場は初めてである。居酒屋の店長は、以前某ホテルで調理の経験をしているが、店舗マネジメントは経験していない。ダイニングバーの1店舗は幹部が店長を兼任、もう1店舗の店長も経験が浅く、お店の業績について各店長が管理している状況ではなかった。

## 4．SWOT 分析・経営計画の検討時間

- SWOT 分析検討時間：1回目4時間、2回目1時間を費やす。
- 経営計画書作成時間：SWOT 分析を受けての経営計画書やアクションプラン等の作成は、1回目2時間、2回目1時間を費やす。その後、進捗会議の際に改めてアクションプランの検討を数回行い、追加・削除やブラッシュアップを繰り返す。

## 5．検討会の運営

　弊社（会計事務所）セミナールームにおいて、SWOT 分析のレクチャーを行ったうえで、居酒屋A店に絞って実施した。U字にテーブルを配置し、プロジェクターとスクリーンを用意し、1人1人から意見を聞きながらフレームに入力し、分析の過程を見える化した。

## 6．SWOT 分析検討中の状況

　【機会】としては、以下の意見が出た。

---

- 近隣に鉄道会社系のホテルがあり、ここからの紹介があると新規獲得につながる
- 1回転目の予約は十分とれているが、2回転目に課題があり、ここに何らかのアクションを起こすことができないか
- 近隣の同業者相互に紹介する仕組みをつくることができないか
- 平日の大手企業の「ノー残業デー」需要を取り込めないか
- アイドルタイムの宴会活用ができないか
- 日祝日限定で開店時間を早めることで、地域の会合需要を取り込めないか
- お店のブランドを活かしてお土産の提供ができないか
- Ｏ市内のホテルの価格が高騰しており、当店最寄り駅周辺が代替宿泊地として利用客が増加している
- 周辺が大企業の工場集積地で、そこで働く従業員の宴会需要がある

---

　【機会】の検討時に、幹部、店長クラスからの意見が少なく、社員からいい意見が出た。特に店舗が駅から近い距離にあり、また1回転目の売上は好調であることを全員が改めて認識したうえで、平日2回転目の売上をどう改善していくかという課題が明確になった。

途中意見が出なくなることもあったが、時計回りに順に意見をもらうようにすることで、少しずつ意見が出始めた。

　【強み】としては、以下の事項が挙げられた。

---

- 企業経営者や議員の顧客からはコストパフォーマンスがいいと評価されている
- 1回転目の売上が好調で、予約がとれないほどである
- 最大40名の宴会が可能である
- ソファーVIPルームがある
- ブランディングを大事にしている
- ホテル出身で料理経験豊富な料理長がいる
- ビールが美味しく、他店にはあまりないブラウマイスターがある
- 日本酒が常時20種類以上ある
- 店舗が2階で隠れ家的な需要がある個室もあり、落ち着いた空間を提供できる
- 店舗周辺地域で社長の顔が広い

---

　強みを検討するうえで、先に議論した機会に使えそうな要素を考慮しつつ、細かくヒアリングして文書化していった。

## 7. SWOT分析検討時の参加者の反応と変化

　検討を始めた当初は、SWOTの意味が理解できなかったこともあり意見が出なかった。しかし、お店の本当の強みが出ないことで、顧客目線になっていないことに気づかれた。社長・幹部だけがわかっていて、社員に浸透していないことがわかった。

## 8. SWOTクロス分析での各種戦略と参加者の反応

　【積極戦略】において、今までにない戦略を見出すことができたが、日常の行動にひと手間加える戦略も多く出た。このことで、ふだん社長や幹部が指示しているものの社内に浸透していないことが判明した。

　社員に、「議論したこと」と「分析したこと」を見える化したことで、「ふだん指示されていることが理解できた」という声が上がり、少なからず社員に主体性

が生まれた。

　なお、SWOT分析では「脅威」に関することがほとんど出てこなかったので、SWOTクロス分析での【差別化戦略】と【致命傷回避・撤退縮小戦略】は省くことにした。

## 9. SWOT分析から経営計画書、アクションプラン検討時の参加者の反応

　【クロス分析】の後、中期戦略体系図を作成し、「新商品、サービス関連」と「新規顧客獲得」に分け、さらに経営計画で数値化し、アクションプランを組み立てた。

　ここでは全員が売上向上に対する考え方について大きな気づきがあった。具体的には、これまでは年間売上をいくら上げるということだけを頭において行動していたが、日々来店される顧客にご満足いただき、一品でも多く食事をしていただくことの積み上げが年間売上を大きく向上させるという認識が社員に広まった。社員が心理面で前向きになった。

　また、今までは料理長の料理が強みという意識はあったが、料理以外の接客やお店の雰囲気など社員やパートでやるべきことも多くあることも理解された。特に接客面では属人的になっているため、接客マニュアルや教育に課題があることも大きな気づきとなった。

## 10. SWOT分析、経営計画書作成後の参加者の反応とその後

　過去にない取り組みをしており、社員の間に「本当に実行できるか」という不安もあったが、さまざまな行動をすることで、具体的に業績をいくら向上させるかということは共有できた。

　この1か月後にモニタリングを実施したが、当初の計画は1か月目からスムーズにいかなかった。そこで、その原因を検討し、一部計画を見直したり、ブラッシュアップを行った。

　社長・幹部が計画に対する進捗状況を把握するということに取り組み、計画をいかに実行するかということに焦点が当てられた。今後は当面1か月～2か月の周期でモニタリングを継続することになった。また、他の店舗においても同様に計画を作成することとなった。

　他の飲食店でも多い事例であるが、計画を作った後、「日々の業務に追われ…」を理由に計画を実行しないことがよく起こる。この部分に弊社が関わりモニタリングしていくことで、計画実行力を改善するためのサポートが可能になる。この点についての認識もY社と弊社で共有することができた。

## ■ SWOT クロス分析　検討結果（Y 社 A 店）

| 企業概要 | | |
|---|---|---|
| 1 | 業態 | 居酒屋　A 店　60 席 |
| 2 | 年商 | 6,500 万円　（平均客単価　4,700 円） |
| 3 | 店舗従業員数 | 正社員 3 人、パート・アルバイト 12 〜 13 名 |
| 4 | 現在の課題 | ● アルバイトの入れ替わりによるサービス低下<br>● システム化・パターン化マニュアルの不足<br>● 接客が属人化している<br>● パート・アルバイトが状況に応じたサービスができない |

| | | 機会（O） |
|---|---|---|
| 外部環境 | 〈1〉 | W系列ホテルからの紹介（出張のお客様）がある。ホテルのフロント・レストラン・ブライダル・調理人からの紹介客にプラスアルファサービスをする、ホテルとの紹介をビジネス化する、などの対策でもっと増える可能性がある |
| | 〈2〉 | 20 時、21 時の 2 回転目からのお客が入る時期がある。特に歓送迎会、忘新年会シーズン。2 回転目に来店するお客に対して特典を用意すれば、2 回転目需要が期待できる |
| | 〈3〉 | 自店が満席で予約を入れられない時、同業和食店にお客を紹介すれば、お互いの紹介で稼働率を上げることができる |
| | 〈4〉 | 平月の週末以外が埋まれば稼働率が上がる。大手企業のノー残業デー需要がある |
| | 〈5〉 | アイドルタイム（休憩、休業時間）に宴会をしたいというニーズがある。商店街の店主の集まり、年配社長の集まりなど |
| | 〈6〉 | 日祝日限定で開店時間を早めれば、商店主の集まり、自治会会合、法事需要が期待できる。法事需要のコースを作れば可能性がある |
| | 〈7〉 | お店は地域でブランドがあるので、お土産を提供すれば、店販売上が上がる（現在はすしの持ち帰りがある） |
| | 〈8〉 | O 市内のホテルが高騰して、電車で 15 分の当店最寄り駅周辺が代替宿泊地として利用者が増えている |
| | 〈9〉 | 周辺が大企業の工場集積地で、その従業員（数万人）の宴会需要は大きい |
| | 〈10〉 | |
| | 〈11〉 | |
| | 〈12〉 | |
| | 〈13〉 | |
| | 〈14〉 | |

| 参加者 | 社長 | | 店長1 | 店長2 |
|---|---|---|---|---|
| | 社員1 | | | |

| 内部要因 | | | | |
|---|---|---|---|---|

| | 強み（S）･･･ターゲットと比較して<br>（ターゲットがない場合は一般的な発注者ニーズをベースに） | | 弱み（W）･･･ターゲットと比較して<br>（ターゲットがない場合は一般的な発注者ニーズをベースに） | |
|---|---|---|---|---|
| A | 議員・経営者クラスの顧客からはコスパが良いと評価されている | a | 笑顔、接客品質が人によってばらつきがある | |
| B | 1回転目は予約がとれない（時間が集中している）<br>12月予約断りが2,500人、月平均で300〜400人断っている | b | 1回転目は予約がとれない（時間が集中している）。12月予約断りが2,500人、月平均で300〜400人断っている | |
| C | 個室を壊せば最大40名まで宴会ができる | c | 女性は個室では「おススメ」などが聞きづらい。カウンターは聞きやすいが | |
| D | ソファーのVIPルームがある（高級接待に使える） | d | | |
| E | ブランディングを大事にしてるので、一般の居酒屋みたいなクーポンや割引をしてない。だから品のよい顧客から贔屓にされている | e | | |
| F | ビールが美味しい（ブラウマイスター）<br>他店にはあまりない日本酒も常時20種類以上ある<br>出し方にもこだわっている | f | | |
| G | 店舗が2階で隠れ家的な要素がある個室もあるため、落ち着いた空間を提供できる | g | | |
| H | 大阪の某ホテル出身で料理経験豊富な料理長がいる | h | | |
| I | 社長が店舗近辺で顔が広い | i | | |
| 組合せ番号（例〈2〉−B | 【積極戦略】<br>自社の強みを活かして、さらに伸ばしていく対策。または積極的に投資や人材配置して他社との競合で優位に立つ戦略 | 組合せ番号（例〈3〉−ef | 【改善戦略】<br>自社の弱みを克服して、事業機会やチャンスの波に乗るには何をどうすべきか | |
| 〈1〉〈2〉〈8〉−CDE | ●Wホテルに泊まった大手企業の出張族に気に入ってもらい、そこからの紹介を増やす。Wホテル宿泊者にファーストドリンクサービス<br>●Wホテルと紹介契約し、「紹介マージン率」または「金品以外」を決めて返す（平日2巡目紹介の％アップ） | a | ●接客ロープレをする。そのための「動画マニュアル」を作成 | |
| 〈3〉−BI | ●同業和食のB店、C店の経営者と相互紹介の話し合いをする（2巡目紹介） | c | ●中間サービスの徹底と回数把握 | |
| 〈2〉〈4〉−CG | ●平日の曜日を絞って、2巡目のお客様に特別な「利き酒セット」の提供<br>⇒日本酒の日（店長おすすめの銘柄を特別価格で提供）<br>⇒入るきっかけをつくる<br>●20：30以降来店客に2巡目来客促進のため、「個室＋酒飲み放題＋つまみ4品」のセットPR（2巡目看板で個人需要PR）（2次会コース） | | | |
| 〈5〉〈6〉−CGH | ●法事需要を取り込むため、「準高級法要専用メニュー」（30代、40代喪主の家族法要中心。10名以上）をホームページなどでPR | | | |
| 〈7〉−EH | ●手土産（例：スチームコンベクションを使って和風ケーキ、どら焼き、ちらし寿司など）、通常の販促に使える「高単価」「限定販売」「日持ち」商品の開発 | | | |
| 〈9〉−CF | ●同企業の紹介で宴会の来店があった際に、付加サービスを提供する | | | |
| 〈9〉−C | ●「○○企業限定」サービスを作成し、営業する | | | |

## ■ SWOT クロス分析後の「中期戦略体系図」　会社名（Y 社 A 店）

※「クロス分析の戦略と具体策」は、優先順位付けされた「クロス分析
※「3 か年中期方針及び実施戦略」は、クロス分析の各ゾーンで捻出され
※「3 か年中期ビジョン」は、中央の各種戦略を実施した結果、「大きな

| 短期 or 中期 | 優先順位 | クロス分析の戦略と具体策 | |
|---|---|---|---|
| 1 か年で結果を出す優先度の高い【短期実行対策】 | 1 | Wホテルに泊まった大手企業の出張族に気に入ってもらい、そこからの紹介を増やす。H ホテル宿泊者にファーストドリンクサービス | |
| | 2 | Wホテルと紹介契約し、「紹介マージン率」または「金品以外」を決めてキックバックする（平日 2 巡目紹介の％アップ） | |
| | 3 | 同業和食のB店、C店の経営者と相互紹介の話し合いをする（2巡目紹介） | |
| | 4 | 平日に絞って、2 巡目のお客様に特別な「利き酒セット」を提供⇒日本酒の日（店長おすすめの銘柄を特別価格で提供） | |
| | 5 | 8 時 30 分以降来店客に、2 巡目来客促進のため、「個室＋酒飲み放題＋つまみ 4 品」のセット PR（2 巡目看板で個人需要 PR。2 次会コース） |  |
| | 6 | 法事需要を取り込むため「準高級法要専用メニュー」（30 代、40代喪主の家族法要中心。10 名以上）をホームページなどで PR | |
| | 7 | 手土産（例：スチームコンベクションを使って和風ケーキ、どら焼き、ちらし寿司など）、通常の販促に使える「高単価」「限定販売」「日持ち」商品の開発 | |
| | 8 | 同企業の紹介で宴会の来店があった際に、付加サービスを提供する | |
| | 9 | | |
| | 10 | | |

優先順位　判断基準シート」から転記する

た方針や戦略、具体策を4カテゴリーに分類して、固有名詞で記述する　　　　　　　　　□は中期

数値目標」や「実抜計画に連動した大きな構成比の変化目標」等のビジョンの表現にする

| 短期実行対策及び3か年中期方針及び実施戦略<br>(1〜3か年で構築する「商材」「顧客」「コスト」「組織改革」) | | | 3か年中期ビジョン（実抜計画の目標値）<br>（勝ち残るための必須条件でも可） | |
|---|---|---|---|---|
| 既存商品強化の方針と戦略・新商品開発・開拓・ | 1 | 8時30分以降来店客に、2巡目来客促進のため、「個室＋酒飲み放題＋つまみ4品」のセットPR（2巡目看板で個人需要PR。2次会コース） | 中期戦略目標と指標（構造改革する項目と指標） | 2巡目稼働率アップ |
| | 2 | 平日の曜日に絞って、2巡目客に特別な「利き酒セット」を提供⇒日本酒の日（店長おすすめの銘柄を特別価格で提供） | | 地元業者とwin-winの関係づくりで相互紹介を確立する |
| | 3 | 法事需要を取り込むため「準高級法要専用メニュー」（30代、40代喪主の家族法要中心。10名以上）をホームページなどでPR | | 法要戦略 |
| | 4 | 手土産（例：スチームコンベクションを使って和風ケーキ、どら焼き、ちらし寿司など）、通常の販促に使える「高単価」「限定販売」「日持ち」商品の開発 | | 手土産戦略 |
| 既存顧客強化の方針と戦略・新規開拓、新チャネル・エリア開拓・ | 1 | Wホテルに泊まった大手企業の出張族に気に入ってもらい、そこからの紹介を増やす。Wホテル宿泊者にファーストドリンクをサービス | 売上（商材・顧客・新規対策）に関連する目標 | 2018年売上6,500万円⇒2021年売上8,000万円 |
| | 2 | Wホテルと紹介契約し、「紹介マージン率」または「金品以外」を決めてキックバックする（平日2巡目紹介の％アップ） | | 1日4〜5組の2巡目顧客を増やす |
| | 3 | 同業和食のB店、C店の経営者と相互紹介の話し合いをする（2巡目紹介） | | お土産売上＝1日8.3個×1,000円×360日＝300万円 |
| | 4 | 同企業の紹介で宴会の来店があった際に、付加サービスを提供をする | | 法要戦略＝1組（10名）5万円×月6件×12か月＝360万円 |
| | 1 | | | |
| | 2 | | | |

## ■新戦略・新具体策を数値化した「新中期利益計画書」　会社名（Ｙ社Ａ店）

| 科目 | 部門 | 商品または顧客 | 前年度実績 | 現状推移での3年後の売上 | 2019年度予想売上 | 2020年度予想売上 | 2021年度予想売上 |
|---|---|---|---|---|---|---|---|
| 売上 | 売上科目 | 通常　飲食 | 64,400 | 65,000 | 67,100 | 70,900 | 73,200 |
| | | 外販　売上 | | | 720 | 2,880 | 3,000 |
| | | 法事　売上 | | | 900 | 2,400 | 3,600 |
| | | その他 | | | | | |
| | 売上合計 | | 64,400 | 65,000 | 68,720 | 76,180 | 79,800 |
| | 原価率 | | 0.35 | 0.35 | 0.35 | 0.35 | 0.35 |
| | 粗利率 | | 0.65 | 0.65 | 0.65 | 0.65 | 0.65 |
| | 粗利合計 | | 41,860 | 42,250 | 44,668 | 49,517 | 51,870 |
| 販売費及び一般管理費 | 人　件　費 | | 22,000 | 22,000 | 22,600 | 25,100 | 26,300 |
| | 広告宣伝費 | | 1,800 | 1,800 | 2,040 | 2,280 | 2,520 |
| | 租税公課 | | 2,700 | 2,700 | 2,750 | 3,040 | 3,200 |
| | 減価償却費 | | 1,950 | 1,260 | 1,700 | 1,350 | 1,260 |
| | 地代家賃 | | 4,800 | 4,800 | 4,800 | 4,800 | 4,800 |
| | その他経費 | | 5,400 | 5,400 | 5,900 | 6,400 | 6,900 |
| | 販売費及び一般管理費合計 | | 38,650 | 37,960 | 39,790 | 42,970 | 44,980 |
| | 営業利益 | | 3,210 | 4,290 | 4,878 | 6,547 | 6,890 |
| 営業外 | 営業外収益 | | 0 | 0 | | | |
| | 営業外支出 | | 0 | 0 | | | |
| | 経常利益 | | 3,210 | 4,290 | 4,878 | 6,547 | 6,890 |

| 各戦略での概算数値（売上・原価・経費）整理シートからの引用 | | | |
|---|---|---|---|
| | | クロス分析の戦略と具体策から捻出される売上概況・内容<br>（新商材・新規チャネル等売上の増や既存商材の売上減等） | 新たに増減する売上 |
| 〈1〉 | 通常飲食 | ●1日4〜5組の2巡目顧客を増やす<br>• 2019年　3人1組／日×2,500円＝270万円<br>• 2020年　3人2組／日×3,000円＝650万円<br>• 2021年　3人2.5組／日×3,200円＝880万円 | 8,800 |
| 〈2〉 | 外販売上 | • 2019年　1日4個×1,000円×30日×6か月＝72万円<br>• 2020年　1日8個×1,000円×360日＝288万円<br>• 2021年　1日8.3個×1,000円×360日＝300万円 | 3,000 |
| 〈3〉 | 法事売上 | • 2019年1組（10名）5万円×月3件×6か月＝90万円<br>• 2020年1組（10名）5万円×月4件×12か月＝240万円<br>• 2021年1組（10名）5万円×月6件×12か月＝360万円 | 3,600 |
| 〈4〉 | | | |
| 〈5〉 | | | |

■ 2019 年度　今期の経営方針・スローガン及び重点具体策　会社名（Y 社 A 店）

I　今期の経営スローガン
（目指したい姿の一言集約「〜しよう」）

> 地域に最も愛される店づくり！

III　今期の重点具体策と年間スケジュール

| | 重点具体策 | 重点具体策を実行するために必要な準備、段取り、詳細内容（具体的に行動内容が見えるような表現。いつまでに、だれが、どのように、と固有名詞で表現できる具体的な行動項目） | 誰が行う、または担当部門 | いつまでに形にする | |
|---|---|---|---|---|---|
| 1 | 8 時 30 分以降来店客に、2 巡目来客促進のため、「つまみ 3 品＋利き酒 3 種」のセット PR　2 軒目使いセット 1,280 円 | 2 巡目専用セット（おつまみセット）開発 | 店長 | 2019 年 8 月〜 | 予定 |
| | | パンフ作成、告知 | 常務 | 2019 年 8 月 | |
| | | 継続チェック | 店長 | 2019 年 9 月〜 | 結果 |
| 2 | 平日の曜日に絞って、店長おすすめの銘柄を特別価格で提供 | サービス内容の確定 | 店長 | 2019 年 6 月 | 予定 |
| | | 告知 | 常務 | 2019 年 7 月 | |
| | | 継続チェック | 店長 | 2019 年 11 月〜 | 結果 |
| 3 | 法事需要を取り込むため、「準高級法要専用メニュー」（30 代、40 代喪主の家族法要中心。10 名以上）を提供 | 法事需要、内容、提供時間を調べ報告する | 店長 | 2019 年 6 月 | 予定 |
| | | 提供スタイル、提供内容、ターゲット顧客の検討 | 社長 | 2019 年 8 月 | |
| | | 告知、パンフレット、Web 作成 | 常務 | 2019 年 9 月〜 | 結果 |
| 4 | 手土産戦略と単価アップ | 商品開発と試作により商品を確定 | 店長 | 2019 年 6 月 | 予定 |
| | | 手土産のサービス内容、提供方法の確定 | 社長 | 2019 年 7 月 | |
| | | 常連客への試食会を実施 | 店長 | 2019 年 8 月〜 | 結果 |
| 5 | 企業向け宴会需要促進 | 既存顧客からの情報収集 | 店長 | 2019 年 6 月 | 予定 |
| | | サービス内容の確定 | 社長 | 2019 年 7 月〜 | |
| | | 継続チェック | 店長 | | 結果 |

## II 今期の経営方針

（今期実現したい経営の姿。反省と中期ビジョンを参考に）

| 1 | 8時30分以降来店客に、2巡目来客促進のため、「つまみ3品＋利き酒3種」のセットPR　2軒目使いセット1,280円 |
|---|---|
| 2 | 平日の曜日に絞って、店長おすすめの銘柄を特別価格で提供 |
| 3 | 法事需要を取り込むため、「準高級法要専用メニュー」（30代、40代喪主の家族法要中心。10名以上）を提供 |
| 4 | 手土産戦略と単価アップ |
| 5 | 企業向け宴会需要促進 |
| 6 |  |
| 7 |  |

| 第1四半期中にどこまで進める（チェックできる具体的な予定、おおよその月度も入れる） | 第2四半期中にどこまで進める（チェックできる具体的な予定、おおよその月度も入れる） | 第3四半期中にどこまで進める（チェックできる具体的な予定、おおよその月度も入れる） | 第4四半期中にどこまで進める（チェックできる具体的な予定、おおよその月度も入れる） |
|---|---|---|---|
| 2019年4月～6月 | 2019年7月～9月 | 2019年10月～12月 | 2020年1月～3月 |
| ①商品開発を行い商品を確定（6月22日まで）<br>②パンフレット、Web作成（6月30日）<br>③店内配置・おすすめロープレ（6月30日まで）<br>④店外看板の設置　社員　（6月30日まで） | ①サービス開始を9月1日とする<br>②サービス開始を既存顧客に店内で告知<br>③パンフレット作成（8月31日）<br>④店内配置、おすすめロープレ（8月31日まで）<br>⑤店外看板の設置　社員（8月31日まで） |  |  |
| ①商品開発を行い、商品・サービスの確定はできた<br>②③④社内に情報共有ができていないことが原因で、期日までに作成及びロープレができずスタート時期を遅らせることとなった |  |  |  |
| ①サービス確定（曜日、内容、ターゲット、価格）（6月30日まで）<br>②酒屋さんとの交渉（6月30日まで）<br>③サービス開始を既存客に声かけ | ①看板設置（7月31日まで）<br>②中間接客ロープレ（7月31日まで）<br>③サービス開始を8月1日とする |  |  |
| ①期日通り確定<br>②交渉済み<br>③店長中心に既存顧客に声かけスタート |  |  |  |
| ①地域の法事需要についてWEBを中心に調査を行う。 | ①前回同様に法事需要についてWEBを中心に調査を行う。 |  |  |
| ①常務は日々の業務に追われ繁忙が原因で本件に取り組むことができず、調査時期を遅らせると共に社員の協力も仰ぐこととなった |  |  |  |
| ①商品を作り、社内での試食を行う（6月30日まで） | ①鰻のかば焼きに絞って試食を継続（7月31に決定）<br>②手土産サービスの内容、提供方法検討（8月31日）<br>③常連客への試食会を実施し、意見を聞く（9月15日） |  |  |
| ①どら焼き、プリン、バームクーヘンを試作したが商品化に至らず<br>②鰻のかば焼きが社内の提案として浮上 |  |  |  |
| ①予約客リスト、既存顧客リストから、同一企業を中心に企業情報を収集する | ①団体顧客について店長が挨拶すると共に名刺を入手する<br>②予約の際、企業、部署の情報まで収集する<br>③紹介特典などサービス内容を確定させる（9月30日） |  |  |
| ①調査の結果、数社において同一企業内の複数の部署から来店の可能性はあるが、情報を確実に収集できていないことがわかった |  |  |  |

# 4 飲食業（居酒屋チェーン）

## 1. 会社概要

①社名：K社（居酒屋チェーン）

②業種及び取扱商品

　飲食業4店舗（創作居酒屋、海鮮居酒屋）

③売上・従業員数

　年商1億5,000万円、正社員・パート・アルバイト含め40名

④経営概要

　ここ数年で新店舗を出店しては閉店するということが続いており、損益構造の改善、資金繰りの改善が課題となっている。

## 2. SWOT分析を行った経緯

　各店舗の業績アップが最重要課題であり、今まで幹部会議で計画作成と進捗状況の確認をとっていたが、今以上の業績アップを望んでいたため、MGS税理士法人よりSWOT分析を軸にした計画立案を提案し、了承いただいた。

## 3. 参加者の概要

　参加者は経営者、SWOT分析対象店舗の店長、会計事務所担当の3名で実施。経営者は対象店舗の現場には入っていないが、他の店舗の現場に入ったりと多忙。店長は会社でナンバーツーの存在で、具体的戦略の実行責任者であるが、現場にも入るためこちらも多忙である。

## 4. SWOT分析・経営計画の検討時間

- SWOT分析検討会は、1回目4時間、2回目3時間、3回目3時間で合計10時間を費やした。
- SWOT分析を受けての経営計画書とアクションプランの作成は、半日（5時間）会議2回で延10時間で作成した。

## 5. 検討会の運営

　事前準備として、参加者に『SWOT 分析動機づけ DVD』を視聴してもらい、SWOT 分析当日は基礎知識と【機会】【強み】の宿題を考えてもらっていた。

　検討会は対象店舗で行い、参加者全員 PC を用意し、会計事務所担当者の PC 画面を共有し、議論しながら、各フレームに入力していき、その過程を「見える化」して進めた。

## 6. SWOT 分析検討中の状況

　【機会】としては、以下の意見が出た。

- 認知度を上げるセグメンテーション目玉企画。目玉商品があれば、お客様に PR できる
- 名物単品 ⇒ 動画 ⇒ facebook ⇒ 試食で実感 ⇒ 指定曜日または指定時間帯に割引または特典付きで提供
- 店の facebook だけでなく、名物単品を食べたお客様が動画を撮り、facebook に上げたらクーポンまたは試食かプレゼントをすれば、お客様がお客様に口コミで PR できる
- 売り出したいメニューチラシを地域別に手配りすれば、知名度と予約をとりやすい
- 顧客台帳を作成中。リピート顧客に定期的に PR すれば、予約来店頻度が高まる
- 2 次会使いのお店が少なく、2019 年 7 月に焼き肉屋、8 月に串カツ屋が近隣にオープンし導線ができるため、他店から出てきた 2 件目客の取り込みの可能性あり。21 時以降、2 巡目にサイドメニューとして、「夜鳴きラーメン」を打ち出せば、来店理由になる
- 店の前に東横インができるので、出張族やインバウンドが狙える
- 店前に銀行 ATM があり、個人が利用している（1 日 2 〜 4 人）。そのときに店前で日替わりなどを見る人がいるが、入らないことが多い
- グーグル検索で直接店名を調べてくるお客様が多い
- 病院が近隣に 4 つくらいある（6 月は病院の宴会が増える）。銀行、地域の大企業、役場などもある
- 海鮮居酒屋に若い層が来店している
- 宴会メリット（お客様が求めている）

その他の【機会】として取り上げた意見として、下記の事項があった。

> ● 料理を選ばなくてよい
> ● 会社主体の場合は単品だと値段が最後にならないと決まらないが、コースだと決まっている
> ● 大宴会（10人以上）は場所が少ない
> ● 日本酒飲み放題がある
> ● 美味しい料理が出てくるコースがある
> ● 病院関係の宴会需要が継続してある（大人数可）
> ● 10人くらいの会社宴会の幹事のニーズに適している

当初は意見が全く出てこなかった。店舗を取り巻く環境で【機会】になるものは何かという思考を今までしてこなかったため。

また、店舗にとっての【機会】を打ち出すために、店舗の目指すものは何か？ ゴールは何か？ が不明確な状態でスタートしており、その目指すものとゴールを明確にしだしてから活発に意見が出だした。

【強み】としては、以下の事項が挙げられた。

> ● 「ざかな盛」（1980円）は、食べた方には人気（客数の50％が注文。ざかな盛カードで特典を付けている）
> ● 4種類、480円／個「出汁巻き卵」の注文が多い（月200）。いい卵、出汁が手作りで色が濃いので差別化できている
> ● 「土鍋たまごかけご飯」（580円）のリピーターが多い
> ● 「山形牛のたたき」（980円）のリピーターが多い
> ● 「レンコン饅頭」(680円)、21時以降の「夜鳴きラーメン」を提供できている
> ● チラシは社長が低価格で作成できる。スタッフがチラシ手配りを嫌がらない
> ● お店の造りとして、少人数スペースと宴会スペースがあり、少人数スペースでお客様との関係をつくり、そこでコース予約をとっていく。2018年11月から現店長に交代し誘導などを徹底した
> ● 大人数の宴会スペースがある居酒屋は近隣では自社のみ
> ● アルバイト・リーダーの接客力がダントツで高い（Aさん入社7か月）
> ● グーグル検索で「O居酒屋」「O宴会」でトップに出てくる（MEO対策

の効果）
- 駅近で人は集まりやすい環境
- 店長が寿司を握れる

　【強み】は機会検討時にも出てきたもので、社内の【強み】になるものは強みとして記録していった。「機会を活かせる【強み】であるか？」を意見が出てきた際に問いかけ、戦略につながるようにした。

## 7．SWOT分析検討時の参加者の反応と変化
　最初は意見が出ない、質問に対して答えるという感じであった。
　しかし、【クロス分析】で機会×強みの戦略を文書化し、目標数値も入れることで、やるべきことが具体的、現実的になり、それを実現するための建設的な意見が出だした。

## 8．SWOTクロス分析での各種戦略と参加者の反応
　「1品1品の開発の秘話」や「なぜ宴会を推していくのか」という深い話をすることができ、社長と店長との共通認識が深まっていった。
　今までの戦略立案は機会や強みを考慮しない、他社での良い事例を取り込むという形だったが、このクロス分析によって、自社に適した納得感のある戦略が出てきたという印象を受ける。

## 9．SWOT分析から経営計画書、アクションプラン検討時の参加者の反応
　戦略を数字に置き換えて、「結果がどの程度出るのか？」「そのアクションプランで本当に達成したい結果が出るのか」を検討する中で、目標値が少ないという気づきがあり、また、「これだけやれば結果が出る」という期待感を持てたという印象を受ける。

## 10．SWOT分析、経営計画書作成後の参加者の反応とその後
　「これで頑張ってみます」という反応があった。
　実行した結果を次に活かす仕組みが構築されることによって、今回の経営計画書が活きてくる。
　毎月の打ち合わせ時に進捗を確認し、実施したことや未実施事項の確認、要因分析、対応策検討を資料を見ながら行っている。

# ■ SWOT クロス分析　記入用シート（K 社 KO 店）

| 参加者 | 社長 |
|---|---|

## 企業概要

| | | |
|---|---|---|
| 1 | 売上 | 4,800 万円（KO 店）海鮮居酒屋 |
| 2 | 社員数・席数 | 社員 2 名、ほかアルバイト　カウンター 9 席、テーブル 40 席　開業 6 年目 |
| 3 | テーマ課題 | 面白いお店新鮮な魚が売り（ざかな盛＝ 1,980 円 /3 〜 4 人分）　客単価 4,000 円 |
| 4 | SWOT 分析の目的 | ●売上を上げるために差別化を打ち出したい |
| 5 | 経営者の期待 | 月 50 万円売上を伸ばしたい。リミッターをはずしたい（3 年後に月 500 万円平均） |
| 6 | その他 | ●当初メインターゲット：40 歳未満の女性<br>●40 代後半以上の男女半々（サラリーマン、主婦、ママ友）<br>●子供連れが少なく、独身が親を連れてくる<br>●平日…18：00 〜 20：00　65 歳以上の常連（好きな単品を注文）が増えつつある<br>●金土…予約（看護師、企業の団体から入る） |

## 強み（S）・・・（ターゲットがない場合は

| | |
|---|---|
| A | ざかな盛（1,980円）は、食べた方には人気（お客の50%が注文。 |
| B | 4種類、480円/個　出汁巻き卵注文が多い（月200）、いい卵、出汁 |
| C | 土鍋たまごかけご飯（580円）のリピーターが多い |
| D | 山形牛のたたき（980円）のリピーターが多い |
| E | レンコン饅頭（680円）、21時以降に夜鳴きラーメンの提供ができ |
| F | チラシは社長が低価格で作成できる。スタッフがチラシ手配りを |
| G | お店のつくりとして少人数スペースと宴会スペースがあり、少人数コース予約をとっていく。2018年11月から現店長に交代し、誘導 |
| H | 大人数の宴会スペースがある居酒屋は近隣では自社のみ |
| I | アルバイト・リーダーの接客力がダントツで高い（Aさん入社7か月 |
| J | グーグル検索で「O居酒屋」「O宴会」でトップに出てくる |
| K | 駅近で、人は集まりやすい環境 |
| L | 店長が寿司を握れる |

## 機会（O）／【積極戦略】

| | 機会（O） | 組合せ番号（例）〈2〉-A | 【積極戦略】自社の強みを活かして、さらに伸ばしていく対策。または積極的に投資や人材配置して他社との競合で優位に立つ戦略 |
|---|---|---|---|
| 〈1〉 | 認知度を上げるセグメンテーションされた目玉企画。目玉商品があれば、お客様にPRできる | 〈1〉〈5〉-AE | 単品客対策（3-4 人グループ）曜日別推奨メニュー（◎曜日は◇◇の日と各曜日別に決めて、スタッフの声掛け、チラシ、facebookを連動させる）※それぞれの取り組みにストーリーを持たせる。挑戦する日にする<br>●月：チーズの日<br>●水：土鍋たまごかけご飯<br>●木：こぼれ海鮮丼<br>●日：山盛りポテト、キッズデザート（ファミリー向け） |
| 〈2〉 | 名物単品⇒動画⇒facebook ⇒試食で実感⇒指定曜日または指定時間帯に割引、または特典付きで提供 | | |
| 〈3〉 | 店の facebook だけでなく、名物単品を食べたお客様が動画を撮り facebook に上げたら、クーポン、または試食かプレゼントをすれば、お客様がお客様に口コミでPRできる | 〈6〉-K | 2 回転対策（21 時以降）：あっさり、塩の「罪悪感がない」、和食の夜鳴きラーメンを名物にして PR。ブランドを育てる |
| 〈4〉 | 売り出したいメニューチラシを地域別に手配りすれば、知名度もあり予約をとりやすい | | |
| 〈5〉 | 顧客台帳を作成中。リピート顧客に定期的に PR すれば、予約来店頻度が高まる | | |
| 〈6〉 | 2 件目使いのお店が少なく、2019 年 7 月に焼き肉店、8 月に串カツ店が近隣にオープンし導線ができるため、他店から流れてきた 2 件目客の取り込みの可能性あり。21 時以降、2 巡目にサイドメニューとして、夜鳴きラーメンを打ち出せば、来店理由になる | 〈12〉-H | コース売上増対策：飲みに行く機会の減った会社に対して、KO 店が飲みに行くきっかけをつくり、仲間同士の絆づくりのお手伝いをする　10 人×単価 4,500 円× 5 組<br>●法人営業<br>●コース内容<br>●接客<br>●話題、トレンドを取り入れる |
| 〈7〉 | 店の前に東横インができるので、出張族、インバウンドが狙える | | |
| 〈8〉 | 店前に銀行 ATM があり、個人が利用している（1 日 2 〜 4 人）。そのときに店前で日替わりなどを見る人がいるが、店にはあまり入らない | 〈12〉-G | (月)〜(木)の小宴会売上を上げる「KO 店推奨コース」と、割引・特典（手土産付き）で 1 日 2 〜 3 組（4 名平均）の獲得<br>●おしゃべり大好き女子会コース（コーヒー、スイーツ付き）の打ち出し（ママ友、PTA 後、趣味の後に）<br>●「じつは甘党紳士・男子会コース」の打ち出しと特典 |
| 〈9〉 | グーグル検索で直接店名を調べてくるお客様が多い | | |
| 〈10〉 | 病院が近隣に 4 つくらいある（6 月は病院関係者の宴会が増える）銀行、地域の大企業、役場など | | |
| 〈11〉 | 海鮮居酒屋ということで若年層が来店している | | |
| 〈12〉 | KO 店宴会メリット（お客様が求めている）<br>●料理を選ばなくてよい（会社主体の場合は単品だと値段が最後にならないと決まらないがコースだと決まっている）<br>●大宴会（10 人以上）は場所が少ない（幹事のニーズがある）<br>●日本酒飲み放題<br>●美味しい料理が出てくるコース<br>●病院関係の宴会需要が継続してある（大人数可）<br>●飲みに行くきっかけになる | | |

## 脅威（T）／【差別化戦略】

| | 脅威（T） | 左記の状態で、今のまま具体的な手を打たない場合、どれくらいマイナスになるか概算数値や%を記入する | 組合せ番号（例）②-A | 【差別化戦略】自社の強みを活かして、脅威をチャンスに変えるには何をどうすべきか |
|---|---|---|---|---|
| ① | 乗降客が 4 万人がいるが、当店をあまり使わない | ― | ① | 店舗コンセプトとして、ライバル店との違いを打ち出し、ターゲット顧客に刺さる店づくりを行う。ライバル店調査を行っていくして、若者に温泉街の認知を高めてもらい来訪客を増やしていく |
| ② | 海鮮居酒屋で強いライバル店が近隣にある | ― | | |
| ③ | 近隣に競合店のさらなる出店の可能性 | 売上 10% 減 | ④ | 家庭では調理できない料理の開発と提供 |
| ④ | 外食離れで顧客数減少の可能性 | 売上 10% 減 | | |

| 内部要因 | | |
|---|---|---|

| ターゲットと比較して<br>一般的な発注者ニーズをベースに) | | 弱み（W）···ターゲットと比較して<br>（ターゲットがない場合は一般的な発注者ニーズをベースに） |
|---|---|---|
| ざかな盛カードで特典を付けている) | a | コースが飽きられている |
| が手作りで色が濃いので、差別化できている | b | 新商品をコンスタントに開発する仕組みがない |
| | c | 店舗運営が店長まかせで、店長が変わるとお店のやり方も変わってしまい、安定したサービスを提供できていない |
| | d | 待ちの営業スタイルであり、外部への法人営業などを行っていない |
| ている | e | フリー客への外部アプローチが弱い |
| 嫌がらない | f | SNS の有効活用ができていない |
| スペースでお客様との関係を構築して、そこで<br>などを徹底している | g | |
| | h | |
| | i | |
| MEO対策の効果) | j | |
| | k | |
| | l | |

| 左記対策を実施した場合の概算数値（件<br>数増減、売上増減、経費増減、利益改善、%<br>増減等） | 組合せ番<br>号（例<br>〈2〉−b | 【改善戦略】<br>自社の弱みを克服して、事業機会やチャンスの波に乗るには何を<br>どうすべきか | 左記対策を実施した場合の概算数値（件数増減、<br>売上増減、経費増減、利益改善、%増減等） |
|---|---|---|---|
| 平日対策（限定単品メニュー）<br>1 日 3 万円×20 日分＝月 60 万円 UP | 〈1〉〈5〉−<br>e-f | アルバイトに facebook の記事を上げてもらう<br>●曜日別の推奨メニューと調理過程の動画をつけて配信（試し<br>に facebook 広告を実施）<br>●お客様に facebook、インスタ記事をお願いし、記事を UP<br>してくれたら、特典を告知（夏場はアイス） | ― |
| 21 時以降ラーメン<br>1 日 2.5 万円×20 日分＝月 50 万円 UP | 〈1〉〈5〉<br>〈12〉−<br>a-bd | 新商品、コース開発の仕組みをつくることで、定期的に新商品<br>を提供し、お客様が飽きずに自社を利用し続けることができる | ― |
| 法人宴会の獲得<br>10 人×@4,500 円×5 組＝月 22.5 万円<br>UP | 〈5〉−c | 店舗運営マニュアルを作り直し、店長がいなくても高レベルの<br>サービスを提供できるような仕組みをつくる | ― |
| 平日対策（限定コース）<br>1 日 1.8 万円×20 日分＝月 36 万円 UP | | | |
| | | | |
| | | | |
| | | | |
| 左記対策を実施した場合の概算数値（件<br>数増減、売上増減、経費増減、利益改善、%<br>増減等） | 組合せ番<br>号（例<br>②−b） | 【致命傷回避・撤退縮小戦略】<br>自社の弱みが致命傷にならないようにするにはどうすべき<br>か。またはこれ以上傷口を広げないために撤退縮小する対<br>策は何か | 左記対策を実施した場合の概算数値（件数増減、<br>売上増減、経費増減、利益改善、%増減等） |
| | | | |
| | | | |

■ SWOT クロス分析後の「実現可能性のある抜本対策」体系図　会社名（K社 KO 店）

※「クロス分析の戦略と具体策」は、SWOT 分析クロス分析シートから転記する
※「3 か年中期方針及び実施戦略」は、クロス分析の各ゾーンで捻出された方針や戦略、具体策を 4 カ
※「3 か年中期ビジョン」は、中央の各種戦略を実施するにあたり、わかりやすい表現で、「3 大方針」

| 短期 or 中期 | 優先順位 | クロス分析の戦略と具体策 |
|---|---|---|
| 1 か年で結果を出す優先度の高い【短期実行対策】 | 1 | 単品客対策（3-4 人グループ）<br>曜日別推奨メニュー（◎曜日は◇◇の日と各曜日別に決めて、スタッフの声掛け、チラシ、facebook を連動させる）<br>※それぞれの取り組みにストーリーを持たせる。挑戦する日にする<br>●月：チーズの日<br>●水：土鍋たまごかけご飯<br>●木：こぼれ海鮮丼<br>●日：山盛りポテト、キッズデザート（ファミリー向け） |
| | 2 | 2 回転対策（21 時以降）<br>あっさり、塩の「罪悪感がない」、和食の夜鳴きラーメンを名物にして PR。ブランドを育てる |
| | 3 | コース売上増対策<br>飲みに行く機会の減った会社に対して、KO店が飲みに行くきっかけをつくり、仲間同士の絆づくりのお手伝いをする<br>10 人×単価 4,500 円× 5 組<br>●法人営業<br>●コース内容<br>●接客<br>●話題、トレンドを取り入れる |
| | 4 | （月）～（木）の小宴会売上を上げる「KO 店推奨コース」と、割引、特典（手土産付き）で 1 日2～3 組（4 名平均）の獲得<br>●おしゃべり大好き女子会コース（コーヒー、スイーツ付き）の打ち出し（ママ友、PTA 後、趣味の後に）<br>●「じつは甘党紳士・男子会コース」の打ち出しと特典 |
| | 5 | アルバイトに facebook の記事を上げてもらう<br>●曜日別の推奨メニューと調理過程の動画をつけて配信（試しに facebook 広告を実施）<br>●お客様に facebook、インスタ記事をお願いし、記事を UP してくれたら、特典を告知（夏場はアイス） |
| 3 か年で結果を出すための優先度の高い【中期戦略と仕掛け対策】 | 1 | 新商品、コース開発の仕組みをつくることで、定期的に新商品を提供し、お客様が飽きずに自社を利用し続けることができる |
| | 2 | 店舗運営マニュアルを作り直し、店長がいなくても高レベルのサービスを提供できるような仕組みをつくる |
| | 3 | 店舗コンセプトとして、ライバル店との違いを打ち出し、ターゲット顧客に刺さる店づくりを行う。ライバル店調査を行っていく |
| | 4 | 家庭では調理できない料理の開発と提供 |

テゴリーに分類して、固有名詞で記述する
「５大方針」等でビジョンの表現にする

 は中期

| 短期実行対策及び３か年中期方針及び実施戦略<br>（1〜3か年で構築する「商材」「顧客」「コスト」「組織改革」） | | | ３か年中期ビジョン（実抜方針）<br>（勝ち残るための必須条件でも可） | |
|---|---|---|---|---|
| 新商品開発・既存商品強化 | 1 | 飛びぬけたコース作りのための会議実施<br>●コース開発会議の実施<br>●競合分析会議（地域の宴会繁盛店視察とPDCAサイクル） | 中期戦略目標 | 最高の料理とおもてなしで、笑いと感動を生み出す活気と笑顔満ちあふれる店づくり（活気と笑顔あふれる場で、お客様が集まるお店をつくることがお店の存在価値） |
| | 2 | 他店で飲食した顧客の２件目需要を満たせるメニュー開発を行う | | 「宴会ならKO店」というブランドづくり（理由作り） |
| | 3 | 家庭では調理できない料理の開発と提供 | | 毎日がお客様でごった返している状態（曜日別のウリ、家庭では調理できない料理の提供） |
| エリア開拓、新チャネル・既存顧客強化<br>新規開拓、新チャネル・既存顧客強化 | 1 | 曜日別の来店を促すウリをつくり、それを発信する仕組みを構築する | | 月平均売上500万円クリア |
| | 2 | 宴会コースの差別化と企業への訪問営業 | | 営業利益20％達成 |
| コスト改革 | 1 | 家庭では調理できない料理の開発で付加価値を高め、原価率を下げる | | |
| 組織改革 | 1 | 店舗運営マニュアルを作り直し、店長がいなくても高レベルのサービスを提供できるような仕組みをつくる | | |

## ■クロス分析の【戦略】【具体策】を反映した中期損益計画表

（単位：千円）

| 科目 | 区分 | 科目 | 前年度実績 | 現状推移で「脅威」を反映した場合の3年後の売上 | 2019年度予想売上 | 2020年度予想売上 | 2021年度予想売上 |
|---|---|---|---|---|---|---|---|
| 売上 | 21時前 | 単品 | 32,190 | 28,971 | 35,000 | 39,600 | 44,200 |
| | | コース | 10,060 | 9,054 | 11,000 | 14,000 | 17,000 |
| | 21時以降 | 単品 | | | 240 | 420 | 600 |
| | | コース | | | | | |
| | 売上合計 | | 42,250 | 38,025 | 46,240 | 54,020 | 61,800 |
| 原価 | 原価計 | | 13,670 | 12,929 | 15,259 | 17,286 | 18,540 |
| 粗利 | 粗利合計 | | 28,580 | 25,097 | 30,981 | 36,734 | 43,260 |
| 販売費及び一般管理費 | 人件費（法定福利・福利厚生込） | | 15,570 | 14,069 | 16,184 | 17,286 | 18,540 |
| | 広告宣伝費 | | 1,900 | 1,900 | 2,400 | 2,400 | 2,400 |
| | 水道光熱費 | | 1,410 | 1,255 | 1,526 | 1,783 | 2,039 |
| | 消耗品費 | | 510 | 500 | 500 | 500 | 500 |
| | 賃借料 | | 1,060 | 1,060 | 1,060 | 1,060 | 1,060 |
| | 減価償却費 | | 1,060 | 1,060 | 1,060 | 1,060 | 1,060 |
| | 旅費交通費 | | 200 | 200 | 200 | 200 | 200 |
| | 通信費 | | 230 | 230 | 230 | 230 | 230 |
| | 手数料（カード手数料込） | | 310 | 570 | 694 | 810 | 927 |
| | 衛生費 | | 230 | 240 | 240 | 240 | 240 |
| | 地代家賃 | | 4,400 | 4,400 | 4,400 | 4,400 | 4,400 |
| | その他 | | 60 | 100 | 100 | 100 | 100 |
| | 販売費及び一般管理費合計 | | 26,940 | 25,584 | 28,594 | 30,069 | 31,696 |
| | 営業利益 | | 1,640 | − 488 | 2,387 | 6,664 | 11,564 |
| 営業外 | 営業外収益 | | | | | | |
| | 営業外支出 | | | | | | |
| | 経常利益 | | 1,640 | − 488 | 2,387 | 6,664 | 11,564 |

| クロス分析の戦略と具体策から捻出される売上概況・内容<br>（新商材・新規チャネル等売上の増や既存商材の売上減等） | | | 新たに増減する<br>売上高 |
|---|---|---|---|
| 〈1〉 | 21時以降<br>単品 | 21時以降ラーメン<br>1日2.5万円×20日分 | 月50万円UP |
| 〈2〉 | 21時前<br>コース | 法人宴会獲得<br>10人×@4,500円×5組 | 月22.5万円UP |
| 〈3〉 | 21時前<br>単品 | 平日対策（限定単品メニュー）<br>1日3万円×20日分 | 月60万円UP |
| 〈4〉 | 21時前<br>コース | 平日対策（限定コース）<br>1日1.8万円×20日分 | 月36万円UP |
| クロス分析の戦略と具体策に該当する仕入または粗利に関する概況・内容（新商材・新規チャネル等で発生する原価や仕入、既存商材の売上ダウンに伴う仕入減、または粗利率の変動も含む） | | | 新たに増減する<br>原価・仕入 |
| 〈1〉 | | 付加価値の高い商品開発で原価率を31％まで下げ、かつ顧客満足度向上を図る | 原価率<br>33％→30％ |
| クロス分析の戦略と具体策に該当する経費支出・削減の科目と額に関する科目と概況と内容<br>（新対策で新たに発生する経費も含む） | | | 新たに増減する<br>経費 |
| 〈1〉 | 人件費 | 店舗運営マニュアルを作り直し、店長がいなくても高レベルのサービスを提供できるような仕組みをつくる | 人件費率<br>37％→30％ |
| 〈2〉 | 広告<br>宣伝費 | 外部発信予算を月20万円計上し、攻めの営業スタイルに変えていく | 月15万円<br>→20万円 |

■ 2019 年度　今期の経営方針・スローガン及び重点具体策　会社名 ( K 社 KO 店)

Ⅰ　今期の経営スローガン

（目指したい姿の一言集約「〜しよう」）

> 活気と笑顔満ちあふれる店づくりをしよう

Ⅲ　今期の重点具体策と年間スケジュール

| | 重点具体策 | 重点具体策を実行するために必要な準備、段取り、詳細内容（具体的に行動内容が見えるような表現。いつまでに、だれが、どのように、と固有名詞で表現できる具体的な行動項目） | 誰が行う、または担当部門 | いつまでに形にする | |
|---|---|---|---|---|---|
| 1 | コース売上増対策<br>飲みに行く機会の減った会社に対して、KO店が飲みに行くきっかけをつくり、仲間同士の絆づくりのお手伝いをする<br>10 人×単価 4,500 円× 5 組<br>●法人営業<br>●コース内容<br>●接客<br>●話題、トレンドを取り入れる | 企業への訪問営業スタート | 店長 | 10 月 1 日〜 | 予定 |
| | | 営業先の見直し、営業内容の見直し | 店長 | 11 月 30 日 | |
| | | | | | 結果 |
| 2 | 単品客対策（3-4 人グループ）<br>曜日別推奨メニュー（◎曜日は◇◇の日と各曜日別に決めて、スタッフの声掛け、チラシ、facebook を連動させる）<br>※それぞれの取り組みにストーリーを持たせる。挑戦する日にする<br>●月：チーズの日<br>●水：土鍋たまごかけご飯<br>●木：こぼれ海鮮丼<br>●日:山盛りポテト、キッズデザート（ファミリー向け） | 曜日別推奨メニュー決定 | 店長 | 8 月 1 日 | 予定 |
| | | 推奨メニューチラシ作成、facebook 記事の作成 | 店長<br>社長 | 8 月 7 日 | |
| | | 曜日別推奨メニューの試食、スタッフの声掛けで販売開始 | スタッフ | 8 月 12 日〜 | 結果 |
| 3 | 2 回転対策（21 時以降）<br>あっさり、塩の「罪悪感がない」、和食の夜鳴きラーメンを名物にして PR。ブランドを育てる | 推奨メニューチラシ作成、facebook 記事の作成 | 店長 | 9 月 30 日 | 予定 |
| | | スタッフの声掛けで販売開始 | スタッフ | 9 月〜 | |
| | | メディアの活用 | 社長 | 10 月まで | 結果 |
| 4 | （月）〜（木）の小宴会売上を上げる「KO 店推奨コース」と、割引、特典（手土産付き）で１日 2 〜 3 組（4 名平均）の獲得<br>●おしゃべり大好き女子会コース（コーヒー、スイーツ付き）の打ち出し（ママ友、PTA 後、趣味の後に）<br>●「じつは甘党紳士・男子会コース」の打ち出しと特典 | 推奨コース開発 | 店長 | 11 月 30 日 | 予定 |
| | | ネットでの告知 | 店長 | 1 月〜 | |
| | | | | | |

## Ⅱ　今期の経営方針

（今期実現したい経営の姿。反省と中期ビジョンを参考に）

| 1 | 宴会、コースの差別化 |
|---|---|
| 2 | 2 件目需要の取り込み |
| 3 | SNS の活用 |
| 4 | 常に最高のサービスが提供できる仕組みづくり |
| 5 | 単品メニューの高付加価値化 |
| | |
| | |

| 第 1 四半期中にどこまで進める（チェックできる具体的な予定、おおよその月度も入れる） | 第 2 四半期中にどこまで進める（チェックできる具体的な予定、おおよその月度も入れる） | 第 3 四半期中にどこまで進める（チェックできる具体的な予定、おおよその月度も入れる） | 第 4 四半期中にどこまで進める（チェックできる具体的な予定、おおよその月度も入れる） |
|---|---|---|---|
| 2019 年 7 月〜 9 月 | 2019 年 10 月〜 12 月 | 2020 年 1 月〜 3 月 | 2020 年 4 月〜 6 月 |
| ①内容の確定と、どの企業に行くかのリスト作成（2019.8.15）<br>②企業への訪問営業（2019.8.19）<br>③ 2019.9.15 から新しいコースメニューをリリース（秋メニュー）<br>④営業用チラシの作成 | ①企業への訪問営業（2019.10.1）→ 50 件訪問、10 件成約<br>② 2019.12.1 から新しいコースメニューをリリース | ①企業への訪問営業（2020.1.1）→ 50 件訪問、10 件成約<br>② 2020.3.1 から新しいコースメニューをリリース | ①企業への訪問営業（2020.4.1）→ 50 件訪問、10 件成約<br>② 2020.6.1 から新しいコースメニューをリリース |
| ①推奨メニュー決定(8月1日店舗会議)済み<br>②配布用メニューチラシ作成（8 月 7 日まで）未実施<br>③ facebook の掲載方針を担当者と決定（8 月 1 日店舗会議）<br>④ facebook 配信計画と曜日別推奨メニューの動画撮影（8 月 15 日まで）<br>⑤ facebook 配信開始（8 月 15 日から）<br>⑥第 1 回目の推奨メニュー開始　出汁巻き卵　火曜日（8 月 17 日から）<br>⑦スタッフのトークの説明（8 月 17 日夕方）<br>⑧配布用メニューチラシの作成（8 月末日まで）<br>⑨配布用メニューチラシの作成（9 月 5 日まで） | ①「チーズの日」の動画と facebook 配信（9 月第 1 週から）<br>②「土鍋たまごかけご飯」の動画と facebook 配信 9 月第 2 週から）<br>③「こぼれ海鮮丼」の動画と facebook 配信（9 月第 3 週から）<br>④ファミリー向けの動画と facebook 配信（9 月第 4 週から） | ① SNS の反応分析<br>②対応検討会<br>③発信内容の修正 | ① SNS の反応分析<br>②対応検討会<br>③発信内容の修正 |
| ①店外に音楽流す（9 月中）<br>②店外でチラシを配布する（9 月中）<br>③店外の看板作成<br>④ SNS 配信（facebook、インスタグラム） | ①メディア掲載のため PR<br>②メディア掲載情報を SNS 発信、店内と店外に表示 | ①メディア掲載のため PR<br>②メディア掲載情報を SNS 発信、店内と店外に表示 | ①メディア掲載のため PR<br>②メディア掲載情報を SNS 発信、店内と店外に表示 |
| | ①推奨コース開発<br>②告知のための HP 改訂<br>③ SNS アップの準備 | ①告知スタート<br>②推奨コースの分析<br>③推奨コースの改定検討<br>④ HP 改訂検討<br>⑤ SNS アップ内容の変更検討 | ①推奨コースの分析<br>②推奨コースの改定検討<br>③ HP 改訂検討<br>④ SNS アップ内容の変更検討 |
| | | | |

# 5 建設業専門運送業（新規事業）

## 1. 会社概要

①社名：B建設（埼玉県）
②業種及び取扱商品
　　土木建設業、運送業
③売上・従業員数
　　売上高8億円、従業員数32人
④経営概要
　　埼玉県の土木工事が中心で、付帯事業として運送業を開始。

## 2. SWOT分析を行った経緯

### ①抱えている経営課題

　土木工事だけでは将来先細りになるのではないかという、漠然とした不安がある。実際、事業の成長スピードも鈍ってきている。現在の事業に頼るだけではなく、新規事業を立ち上げることで、経営改善と事業安定化を図りたい。

### ②SWOT分析を行った理由

　自社のことはよく理解しているという自負はあり、これまでも多くの新規事業を立ち上げようと試みてきた。しかしながら、時間とコストをかけたわりには成功したとは言えない結果が続いている。自社に適した新規事業をどのように選んでよいかがわからなくなってきていた。

　そこで、建設分野に詳しいコンサルタントの指導を受けて経営改善を図りたいと考えた。コンサルタントからはSWOT分析から始めることを勧められ、そのアドバイスに従ってみることにした。

### ③経営計画書の有無

　簡便なものは作成しており、一応は全社員で共有している。しかし、毎年過去からの延長線上の内容であり、目新しさはない。PDCAもできておらず、計画書の作成が目的化してしまっている状況。

## 3. 参加者の概要

社長、常務、土木部長の計3名とコンサルタント。

社長は現場が好きでよく現場で指示を出す。

常務が総務部長を兼務しており、財務面は常務が見ている。

土木部長は技術屋で、自分の現場も持ちながら営業も行っている。

## 4. SWOT分析・経営計画の検討時間

- SWOT分析検討会は、2週間に1回ペースで各回3時間×2か月間（計12時間）
- 経営計画書作成時間は、3時間の会議（合間に各自修正、提案内容作成）× 3回＝9時間

## 5. 検討会の運営

- 事前準備：現状把握できる資料（売上高、利益額、月度収支報告書、決算書、営業先リスト）に目を通すとともに、事前にSWOT分析の基礎知識の本を読んでくるように指導。またSWOT分析DVDも視聴してもらった。
- 場所等：会議室、準備物：パソコン、プロジェクター、大型モニター
- 進め方：コンサルタントが中心になってファシリテーションしながら、各課題の進捗状況の確認を行うとともに、新たな課題について担当者や期日などを明確にしながら、社長の言いたいことを代弁・補足するような形で運営が進められた。

## 6. SWOT分析検討中の状況

【機会】としては、次のような意見が出た。

> - 人材不足や土木工事の発注量の減少に伴い、建設業や運送業の小規模事業者が事業縮小や廃業に追い込まれている状況がある。

【強み】としては、以下の事項が挙げられた。

> - 県内に建設関連企業の強固なネットワークを持っている土木建設会社であることが（同じ規模の）他社にはない強みとなっている。その強みを意識して活用することで事業拡大を目指せるのではないかとの期待がある。

●業務改善や新規事業立ち上げに関してできそうなことからやってみたが、なかなか手応えがつかめない。うまくいかなかった時に、このまま進めるべきか止めるべきかどうかの判断がつかないことが多く、戦略立案上の行き詰まりを感じていた。

## 7. SWOT分析検討時の参加者の反応と変化

SWOT検討時の最初の反応は、自社のことは自分たちがいちばんよく知っているので、「こんなことをしても何も変わらないのではないか」という疑念を持ちながらのスタートであった。

しかし、【クロス分析】時には、今まで当たり前に知っていた業界情報と、改めて認識した強みによって、想定外に具体的にできそうなアイデアが生まれた。

## 8. SWOTクロス分析での各種戦略と参加者の反応

【積極戦略】の立案では、運送は何でもよいわけではなく、土木工事会社という経験と実績から、重機や建設設備の運搬を日常的に行っているため、建設分野に特化した運送に絞る。

参加者の声として、「頭の中が整理でき、具体的行動までが明確になった」ので、「早速行動を開始したい」という意見が多かった。

## 9. SWOT分析から経営計画書、アクションプラン検討時の参加者の反応

【クロス分析】から商材対策での検討で、「何を優先すればよいのか」が明確になり、ブレがなくなった。

商材を数値に置き換える時には、数値化することで、机上の空論ではなく現実化が増し、実行可能の可否まで明確になった。

【収支計画】作成時では、今期に先行投資を行うものの来期には黒字化が目指せる計画が策定でき、銀行にも融資の話がしやすくなった。

【アクションプラン】作成時では、今期の具体的行動が重点項目とともに、「誰が」「いつまでに」まで明確になったことで、即行動できるので、各自が自分ごととして行動が開始できる状況になった。

## 10. SWOT分析、経営計画書作成後の参加者の反応とその後

これまでも年度計画は立てていたが、過去からの延長線上にしかなくマンネリ

化していた。新規事業については、時代の流れに沿った市場が大きくなりそうな分野を意識して選択してきたつもりであったが、SWOT分析を機に、自社の強みを中心にニッチな分野に特化することがよいという判断を参加者全員で共有できた。

【経営計画書・アクションプラン】作成後は、翌月より毎月1回3時間のコンサルティング契約を締結して、年契約で自動更新という形でモニタリングを行っている。

　新規事業の立ち上げを何度も目論んできたこともあり、ちょっとしたアイデア自体は比較的活発に出る状況であった。しかしながら、議論が拡散しがちでまとまらない状態のままで見切り発車していたことが多かったことを認識できた。

　SWOT分析に本格的に取り組むのは初めてのことであり、最初は「強み」や「機会」をなかなか列挙できず、時には矛盾するような項目を挙げたりすることもあった。しかし、コンサルタントによれば、そのあたりのことは最初はあまりこだわる必要はないということであった。それよりも重要なこととして、「固有名詞化」「5W1Hの具体化」「数値化」などに徹底的にこだわるように指導を受けた。

　また、あるアイデアを発言した時に、その背景や根拠などを常にもう一段掘り下げてみるようにとの指導もあった。これらを意識的に行うことで、行動へのイメージが明確に持てるようになり、かつそれらをSWOT分析参加者のみならず、多くの社員で共有できるという成果が得られた。

　今回のSWOT分析の副次的な効果として、より適正な会計処理を行っていくという課題も発見された。一例としては、本来的には製造原価に分類すべき項目について、一般管理費として取り扱われている項目が多く含まれていることがわかった。今回は、現状の会計処理の延長上で検討を進めたが、成果を正確に測定するためにも、少しずつ会計の適正化にも着手していきたい。

# ■ SWOT クロス分析　記入用シート（B 建設による新規事業）

| 参加者 | 社長 |
|---|---|

## 企業の概要

| | | |
|---|---|---|
| 1 | 売上 | 8億円 |
| 2 | 従業員数 | 32名（兼務・パート含む） |
| 3 | 業種 | 建設業及び運送業 |
| 4 | SWOT分析参加者 | 社長、常務、土木部長の計3名とコンサルタント |
| 5 | SWOT分析所要時間 | 12時間 |
| 6 | SWOT分析の目的 | 運送業を新規事業として立ち上げ、2本目の柱としたい。その新規事業に特化したSWOT分析を行う。 |

## 強み（S）…（ターゲットがない場合は

| | |
|---|---|
| ① | 土木の橋梁、法面工事が好調であり、設備投資や人材 |
| ② | 新規に運送業界に参入するに際して、社長の不動産事 |
| ③ | 4tと7tユニック車のニーズがあるので、専用車を10 |
| ④ | 建設機器の取扱を日々現場で行っているので得意である |
| ⑤ | 現在施工班が20班あり、その設備機器の運搬の工程管 |
| ⑥ | 社内にSE経験者が多数いるので、システム開発が可能 |
| ⑦ | 現在、女性ドライバー2名、女性営業2名、女スタッ　職場というイメージがある |
| ⑧ | 多くの現場から発生した残土を取扱している（中間処理 |

## 外部環境

| 機会（O） | | 組合せ番号（例〈2〉⑤） | 【積極戦略】自社の強みを活かして、さらに伸ばしていく対策。または積極的に投資や人材配置して他社との競合で優位に立つ戦略 |
|---|---|---|---|
| 市場・顧客 | 〈1〉女性ドライバーを増員する際に、短時間労働、技能訓練ができる場所、保育連携、そして女性のスタッフが多ければ採用しやすい | 〈1〉⑦ | 女性ドライバー採用（5名）のため、「働きやすい採用条件（短時間労働、保育連携、技能訓練）」を設け、Web、SNSと動画（女性の本音が出ている動画）をアップし、働きやすい職場をPRする |
| | 〈2〉この地域では小規模運送業が営業していないので、顧客に運送業のPR営業すれば、受注しやすい | | |
| | 〈3〉運送する設備機材の一次預りをシステム化すれば、受注増と単価増も期待できる | 〈4〉②⑥ | 県内、市内の超近距離の建設業及び建設リース会社に、ユニック輸送に特化した営業と料金体系を整備する。女性ドライバーを中心に配置して「柔らか配送」などのイメージ戦略をとる |
| | 〈4〉運送業界では近距離は嫌われており、県外などの長距離が喜ばれるので、近距離の適切な価格設定をすれば受注しやすい | | |
| | 〈5〉運送業界のトラックは一般荷物を乗せる箱車や平ボディが通常であり、ユニック等の機材の積載が可能な車を増やせば、設備設置系、建設系の受注につながる | 〈3〉②⑥ | 一時預かりをしてくれる倉庫業者をネットワーク化して、運送顧客からの預かり荷物を地域とスペースで振り分けができるようにし、荷物を逃さず売上アップを狙う |
| | 〈6〉ユニック操作の資格を持つ運転手を確保するために、新型安全装置のユニックの導入や高額の手当、技術教育のプログラムがあれば、当該人員を採用できる | | |
| | 〈7〉狭小地の設置が増えており、小さい車両のユニック2tや、6tのニーズが増えている | 〈7〉〈8〉①⑦ | 建設関連の近距離運送が好調なことから、新たに運転手を10人増員して、建設リースや建設業者に特化して売上アップを狙う |
| | 〈8〉人手不足であり、資金力がなく、個性のない小規模運送会社は廃業していくので、その顧客を取り込める可能性がある | | |
| 経済環境 | 〈9〉業界としては値上げのチャンスである | 〈2〉⑥ | 顧客が荷物の重機サイズ、重量を登録することで、直接自動発注システムが可能となる。自社の営業経費もかからず、従来価格の5％引きでリース可能。その有料システムを使うことで、顧客の経費削減になる。新たなサブスクリプションビジネスを展開できる |

| 脅威（T） | | 左記の状態で、今のまま具体的な手を打たない場合、どれくらいマイナスになるか概算数値や%を記入する | 組合せ番号（例〈2〉⑤） | 【差別化戦略】自社の強みを活かして、脅威をチャンスに変えるには何をどうすべきか |
|---|---|---|---|---|
| 市場・顧客 | 〈1〉3K職場でドライバーが集まらない、ドライバーが高齢化している | | 〈2〉① | 燃料費が高騰しても価格対応力をアップするために、自社内にガソリンスタンドを建設する（自社のトラック設備専用）ことで燃料費のコストダウンを図る |
| | 〈2〉国際情勢次第で、燃料費が高騰する | | | |
| | 〈3〉自動車保険、損害保険の費用が年々上昇する | | | |
| | 〈4〉 | | | |
| | 〈5〉 | | | |
| | 〈6〉 | | | |
| 競合 | 〈7〉 | | | |

| | | 常務 | | 土木部長 | | |
|---|---|---|---|---|---|---|
| | | | | | | |

| 内部要因 | | |
|---|---|---|

| ターゲットと比較して<br>一般的な発注者ニーズをベースに) | | 弱み（W）…ターゲットと比較して<br>（ターゲットがない場合は一般的な発注者ニーズをベースに） |
|---|---|---|
| 投資を行う余裕がある | ① | 運送を初めてまだ浅く、多種多様な機器、物品の運搬の経験が少ない |
| 業時代の営業ノウハウを活用できる | ② | 下請けのため、営業を行った経験がない |
| 台購入して運搬している | ③ | 建設機材の中でも特定機材しか運んだことがなく、他の建設機材の経験がなく、クレームが出ている |
| | ④ | 運送は４ｔと７ｔのユニック車しかない（通常の平ボディや屋根付きはない） |
| 理にノウハウがある | ⑤ | 他部門（建設）の優先客からの配車需要があれば、車両をそちらに回すため、運送部の受注に影響が出る |
| （オリジナルの運送システムを作成中） | ⑥ | 整備者がおらず、外注しているので定期メンテナンスがしにくい |
| フ５名と、男性の職場ではなく、女性の | ⑦ | 後発の運送会社なので、強気の値上げをしづらい |
| ・預かり） | ⑧ | 長距離運転の経験が少ない |

| 左記対策を実施した場合の概算数値（件数増減、売上増減、経費増減、利益改善、％増減等） | 組合せ番号（例〈2〉⑤） | 【改善戦略】<br>自社の弱みを克服して、事業機会やチャンスの波に乗るには何をどうすべきか | 左記対策を実施した場合の概算数値（件数増減、売上増減、経費増減、利益改善、％増減等） |
|---|---|---|---|
| トラック１台×1,000万円/年×５台＝5,000万円（年間） | 〈2〉② | これまで経験の長い建設分野で受注の多かった４ｔと７ｔユニック車に的を絞り、顧客数を増やして売上アップを狙う | トラック１台×1,000万円/年×２台＝2,000万円（年間） |
| ３万円／件×28件／月×12か月＝1,008万円／（年・台） | 〈5〉① | 運転手はトラックやユニック車の経験が浅い人が多いので、毎月OJT研修を実施して機器扱いに慣れ、トラブルを減少して信頼を高める | トラック１台×300万円/年×15台＝4,500万円（年間） |
| ２万円／件×50件／月×12か月＝1,200万円（年間） | 〈7〉⑧ | 長距離運送でユニック車はほとんど聞いたことがないので、ユニック車による長距離運送を新サービスに入れる | 長距離運送代20万円／回×30回／月×12か月＝7,200万円（年間） |
| トラック１台×1,100万円/年×10台＝１億1,000万円（年間） | | | |
| １万円／社×100件／月×12か月＝1,200万円（年間） | | | |
| 左記対策を実施した場合の概算数値（件数増減、売上増減、経費増減、利益改善、％増減等） | 組合せ番号（例〈2〉⑤） | 【致命傷回避・撤退縮小戦略】<br>自社の弱みが致命傷にならないようにするにはどうすべきか。またはこれ以上傷口を広げないために撤退縮小する対策は何か | 左記対策を実施した場合の概算数値（件数増減、売上増減、経費増減、利益改善、％増減等） |
| 20円／L×100L／台×20台／日×300日＝1,200万円（年間）　コストダウン | ⑤-fg | 高齢者ドライバーは長距離運転は事故の可能性が高まるので対象外にして、近距離ドライバー専属にする | |
| | | | |
| | | | |

## ■ SWOT・クロス分析後の「実現可能性のある抜本対策」体系図

※「クロス分析の戦略と具体策」は、優先順位付けされた「クロス分析優先順位　判断
※「3か年中期方針及び実施戦略」は、クロス分析の各ゾーンで捻出された方針や戦略、
※「3か年中期ビジョン」は、中央の各種戦略を実施した結果、「大きな数値目標」や

| 短期 or 中期 | 優先順位 | クロス分析の戦略と具体策 |
|---|---|---|
| 1か年で結果を出す優先度の高い【短期実行対策】 | 1 | 女性ドライバー採用（5名）のため、「働きやすい採用条件（短時間労働、保育連携、技能訓練）」を設け、Web、SNSと動画（女性の本音が出ている動画）をアップし、働きやすい職場をPRする |
| | 2 | 県内、市内の超近距離の建設業及び建設リース会社に、ユニック輸送に特化した営業と料金体系を整備する。女性ドライバーを中心に配置して「柔らか配送」などのイメージ戦略をとる |
| | 3 | 一時預かりをしてくれる倉庫業者をネットワーク化して、運送顧客からの預かり荷物を地域とスペースで振り分けができるようにし、荷物を逃さず売上アップを狙う |
| | 4 | 建設関連の近距離運送が好調なことから、新たに運転手を10人増員して、建設リースや建設業者に特化して売上アップを狙う |
| | 5 | 顧客の商品をオリジナルシステムに登録して（商品説明や注意点などもすべてデータベース化）、注文しやすくし、工程も自分で選べるシステムを開発する |
| | 6 | |
| | 7 | |
| | 8 | |
| | 9 | |
| | 10 | |
| 3か年で結果を出すための優先度の高い【中期戦略と仕掛け対策】 | 1 | 顧客管理システムの開発と導入による顧客満足度アップ |
| | 2 | 受発注システムの開発と導入で、顧客の利便性向上による満足度アップと囲い込み戦略 |
| | 3 | ドライバー教育により、セールスドライバーを目指す |
| | 4 | 指名制度による給料アップなどを仕組み化して、ドライバーのモチベーションアップを図る |
| | 5 | 365日運送体制の構築で、顧客の利便性をアップする |
| | 6 | 女性活躍支援企業として、顧客からも認知・支援してもらえる仕組みをつくる |
| | 7 | |
| | 8 | |
| | 9 | |
| | 10 | |

「基準シート」から転記する
具体策を4カテゴリーに分類して、固有名詞で記述する
「実抜計画に連動した大きな構成比の変化目標」等のビジョンの表現にする

▨▨▨▨は中期

| 短期実行対策及び3か年中期方針及び実施戦略<br>（1～3か年で構築する「商材」「顧客」「コスト」「組織改革」） | | | 3か年中期ビジョン（実抜計画の目標値）<br>（勝ち残るための必須条件でも可） | |
|---|---|---|---|---|
| 既存商品強化の方針と戦略<br>新商品開発・開拓・戦略 | 1 | 4tユニック車7台、7tユニック車8台を購入して、合計30台体制とする | 中期戦略目標（構造改革する項目と指標） | 2020年度までに運送業の年間売上2億円を目指す |
| | 2 | 女性ドライバー5人、男性ドライバー10人、計15人増員して、合計30人体制とする | | |
| | 3 | 一時預かりが可能な倉庫業者30社と業務提携して、埼玉県内であればどこでも一時預かりを可能にする | | ユニック車の台数を30台にする |
| | 4 | 顧客の商品登録ができるシステムを構築して、顧客100社分の過去の商品登録を行い、顧客の利便性を向上させる | | |
| | 5 | 専任営業マン2人を採用し、営業体制を強化する | | 営業マンを2名体制（埼玉県担当と東京都担当） |
| エリア開拓、既存顧客強化の方針と戦略<br>新規開拓、新チャネル・ | 1 | 埼玉県内300社顧客開拓 | 売上（商材・顧客・新規対策に関連する目標） | 埼玉県・東京都に集中した営業展開 |
| | 2 | 東京都内200社顧客開拓 | | |
| | 3 | 埼玉県・東京都以外100社顧客開拓 | | 建設関連の顧客リストの見直し |
| | 4 | | | |
| | 5 | | | 埼玉県外（ネット）からの問い合わせ顧客管理による売上増 |
| コスト改革（原価・固定費他）・品質向上の方針と戦略 | 1 | 顧客管理システムで顧客満足度アップ | 利益・業務品質・組織に関連する目標 | 2020年度までに営業利益を3,000万円にする |
| | 2 | 受発注システムで業務効率アップ | | |
| | 3 | 人件費（残業代）削減30% | | |
| | 4 | | | 2021年度までにトラブル件数（60件）を半減させる |
| | 5 | | | |
| 組織改革・企業体制・その他の方針と戦略 | 1 | 女性ドライバー5人採用 | | |
| | 2 | 男性ドライバー10人採用 | | |
| | 3 | 女性営業マン2人体制 | | |
| | 4 | 一時預かり倉庫事業者と連携 | その他 | |
| | 5 | | | |

■ 3か年中期経営計画（2019〜2021年）　※新規事業関連のみ抜粋

| 中期ビジョン【開発】 | 付加価値の高い顧客管理システム及び顧客 |
|---|---|
| 中期ビジョン【構造】 | 今後の若手不足を補う「女性の積極活用」 |

| | 2019年 | | |
|---|---|---|---|
| 総売上 | 104,000 | | |
| 運送業務 | 102,000 | 比率 | 98% |
| サブスクリプション | 3,200 | 〃 | 3% |
| 一時預かり業務 | 1,800 | 〃 | 2% |
| | | 〃 | 0% |
| その他 | | 〃 | 0% |
| 粗利益 | 36,000 | | |
| 粗利益率（％） | 34.6% | | |
| 経常利益 | 4,080 | | |
| 経常利益率（％） | 3.9% | | |
| 従業員数（人） | 15人 | | |
| 労働分配率（％） | | | |
| 原材料比率（％） | | | |
| ○○率（％） | | | |
| 市場の動き・予測（自社に関係する競合環境、景気先行き、盛衰分野等） | 2020年以降オリンピック及び消費税増税などによる建<br>受け身の多い地元小規模運送業者は、市場を見ながら横 | | |
| ポジショニングまたはシェア（業界、地域での位置づけ、強みの出し方、商材別シェア等） | 経験者を採用せず、また女性営業マンやドライバーの採<br>近距離を中心に埼玉県・東京都を中心とした地域戦略を<br>ITをフル活用した業務効率と（小規模運送業界はITに | | |
| 商品戦略（伸ばす商材、減らす商材、新たな商材、マーケティング展開等） | 4tユニック車、7tユニック車を中心に、大型でもな<br>利便性を高める<br>2tダンプなどの4t未満の小型車は追加購入しない<br>10t以上の大型車やユニックのないセフル車は追加購 | | |
| 顧客戦略（顧客開拓、CS、囲い込み、新チャネル等） | 女性営業マンによる「柔らか戦略」として、男社会の<br>顧客管理システムにより、過去の履歴や商品種類などを一括管理する<br>建設関連のリース、資材、設備会社中心に営業展開 | | |
| 組織体制（非正社比率、後継者、独算制、分社、グループ体制、新組織等） | 女性営業マン2人体制を構築して、埼玉県・東京都を<br>女性ドライバー2人採用<br>男性ドライバー3人採用 | | |
| 設備・投資戦略（出店、機械設備、ノウハウ投資等） | 4tユニック車3台購入<br>7tユニック車2台購入 | | |
| 部門戦略（営業部、管理、生産、店舗等の個別方針を記す） | 運送事業部は3年以内に、営業2名体制、ユニック車 | | |

が直接工程入力可能な受発注システム。全国組織を構築し、一時預かり事業の強化で安定収益化

のノウハウの確立とドライバー教育システム。顧客管理及び受発注システムの運用、外注先提携を積極化

（単位：千円）

| 2020 年 | | | 2021 年 | | |
|---|---|---|---|---|---|
| 220,000 | | | 328,000 | | |
| 200,000 | 比率 | 91% | 300,000 | 比率 | 91% |
| 15,000 | 〃 | 7% | 20,000 | 〃 | 6% |
| 5,000 | 〃 | 2% | 8,000 | 〃 | 2% |
| | 〃 | 0% | | 〃 | 0% |
| | 〃 | 0% | | 〃 | 0% |
| 90,000 | | | 133,000 | | |
| 40.9% | | | 40.5% | | |
| 28,700 | | | 51,050 | | |
| 13.0% | | | 15.6% | | |
| 28 人 | | | 40 人 | | |
| | | | | | |
| | | | | | |
| | | | | | |

設業の景気後退による市場の動きの鈍化

| 並びで耐える状況 | さらに低価格化とサービス低下、業者減少が予想される |
|---|---|

用など、異端児的存在である

とっている

弱い）、安全安心提供サービスの提供

く小型でもない、最も需要の多い中型に限定して車両台数を多くして、365 日運送体制を目指すことで、顧客の

入しない

運送業界で女性ならではの気配りや丁寧な営業で顧客満足度をアップする

| 顧客が直接工程入力できる受発注管理システムの運用 | 県外顧客や県外運送業者とのネットワーク拡大 |
|---|---|
| 商品価格だけでなく、サービス価値を理解してもらえる顧客開拓 | 県外から埼玉へという顧客や運送業者との連携 |
| 中心に営業展開 | 専任採用を図る |
| 女性ドライバー 3 人採用 | |
| 男性ドライバー 2 人採用 | 男性ドライバー 5 人採用 |
| 4 t ユニック車 2 台購入 | 4 t ローダー 2 台購入 |
| 7 t ユニック車 3 台購入 | 7 t ローダー 3 台購入 |

中心にトラック 30 台体制、従業員 40 名体制を構築

**■クロス分析の「戦略」「具体策」を反映した【具体策連動型中期収支計画表】 ※新規事業関連のみ抜粋**

（単位：千円）

| 科目 | 部門 | 商品または顧客 | 昨年実績 | 今期(2019)年予想 | 2020年度 | 2021年度 | 2022年度 |
|---|---|---|---|---|---|---|---|
| 売上 | （運送）部門 | 埼玉県内建設関連 | 15,246 | 52,100 | 100,000 | 150,000 | 170,000 |
| | | 埼玉県内建設以外 | 5,431 | 20,400 | 30,000 | 40,000 | 50,000 |
| | | 東京都内建設関連 | 4,653 | 18,900 | 50,000 | 80,000 | 100,000 |
| | | 東京都内建設以外 | 0 | 4,600 | 10,000 | 15,000 | 20,000 |
| | | 埼玉県・東京都以外 | 4,454 | 6,000 | 10,000 | 15,000 | 40,000 |
| | | | | | | | |
| | | | | | | | |
| | | | | | | | |
| | | 既存売上合計 | 29,784 | 102,000 | 200,000 | 300,000 | 380,000 |
| | 新戦略売上等の新企画商品売上 | サブスクリプション・ビジネス売上 | 423 | 3,200 | 15,000 | 20,000 | 36,000 |
| | | 一時預かりビジネス | 238 | 1,800 | 5,000 | 8,000 | 12,000 |
| | | | | | | | |
| | | 新規売上合計 | 661 | 5,000 | 20,000 | 28,000 | 48,000 |
| | | 総売上 | 30,445 | 107,000 | 220,000 | 328,000 | 428,000 |
| 原価 | （運送）部門 | ドライバー費用（外注含） | 18,756 | 55,600 | 100,000 | 150,000 | 190,000 |
| | | トラック等減価償却費 | 5,642 | 15,400 | 30,000 | 45,000 | 45,000 |
| | | 原価計 | 24,398 | 71,000 | 130,000 | 195,000 | 235,000 |
| | | 粗利 | 6,047 | 36,000 | 90,000 | 133,000 | 193,000 |
| | | 平均粗利率 | 20% | 34% | 41% | 41% | 45% |
| 販売費及び一般管理費 | | 役員報酬（法定福利・福利厚生込） | | | | | |
| | | 人件費（法定福利・福利厚生込） | 6,234 | 12,200 | 25,000 | 30,000 | 35,000 |
| | | | | | | | |
| | | 燃料費 | 2,854 | 9,900 | 20,000 | 30,000 | 38,000 |
| | | 高速代 | 284 | 600 | 1,200 | 1,800 | 1,800 |
| | | 車両修繕費 | 953 | 2,700 | 5,000 | 9,000 | 10,000 |
| | | 保険料 | 94 | 100 | 400 | 450 | 500 |
| | | 水道光熱費 | 82 | 120 | 150 | 200 | 200 |
| | | 事故賠償費 | 125 | 300 | 500 | 700 | 900 |
| | | 通信費 | 68 | 100 | 150 | 200 | 250 |
| | | 自動車費 | 951 | 1,500 | 1,500 | 1,500 | 1,500 |
| | | 施設使用料 | 1,354 | 1,500 | 2,000 | 2,500 | 2,500 |
| | | 接待交際費 | 402 | 700 | 1,000 | 1,200 | 1,500 |
| | | Web関連経費 | 384 | 600 | 1,000 | 1,200 | 1,500 |
| | | 消耗品費 | 358 | 400 | 500 | 600 | 700 |
| | | その他経費 | 746 | 900 | 1,300 | 1,600 | 2,000 |
| | | 販売費及び一般管理費合計 | 14,889 | 31,620 | 59,700 | 80,950 | 96,350 |
| | | 営業利益 | −8,842 | 4,380 | 30,300 | 52,050 | 96,650 |
| 営業外 | | 営業外収益 | | | | | |
| | | 営業外支出 | | 300 | 600 | 1,000 | 1,000 |
| | | 経常利益 | −8,842 | 4,080 | 29,700 | 51,050 | 95,650 |

| 戦略での概算数値（売上・原価・経費）整理 | |
|---|---|

| クロス分析の戦略と具体策から捻出される売上概況・内容<br>（新商材・新規チャネル等の売上増や、既存商材の売上減等） | | | 新たに増減する売上高 |
|---|---|---|---|
| 〈1〉 | 女性ドライバー | 女性ドライバーを採用（5名）するため、「働きやすい採用条件（短時間労働、保育連携、技能訓練）」を設け、Web、SNSと動画（女性の本音が出ている動画）をアップし、働きやすい職場をPRする | トラック1台×1,000万円／年×5台＝5,000万円／年（2018年度から2020年度までの増加額として試算） |
| 〈2〉 | 男性ドライバー | 建設関連の近距離運送が好調なことから、新たに運転手を10人を増員して、建設リースや建設業者に特化して売上アップを狙う | トラック1台×1,100万円／年×10台＝1億1,000万円／年（2018年度から2020年度までの増加額として試算） |
| 〈3〉 | 柔らか配送 | 県内、市内の超近距離の建設業及び建設リース会社にユニック輸送に特化した営業と料金体系を整備する。女性ドライバーを中心に配置して「柔らか配送」などのイメージ戦略をとる | 3万円／件×28件／月×12か月＝1,008万円／年（2018年度から2020年度までの増加額として試算） |
| 〈4〉 | サブスクリプション・ビジネス | 顧客の商品を自社オリジナルのシステムに登録して、商品説明や注意点などもすべてデータベース化して、顧客が依頼しやすくし、工程も自分で選べるシステムを構築する | 3万円／件×100件／月×12か月＝3,600万円（2022年度まで） |
| 〈5〉 | 一時預かり | 一時預かりをしてくれる倉庫業者をネットワーク化して、運送関連の顧客からの預かり荷物を地域とスペースで振り分けができるようにして、荷物を逃さず売上アップを狙う | 2万円／件×50件／月×12か月＝1,200万円／年（2022年度まで） |
| 〈6〉 | | | |

| クロス分析の戦略と具体策に該当する仕入、または粗利に関する概況・内容<br>（新商材・新規チャネル等で発生する原価や仕入、既存商材の売上ダウンに伴う仕入減、または粗利率の変動も含む） | | | 新たに増減する原価・仕入 |
|---|---|---|---|
| 〈1〉 | ドライバー | 未経験ドライバーを新規に教育して、セールスドラーバーになってもらう | 女性ドライバー5人、男性ドライバー10人合計15人増員 |

| クロス分析の戦略と具体策に該当する経費支出・削減の科目と概況及び内容<br>（新対策で新たに発生する経費も含む） | | | 新たに増減する経費 |
|---|---|---|---|
| 〈1〉 | 減価償却費 | 3年間で追加トラック15台購入予定 | 1,000万円×15台＝1.5億円 |
| 〈2〉 | ITシステム関係 | 顧客管理システム及び受発注システムの開発 | 200万円（開発費） |
| 〈3〉 | 人件費 | ドライバー15人追加採用 | 500万円／年×15人＝7,500万円／年 |
| 〈4〉 | ウェブ費 | ネット集客システム運用 | 12万円／年 |
| 〈5〉 | | | |
| 〈6〉 | | | |
| 〈7〉 | | | |
| 〈8〉 | | | |

Ⅰ　今期の経営スローガン

（目指したい姿の一言集約「〜しよう」）

| 心と技術で安心安全を届けよう！ |
|---|

Ⅲ　今期の重点具体策と年間スケジュール

| 重点具体策 | | 重点具体策を実行するために必要な準備、段取り、詳細内容（具体的に行動内容が見えるような表現。いつまでに、だれが、どのように、と固有名詞で表現できる具体的な行動項目） | 誰が行う、または担当部門 | いつまでに形にする | |
|---|---|---|---|---|---|
| 1 | 女性ドライバーを採用（5 名）するため、「働きやすい採用条件（短時間労働、保育連携、技能訓練）」を設け、Web、SNS と動画（女性の本音が出ている動画）をアップし、働きやすい職場を PR する | 採用条件や募集内容の決定、企業ブランドの見直し | 社長 | 2019 年 3 月〜 | 予定 |
| | | 既存写真や動画を撮影し HP 更新 | システム担当 | 2019 年 4 月〜 | |
| | | 求人募集サイト掲載 | 総務 | 2019 年 5 月〜 | 結果 |
| 2 | 県内、市内の超近距離の建設業及び建設リース会社にユニック輸送に特化した営業と料金体系を整備する。女性ドライバーを中心に配置して「柔らか配送」などのイメージ戦略をとる | 料金体系の見直し | 社長 | 2019 年 3 月〜 | 予定 |
| | | イメージ戦略のパンフレットと HP の再構築 | システム担当 | 2019 年 4 月〜 | |
| | | テストマーケティング（アンケート作成） | 総務 | 2019 年 5 月〜 | 結果 |
| 3 | 一時預かりをしてくれる倉庫業者をネットワーク化して、運送顧客からの預かり荷物を地域とスペースで振り分けができるようにして、荷物を逃さず売上アップを狙う | 倉庫事業者のリストアップ | 社長 | 2019 年 3 月〜 | 予定 |
| | | 倉庫事業者のリストと企業情報収集及びデータベース化 | システム担当 | 2019 年 4 月〜 | |
| | | 信用情報のチェックなど連絡優先順位のリスト化 | 総務 | 2019 年 5 月〜 | 結果 |
| 4 | 建設関連の近距離運送が好調なことから、新たに運転手 10 人を増員して、建設リースや建設業者に特化して売上アップを狙う | 採用条件や募集内容の決定、企業ブランドの見直し | 社長 | 2019 年 3 月〜 | 予定 |
| | | 既存写真や動画を撮影し、HP 更新 | システム担当 | 2019 年 4 月〜 | |
| | | 求人募集サイト掲載 | 総務 | 2019 年 5 月〜 | 結果 |
| 5 | 顧客の商品をオリジナルシステムに登録して、商品説明や注意点などもすべてデータベース化して、顧客が依頼しやすくし、工程も自分で選べるシステムを開発する | システム概要、コンセプトのまとめ | 社長 | 2019 年 3 月〜 | 予定 |
| | | システム開発項目と開発会社と検討・見積り | システム担当 | 2019 年 4 月〜 | |
| | | システム開発などの予算枠や補助金・融資の検討 | 総務 | 2019 年 5 月〜 | |

## II　今期の経営方針

（今期実現したい経営の姿。反省と中期ビジョンを参考に）

| | |
|---|---|
| 1 | 埼玉県及び東京都で建設業関連の顧客を中心に、今後3年で売上3億円を達成 |
| 2 | 女性活躍支援企業として積極的に女性採用を行い、顧客からも認知・サポートしてもらえる企業へ |
| 3 | ドライバーはただ運転するのではなく、セールスドライバーとして顧客満足度アップを図る |
| 4 | セールスドライバーは経験者だけではなく、新規に採用・教育する |
| 5 | 建設業・運送業のどんぶり勘定から脱却し、明朗会計、女性活躍、IT導入で業務効率アップなど業界を革新する |
| 6 | |
| 7 | |

| 第1四半期中にどこまで進める（チェックできる具体的な予定、おおよその月度も入れる）<br><br>2019年4月〜6月 | 第2四半期中にどこまで進める（チェックできる具体的な予定、おおよその月度も入れる）<br><br>2019年7月〜9月 | 第3四半期中にどこまで進める（チェックできる具体的な予定、おおよその月度も入れる）<br><br>2019年10月〜12月 | 第4四半期中にどこまで進める（チェックできる具体的な予定、おおよその月度も入れる）<br><br>2020年1月〜3月 |
|---|---|---|---|
| ● HP更新及びアクセス数の確認、SEO対策の実施でアクセス数改善<br>● 2019年6月にHP会議で報告 | ● 採用のための会社案内やPRビデオ動画の作成<br>● 2019年9月にHP会議で報告 | | |
| | | | |
| 現在の料金体系の見直し案を作成し、顧客にヒヤリング（アンケート）実施<br>● 2019年5月のHP会議で報告 | アンケート結果をもとに、さらに料金体系など見直して先行数社で実施して、その結果をまとめる<br>● 2019年8月のHP会議で報告 | 本格導入に向けて、再度内容を検討し、追加して実施<br>● 2019年12月の月次会議で報告 | 本格導入して運用開始<br>● 2020年3月の月次会議で報告 |
| | | | |
| リストアップした企業の連絡優先順に連絡開始<br>● 2019年4月の月次会議で報告 | 各倉庫事業者との連携条件を明確にして、優先顧客に案内開始<br>● 2019年8月の月次会議で報告 | 反応状況を確認して、営業のアプローチの検討実施（トライアル＆エラー）<br>● 2019年12月の月次会議で報告 | 会社の営業品目に加えて、全体営業開始<br>● 2020年3月の月次会議で報告 |
| | | | |
| ● HP更新及びアクセス数の確認、SEO対策の実施でアクセス数改善<br>● 2019年5月にHP会議で報告 | ● 採用のための会社案内やPRビデオ動画の作成 | | |
| | | | |
| システム概要、コンセプトの取りまとめ、見積り依頼、予算検討<br>● 2019年6月の月次会議で報告 | 開発会社を選定し、予算取り、開発開始<br>● 2019年9月の月次会議で報告 | 開発したシステムのベータ版のテスト実施<br>● 2019年12月の月次会議で報告 | 一部先行導入可能なものを確認し、分割導入の検討と実施<br>● 2020年3月の月次会議で報告 |
| | | | |

# 6 建設リース業

## 1. 会社概要

①社名：D建設リース（大阪府）
②業種及び取扱商品
　建設リース
③売上・従業員数
　売上高10億円、従業員数45人
④経営概要
　建設会社向け建設部材のリース業を展開。

## 2. SWOT分析を行った経緯

### ①抱えている経営課題

　2019年度は赤字見込となっている。また、これまでのように単に下請けとしての建設設備・機器・部材リースだけでは価格競争が厳しく、利益の低下による経営不安が5年以内に来ることが予想されるため、業務改善や強みを生かした事業を考えたい。

### ②SWOT分析を行った理由

　自社の強みを活かしたいが、定年退職などにより人材が自然減少していることもあり、新しい事業に取り組みたくとも人材不足の状況である。

　そこで、「今いる人材でできる業務改善は何か」「5年以内に成果につなげる必要」もあり、たくさんのことを試す時間もないため、建設分野に詳しいコンサルタントから、経営改善を図るためにSWOT分析から始めることを勧められ、取り組むべき業務改善につながればということで始めた。

### ③経営計画書の有無

　特に、経営計画書というほどのものは作成しておらず、業務内容は毎年同じであるため売上目標のみ決めていた。

## 3. 参加者の概要

社長、副社長、常務の計3名とコンサルタント。

社長は2代目で、40歳を過ぎて中途で部長として入社し、3年で社長に就任。現場はほぼやったことがない。現場がわからないので、現場は常務にすべて任せている。

副社長は社長の姉で、社長入社前から総務部長を兼務しており、財務面は副社長が見ている。

常務は社長の義理の弟で、25年以上の職人、現場の叩き上げであり、現場のことはすべて把握しているため、現場は常務が仕切っている。

## 4. SWOT分析・経営計画の検討時間

- SWOT分析検討会は、1か月に1回ペースで各回5時間×3か月間（計15時間）
- 経営計画書作成時間は、4時間の会議（合間に各自修正、提案内容作成）×3回＝12時間

## 5. 検討会の運営

- 事前準備：事前にSWOT分析の本やDVDを紹介して、基礎知識を習得してもらった。
- 場所等：会議室、準備物：パソコン、プロジェクター、大型モニター
- 進め方：コンサルタントが中心になり、ファシリテーションしながらSWOT分析と戦略や対策の検討方法などを解説しながら進めていった。各課題の進捗状況の確認などは、各人が親族のため言いにくいこともあり、また会議も感情的になりやすいので、各人の言い分を事前に聞き、会議の中で各人の意見のサポートをしながら会議が進められた。

## 6. SWOT分析検討中の状況

【機会】としては、次のような意見が出た。

---

- 人材不足や土木工事の発注量の減少に伴い、働き方改革によりIT化や自動化、AIなど新しい技術を使った新技術開発が増えている。

---

【強み】としては、以下の事項が挙げられた。

> ● 自社の人材確保が難しい中で、必要に迫られて IT 化、ロボット化、システム化などを進めており、顧客と連携して業務効率の改善などの共同開発やアドバイスなどを日常的に行っていた。

　実際の SWOT 分析では、事業が建設リースであり特別なものはなく、顧客の要望に答えているだけで、何か独自の技術といっても、全く何も浮かばないという状況があった。

## 7．SWOT 分析検討時の参加者の反応と変化

　当初は、建設業は 2020 年東京オリンピック以降、市場の縮小による景気後退になるのではという不安があり、何をやっても売上や利益拡大は難しいという雰囲気があった。

　しかし、【クロス分析】時においては、世の中全体のトレンドではなく、自社の強みを活かせば、まだまだ自社で取り組める事業があることに気づくことができた。

## 8．SWOT クロス分析での各種戦略と参加者の反応

　【積極戦略】の立案では、建設分野はこれまで元請け・下請けという構図であったが、今後は協力会社が得意な分野を活かしながら、協力して新しい事業や業務改善をする必要がある時代になっている。

　そのような状況の中で、開発した機材やツールの管理及びリース事業は、自社がシステム構築などが得意であることに気づけた。

　参加者の声として、「自社の本当の強みが腑に落ちて、具体的行動がイメージできた」ということで、早期に具体的な行動ができると考えられる。

## 9．SWOT 分析から経営計画書、アクションプラン検討時の参加者の反応

　【クロス分析】の検討においては、一見、主力商品でもなかったものを新しいサービスに置き換えることができることに驚いた。これまで、新サービスはなんとなく初めて顧客の反応を見てその後を決めていたが、数値化することで、サービス開始前の段階でも具体性のある計画を立てることができるようになった。

　【収支計画】作成段階では、設備投資には通常融資が必要になるが、具体的な

収支計画を作成することで銀行とスムーズに交渉、連携して事業を進められるようになることを実感した。

【アクションプラン】作成段階では、これまでの単なる売上計画と比較して、具体的計画とアクションプランまでが明確になった。業務が忙しくなることで頓挫したり、担当が不明確のために進まなくなるというようなことがなくなりそうである。

## 10. SWOT 分析、経営計画書作成後の参加者の反応とその後

年度売上計画と決算書だけでは銀行融資が難しい場合があったが、今回作成した【経営計画書】及び【3か年中期計画】があれば、融資も受けやすくなると実感した。

さらに、すべての資料が連動しているので、年度の途中で業務計画通りに行かないことが起きても、経営計画書を見直しながら軌道修正ができるようになった。

また、社員にも説明しやすくなったため、社員が一丸となって業務改善に取り組めると確信した。

【経営計画書】【アクションプラン】作成後は、翌月から毎月1回4時間の訪問で、計画の進捗に対するコンサルティングと月1回のウェブ会議システムにより、進捗確認の会議によるコンサルティング契約を締結し、基本3年契約で1年ごとの自動更新という形をとった。

これまで、簡単な売上目標しか立てていなかったような状況であったため、SWOT 分析に取り組むことについて、当初は正直負担を感じた。他社との比較でどの程度の精度で分析できているか不安もあったが、検討を優先すべき部分とそうでなはない部分についてコンサルタントからアドバイスをもらったことにより、比較的早期に「強み」の把握と取り組むべき分野が見えてきた。これだけでも SWOT 分析に取り組んだ価値があった。

具体的なアクションを数値化していくことはこれまでほとんど行ってこなかったため、曖昧な根拠のままで仮り置きしたような部分もあった。それでもともかく数値に落としていくことで行動が促進されることの威力を実感した。

計画作成の過程で、今後の会計処理の適正化についてアドバイスを受けることができたのもよかった。

# ■ SWOT クロス分析　記入用シート（D 建設リース）

| 参加者 | | 社長 |
|---|---|---|

## 企業の概要

| | | |
|---|---|---|
| 1 | 売上 | 10 億円 |
| 2 | 従業員数 | 45 名（パート含む） |
| 3 | 業種 | 建設工事設備のリース及び部品販売 |
| 4 | SWOT 分析参加者 | 社長、副社長、常務の計 3 名とコンサルタント |
| 5 | SWOT 分析所要時間 | 15 時間 |
| 6 | SWOT 分析の目的 | ①赤字経営から脱却し、売上アップを図りたい<br>②二代目社長時代の経営の安定化<br>③家業から企業への脱皮 |

### 強み（S）・・・（ターゲットがない場合は

| | |
|---|---|
| ① | 土木技術の工法協会など、専属設備メンテナンスやがいるから、技術提案力がある |
| ② | 設備メンテナンス方法の標準化や、受発注管理・たノウハウを持っているので、顧客別に管理システ |
| ③ | 技術や現場の状況をヒヤリングして、建設リース案を行えるようにするノウハウを持っている |
| ④ | 通常のリース会社と違い、建設機械の使用現場に密案、共同開発を行うノウハウがある（共同開発は 10 |
| ⑤ | 施工性の改善や工事スピードアップのツール紹介や、カイゼンカタログがある） |
| ⑥ | 遊休ヤードもあり、内部留保が大きく、借入依存も |
| ⑦ | 現場にロボット、IT などの先進機材があることで、いるので、人手不足はない |
| ⑧ | 資格別に資格取得を支援できる専門技術者とプロた離職も少ない |

| | 機会（O） | | | 組合せ番号（例〈2〉-A | 【積極戦略】<br>自社の強みを活かして、さらに伸ばしていく対策。または積極的に投資や人材配置して他社との競合で優位に立つ戦略 |
|---|---|---|---|---|---|
| 外部環境 | 市場・顧客 | 〈1〉 | 建設業界は土木系と建築系に分かれて、多くの技術工法協会が誕生しているので、新たなリース機械のニーズが増えている | 〈1〉-A | 建築修繕工事だけでなく、土木分野のインフラ整備工事の専用車両及び検査機器のリースとメンテナンスの受注拡大（そのためのヤード確保や機材ごとのメンテ機材の開発と調達） |
| | | 〈2〉 | 建設業界は人手不足であり、業務の効率化、自動化の必要性があり、IT化、機械化のニーズがより高まっている | | |
| | | 〈3〉 | 建設リース業界は新工法のリース品開発はできないが、開発機能を持っているリース会社だと、新技術とタイアップした機材を開発できる | 〈2〉-BC | 土木技術協会へのリース品のメンテナンスだけでなく、各工法のオリジナル部品を開発したものをリース（例：簡易品質検査機の開発） |
| | | 〈4〉 | 土木は道路、橋梁、上下水道などメンテナンスの時代だから、メンテナンス用のリース機械が必要となる | | |
| | | 〈5〉 | 建設会社数は減少傾向が加速しているが（事業承継に難）、建設需要は伸びているから、リース会社への発注数量が今後増える | 〈7〉-G | 協会と連携してオリジナル開発した資材管理システムをリース受注（建設会社向けに資材管理ソフトのリース） |
| | | 〈6〉 | 若者の建設業離れが加速しているので、建設業向けの採用支援のビジネスができれば、その売上が期待できる | | |
| | | 〈7〉 | 地価高騰により、低価格のヤードがあれば建設会社は喜んで賃貸契約する | 技術者・資格者育成の代行ビジネス（建設資格サポート）を展開する　（＊助成金活用で半額負担） | |
| | | 〈8〉 | 建設資格の取得者が減少傾向だから（経験年数等と専門性が必要）、資格取得のサポートビジネスをすれば売上増が可能になる | | |
| | 経済環境 | | | 〈3〉〈4〉-EH | 遊休ヤード（300 坪）を整備し、建設会社の資材置き場として近隣相場よりも低価格で賃貸 |

| | 脅威（T） | | | 左記の状態で、今のまま具体的な手を打たない場合、どれくらいマイナスになるか概算数値や%を記入する | 組合せ番号（例②-A) | 【差別化戦略】<br>自社の強みを活かして、脅威をチャンスに変えるには何をどうすべきか |
|---|---|---|---|---|---|---|
| 市場・顧客 | | 〈1〉 | 東京オリンピック後に景気後退の可能性があり、建設業はダメージを受ける | | ①-A | 顧客に資材管理やメンテナンス方法などの IT 化や AI 化の提案を行い、受託事業として長期受注を図る |
| | | 〈2〉 | 円安になれば、海外人材採用のコストが上がり、採用費のコストアップが必要になる | | | |
| | | 〈3〉 | 既存分野のみで経営すればジリ貧が見えている。成長分野にシフトしないと未来がない | | | |
| | | 〈4〉 | 発注量は増えても、値下げ圧力が強く、建設全体のコストダウンが景気後退後に加速する | | | |
| | | 〈5〉 | 建設人材が圧倒的に不足している | | | |
| | | 〈6〉 | 必要な資格者の絶対数が不足。既資格者が退職している。また現場ごとの資格者が要求され、さらに絶対数が不足している | | | |
| 競合 | | 〈7〉 | リース会社の競合が激しく、一般的なリース品はますます価格が下がっている（特殊なリース品、進化したリース品は下がらない） | | | |

| | 副社長 | | 常務 | | |
|---|---|---|---|---|---|
| | | | | | |

| 内部要因 | | | | | |
|---|---|---|---|---|---|

| ターゲットと比較して<br>一般的な発注者ニーズをベースに) | | 弱み（W）…ターゲットと比較して<br>（ターゲットがない場合は一般的な発注者ニーズをベースに） | | | |
|---|---|---|---|---|---|
| リース事業を展開できる「開発人材」 | ① | 開発人材が1名しかおらず、高齢化しているが後継者がいない | | | |
| 修理履歴管理などをAIやITを活用しムの受注ができる | ② | 営業部隊がいない。また営業ノウハウがないので、土木会社や工法協会に積極的に営業できない | | | |
| の専門家として修繕案や機械選定の提 | ③ | 関西圏にしかヤードがないため、それ以外の地域の顧客対応ができない | | | |
| 着することで、土木機器やツールの提件の実績がある） | ④ | Webマーケティングの担当、教育プログラムの仕組みをつくる担当や専門知識が不足 | | | |
| リース依頼手配の仕組みがある（D社 | ⑤ | | | | |
| 少なく、投資力も備えている | ⑥ | 対象機材が限定的で、急に新しい機材のメンテナンスはやりにくく、できても時間がかかる。数が少ないとコストアップ | | | |
| 若い人材が魅力を感じて入社してきて | ⑦ | | | | |
| グラムがあり、技術が早期に育ち、ま | ⑧ | | | | |

| 左記対策を実施した場合の概算数値（件数増減、売上増減、経費増減、利益改善、%増減等） | 組合せ番号（例〈2〉-b） | 【改善戦略】<br>自社の弱みを克服して、事業機会やチャンスの波に乗るには何をどうすべきか | | 左記対策を実施した場合の概算数値（件数増減、売上増減、経費増減、利益改善、%増減等） | |
|---|---|---|---|---|---|
| 20万円×10件／月×12か月＝2,400万円／年（売上アップ） | 〈1〉-e | 3年以内に開発人材を育成して、今後の顧客との共同開発業務が担当できるようにする | | 500万円×3年＝1,500万円（コスト） | |
| 10万円×3件／月×12か月×協会加盟者数50社＝1億8,000万円（売上アップ） | 〈5〉-ad | | | | |
| 3万円×12か月×協会加盟者数50社＝1,800万円／年（売上アップ） | 〈6〉-b | | | | |
| 100万円／年×3人／社×協会加盟者数50社＝1億5,000万円／年（売上アップ） | | | | | |
| 5万円×12か月×5年＝300万円 | 〈4〉〈8〉-g | | | | |
| 左記対策を実施した場合の概算数値（件数増減、売上増減、経費増減、利益改善、%増減等） | 組合せ番号（例②-b） | 【致命傷回避・撤退縮小戦略】<br>自社の弱みが致命傷にならないようにするにはどうすべきか。またはこれ以上傷口を広げないために撤退縮小する対策は何か | | 左記対策を実施した場合の概算数値（件数増減、売上増減、経費増減、利益改善、%増減等） | |
| 100万円×10社×12か月＝1億2,000万円／年 | 〈5〉-fg | 一般的な土木工事の建設機材リースの利益率が見込めない受注は回避する（Cランク客から実施） | | 売上減金額 | |
| | | 新技術だがニーズが少ない工事技術のリース品の開発をやめる（投資コストがかさむが回収ができない）。またはリサーチを徹底して「可否判断システム」をつくる | | 開発コストの減 | |
| | | | | | |
| | | | | | |

## ■ SWOT・クロス分析後の「実現可能性のある抜本対策」体系図

※「クロス分析の戦略と具体策」は、優先順位付けされた「クロス分析
※「3か年中期方針及び実施戦略」は、クロス分析の各ゾーンで捻出された
※「3か年中期ビジョン」は、中央の各種戦略を実施した結果、「大きな数

| 短期 or 中期 | 優先順位 | クロス分析の戦略と具体策 |
|---|---|---|
| 1か年で結果を出す優先度の高い【短期実行対策】 | 1 | 建築修繕工事だけでなく、土木分野のインフラ整備工事の専用車両及び検査機器のリースとメンテナンスの受注拡大（そのためのヤード確保や機材ごとのメンテ機材の開発と調達） |
| | 2 | 土木技術協会へのリース品のメンテナンスだけでなく、各工法のオリジナル部品を開発したものをリース（例：簡易品質検査機の開発） |
| | 3 | 協会と連携してオリジナル開発した資材管理システムをリース受注（建設会社向けに資材管理ソフトのリース） |
| | 4 | 技術者・資格者育成の代行ビジネス（建設資格取得サポート）を展開する （＊助成金活用で半額負担） |
| | 5 | 遊休ヤード（300坪）を整備し、建設会社の資材置き場として近隣相場よりも低価格で賃貸 |
| | 6 | |
| | 7 | |
| | 8 | |
| | 9 | |
| | 10 | |
| 3か年で結果を出すための優先度の高い【中期戦略と仕掛け対策】 | 1 | 新規遊休土地拡大のための探索と交渉（関西圏内中心） |
| | 2 | |
| | 3 | |
| | 4 | |
| | 5 | |
| | 6 | |
| | 7 | |
| | 8 | |
| | 9 | |
| | 10 | |

会社名（D 建設リース）

## 短期実行対策及び3か年中期方針及び実施戦略（1～3か年で構築する「商材」「顧客」「コスト」「組織改革」）

| 分類 | No | 内容 |
|---|---|---|
| 既存商品強化の方針・戦略・新商品開発・開拓 | 1 | 営業マンの育成 |
| | 2 | 開発人材育成 |
| | 3 | 既存メンテナンス事業の自動化や機械化推進 |
| | 4 | |
| | 5 | |
| エリア新規開拓、新チャネル・既存顧客強化の方針と戦略 | 1 | 土木分野 NETIS に登録している技術企業のリストアップ及び提案営業 |
| | 2 | 関西以外にある本社企業の営業訪問　東京、愛知、福岡 |
| | 3 | |
| | 4 | |
| | 5 | |
| コスト改革（原価・固定費他）・品質向上の方針と戦略 | 1 | 共同開発した設備機器の売却処分 |
| | 2 | 既存メンテナンス業務の自動化や機械化によるコストダウン |
| | 3 | 業務提携終了企業との設備機器の精算 |
| | 4 | 有休土地に放置している設備機器の整理と処分 |
| | 5 | |
| 組織改革・企業体制・その他の方針と戦略 | 1 | 営業マン2人体制構築 |
| | 2 | 開発人材の育成（後継者育成） |
| | 3 | |
| | 4 | |
| | 5 | |

## 3か年中期ビジョン（実抜計画の目標値）（勝ち残るための必須条件でも可）

| 分類 | 内容 |
|---|---|
| 構造改革する項目と指標（中期戦略目標） | 2021 年までに既存リース業務以外の共同開発事業で年間売上3億円を目指す |
| | 2021 年までに共同開発及び技術提携事業を5社開拓する |
| | 営業マンを2名体制とし（西日本と東日本）、年間300社訪問 |
| 売上（商材・顧客・新規対策に関連する目標） | NETIS 登録企業から新規受注年間3社 |
| | 土木分野の技術工法協会から年間2社技術提携 |
| | 有休土地活用受注年間3社 |
| 利益・業務品質・組織に関連する目標 | 2021 年までに共同事業売上3億円 |
| | 2021 年までに営業利益1億円目指す |
| その他 | |

# ■ 3か年中期経営計画（2019〜2021年）（D 建設リース）

| 中期ビジョン【開発】 | 新設の工法協会本部と技術提携による設<br>遊休土地リースによる資材設備管理の事 |
|---|---|
| 中期ビジョン【構造】 | 資材管理システムをリース（建設会社向 |

| | 2019 年 | | |
|---|---|---|---|
| 総売上 | 1,103,000 | | |
| 土木部門リース | 257,000 | 比率 | 23% |
| 建築部門リース | 198,000 | 〃 | 18% |
| 土木部門修理 | 435,000 | 〃 | 39% |
| 資材販売 | 153,000 | 〃 | 14% |
| その他 | 60,000 | 〃 | 5% |
| 粗利益 | 661,000 | | |
| 粗利益率（%） | 59.9% | | |
| 経常利益 | − 38,900 | | |
| 経常利益率（%） | − 3.5% | | |
| 従業員数（人） | 45 人 | | |
| 労働分配率（%） | | | |
| 原材料比率（%） | | | |
| ○○率（%） | | | |
| 市場の動き・予測（自社に関係する競合環境、景気先行き、盛衰分野等） | 2020 年以降、東京オリンピック及び消費税増税などによる<br>建設土木分野の建設機材リースは工事発注量減少とともに | | |
| ポジショニングまたはシェア（業界、地域での位置づけ、強みの出し方、商材別シェア等） | 建設リース会社としては異例の開発提案型リースを行う<br>IT 化や AI 化を提案して、機材やメンテナンス方法などを<br>遊休土地をリースして資材設備管理の事業を行う | | |
| 商品戦略（伸ばす商材、減らす商材、新たな商材、マーケティング展開等） | 新しく設立する工法協会本部との技術提携による設備機器<br>IT 化や AI 化を提案して、機材やメンテナンス方法など共同<br>遊休土地をリースして資材設備管理事業 | | |
| 顧客戦略（顧客開拓、CS、囲い込み、新チャネル等） | 建設土木分野では、NETIS に新技術開発の登録がされる場<br>中規模以上の土木会社は継続的な技術開発が可能であり、<br> | | |
| 組織体制（非正社比率、後継者、独算制、分社、グループ体制、新組織等） | 営業マンが提案型営業ができるように社内教育の実施<br>開発事業の後継者がいないので、人材を育成する<br> | | |
| 設備・投資戦略（出店、機械投資、ノウハウ投資等） | 共同開発提携時に顧客ごとの設備投資や開発投資を行う<br> <br> | | |
| 部門戦略（営業部、管理、生産、店舗等の個別方針を記す） | リース事業部は営業 2 名体制を今年度中に構築<br> <br> | | |

備機器開発及び IT 化や AI 化を提案して、機材やメンテナンス方法などを共同開発してリース事業化。
業化.

けの資材管理ソフトのリース）の運用

（単位：千円）

| 2020 年 | | | 2021 年 | | |
|---|---|---|---|---|---|
| 1,135,000 | | | 1,287,000 | | |
| 260,000 | 比率 | 34% | 280,000 | 比率 | 35% |
| 180,000 | 〃 | 24% | 180,000 | 〃 | 23% |
| 420,000 | 〃 | 55% | 450,000 | 〃 | 57% |
| 170,000 | 〃 | 22% | 180,000 | 〃 | 23% |
| 105,000 | 〃 | 14% | 197,000 | 〃 | 25% |
| 710,000 | | | 742,000 | | |
| 62.6% | | | 57.7% | | |
| 14,900 | | | 29,950 | | |
| 1.3% | | | 2.3% | | |
| 50 人 | | | 50 人 | | |
| | | | | | |
| | | | | | |
| | | | | | |
| 建設業の景気後退の動き | | | | | |
| 減少傾向 | | | さらに低価格化とサービス低下、業者減少が予想される | | |
| | | | | | |
| 共同開発する | | | | | |
| | | | | | |
| 開発及びリース事業 | | | | | |
| 開発及びリース事業 | | | | | |
| | | | | | |
| 合が多く、開発型の企業として技術提携などの提案営業を行う | | | | | |
| 一度顧客になると複数の共同開発が可能になるため、顧客満足度を高め継続受注を狙う | | | | | |

■クロス分析の「戦略」「具体策」を反映した【具体策連動型中期収支計画表】 ※新規事業関連のみ抜粋

| 科目 | 部門 | 商品または顧客 | 昨年実績 | 今期（2019）年予想 | 2020 年度 | 2021 年度 | 2022 年度 |
|---|---|---|---|---|---|---|---|
| 売上 | （運送）部門 | 土木部門リース | 295,420 | 257,000 | 260,000 | 280,000 | 300,000 |
| | | 建築部門リース | 201,578 | 198,000 | 180,000 | 180,000 | 180,000 |
| | | 土木部門修理 | 485,743 | 435,000 | 420,000 | 450,000 | 480,000 |
| | | 資材販売 | 125,754 | 153,000 | 170,000 | 180,000 | 200,000 |
| | | | | | | | |
| | | | | | | | |
| | | | | | | | |
| | | 既存売上合計 | 1,108,495 | 1,043,000 | 1,030,000 | 1,090,000 | 1,160,000 |
| | 新企画商品等の新戦略売上 | 技術者教育代行サービス | 0 | 12,000 | 30,000 | 60,000 | 100,000 |
| | | 土木機材の開発リース | 12,452 | 34,000 | 50,000 | 90,000 | 120,000 |
| | | 機材管理システム販売リース | 5,124 | 11,000 | 20,000 | 40,000 | 70,000 |
| | | 有休ヤードリース | 954 | 3,000 | 5,000 | 7,000 | 10,000 |
| | | | | | | | |
| | | 新規売上合計 | 18,530 | 60,000 | 105,000 | 197,000 | 300,000 |
| | | 総売上 | 1,127,025 | 1,103,000 | 1,135,000 | 1,287,000 | 1,460,000 |
| 原価 | | 仕入 | 395,752 | 381,000 | 370,000 | 480,000 | 520,000 |
| | | | | | | | |
| | | 運送外注費 | 72,451 | 61,000 | 55,000 | 65,000 | 68,000 |
| | | | | | | | |
| | | 原価計 | 468,203 | 442,000 | 425,000 | 545,000 | 588,000 |
| | | 粗利 | 658,822 | 661,000 | 710,000 | 742,000 | 872,000 |
| | | 平均粗利率 | 58.5% | 59.9% | 62.6% | 57.7% | 59.7% |
| 販売費及び一般管理費 | | 役員報酬（法定福利・福利厚生込） | 30,000 | 30,000 | 30,000 | 30,000 | 30,000 |
| | | 人件費（法定福利・福利厚生込） | 215,754 | 248,000 | 265,000 | 290,000 | 320,000 |
| | | 雑給 | | | | | |
| | | 機材設備購入費 | 187,542 | 182,000 | 160,000 | 140,000 | 140,000 |
| | | 機材設備保守費 | 148,962 | 151,000 | 140,000 | 135,000 | 150,000 |
| | | 販促広告費 | 546 | 1,000 | 1,200 | 1,500 | 1,800 |
| | | 地代家賃（ヤード） | 465 | 700 | 800 | 900 | 1,000 |
| | | 水道光熱費 | 241 | 300 | 300 | 350 | 400 |
| | | 減価償却費 | 4,525 | 48,000 | 50,000 | 60,000 | 60,000 |
| | | 通信交通費 | 342 | 500 | 1,000 | 1,200 | 1,500 |
| | | 自動車費 | 3,014 | 4,000 | 5,000 | 5,000 | 5,000 |
| | | 旅費交通費 | 2,995 | 4,500 | 6,000 | 7,000 | 8,000 |
| | | システム経費 | 21,054 | 25,000 | 30,000 | 35,000 | 40,000 |
| | | 雑費 | 650 | 700 | 1,000 | 1,200 | 1,500 |
| | | その他経費 | 121 | 200 | 300 | 400 | 500 |
| | | | | | | | |
| | | 販売費及び一般管理費合計 | 616,211 | 695,900 | 690,600 | 707,550 | 759,700 |
| | | 営業利益 | 42,611 | － 34,900 | 19,400 | 34,450 | 112,300 |
| 営業外 | | 営業外収益 | | | | | |
| | | 営業外支出 | 3,452 | 4,000 | 4,500 | 4,500 | 4,500 |
| | | 経常利益 | 39,159 | － 38,900 | 14,900 | 29,950 | 107,800 |

| | | 戦略での概算数値（売上・原価・経費）整理 | |
|---|---|---|---|
| | | クロス分析の戦略と具体策から捻出される売上概況・内容<br>（新商材・新規チャネル等の売上増や、既存商材の売上減等） | 新たに増減する売上高 |
| 〈1〉 | 機材リース | 建築修繕工事だけでなく、土木分野のインフラ整備工事の専用車両及び検査機器のリースとメンテナンスの受注拡大（そのためのヤード確保や機材ごとのメンテ機材の開発と調達） | 20万円×10件×12か月＝2,400万円／年（売上アップ） |
| 〈2〉 | 開発リース | 土木技術協会へのリース品のメンテナンスだけでなく、各工法のオリジナル部品を開発したものをリース（例：簡易品質検査機の開発） | 10万円×3件×12か月×協会加盟者数50社＝1億8,000万円（売上アップ） |
| 〈3〉 | 機材管理システム | 協会と連携してオリジナ開発した機材管理システムをリース受注（建設会社向けに資材管理ソフトのリース） | 3万円×12か月×協会加盟者数50社＝1,800万円／年（売上アップ） |
| 〈4〉 | 教育代行 | 技術者・資格者育成の代行ビジネス（建設資格サポート）を展開する（※助成金活用で半額負担） | 100万円×3人×協会加盟者数50社＝1億5,000万円／年（売上アップ） |
| 〈5〉 | ヤードリース | 遊休ヤード（300坪）を整備し、建設会社の資材置き場として近隣相場よりも低価格で賃貸 | 5万円×12か月×5年＝300万円 |
| 〈6〉 | | | |
| 〈7〉 | | | |
| | | クロス分析の戦略と具体策に該当する仕入、または粗利に関する概況・内容<br>（新商材・新規チャネル等で発生する原価や仕入、既存商材の売上ダウンに伴う仕入減、または粗利率の変動も含む） | 新たに増減する原価・仕入 |
| 〈1〉 | 仕入 | 機材を複数台同時購入して、価格を下げる | 通常、A建機単体購入で500万円／台するが、BC建機と同時購入で平均単価80万円の削減 |
| 〈2〉 | 運送外注費 | 燃料代の高騰、運転手不足で配車先の単価が上昇 | 昨年比5％はアップすると仮定 |
| | | クロス分析の戦略と具体策に該当する経費支出・削減の科目と概況及び内容<br>（新対策で新たに発生する経費も含む） | 新たに増減する経費 |
| 〈1〉 | 開発費 | 土木技術の共同開発費 | 2,000万円〜／年 |
| 〈2〉 | 営業 | 営業人材 | 500万円／年×2名＝1,000万円／年 |
| 〈3〉 | 営業 | 営業マン2名採用の教育費 | 6か月の研修期間として2名×42万円×6か月間＝500万円 |
| 〈4〉 | | | |
| 〈5〉 | | | |
| 〈6〉 | | | |
| 〈7〉 | | | |
| 〈8〉 | | | |

■ 2019 年度　今期の経営方針・スローガン及び重点具体策　会社名（D 建設リース）

I　今期の経営スローガン

（目指したい姿の一言集約「〜しよう」）

> ノウハウを見える化して　新サービスを創ろう！

III　今期の重点具体策と年間スケジュール

| 重点具体策 | | 重点具体策を実行するために必要な準備、段取り、詳細内容（具体的に行動内容が見えるような表現。いつまでに、だれが、どのように、と固有名詞で表現できる具体的な行動項目） | 誰が行う、または担当部門 | いつまでに形にする | |
|---|---|---|---|---|---|
| 1 | 建築修繕工事だけでなく、土木分野のインフラ整備工事の専用車両及び検査機器のリースとメンテナンスの受注拡大（そのためのヤード確保や機材ごとのメンテ機材の開発と調達） | 具体的対象企業のリストアップ | 新営業 | 2019 年 3月〜 | 予定 |
| | | 各企業の過去の開発技術のリスト化 | 常務 | 2019 年 4月〜 | |
| | | 訪問の優先順位の決定 | 社長 | 2019 年 5月〜 | 結果 |
| 2 | 土木技術協会へのリース品のメンテナンスだけでなく、各工法のオリジナル部品を開発したものをリース（例：簡易品質検査機の開発） | 土木系技術協会のリスト化 | 新営業 | 2019 年 3月〜 | 予定 |
| | | 自社が連携できる事業の絞り込み | 常務 | 2019 年 4月〜 | |
| | | 絞り込んだ先別の提案資料の作成 | 社長 | 2019 年 5月〜 | 結果 |
| 3 | 協会と連携してオリジナル開発した資材管理システムをリース受注（建設会社向けに資材管理ソフトのリース） | 土木協会リストの作成 | 新営業 | 2019 年 3月〜 | 予定 |
| | | 各工法技術の機材リストの作成 | 新営業 | 2019 年 4月〜 | |
| | | 各協会への管理ステムの適合性の確認と提案資料の作成 | 常務 | 2019 年 5月〜 | 結果 |
| 4 | 技術者・資格者育成の代行ビジネス（建設資格サポート）を展開する　（※助成金活用で半額負担） | 技術者不足と資格者育成アンケートの作成 | 新営業 | 2019 年 3月〜 | 予定 |
| | | アンケート結果回収と統計分析で対策検討 | 常務 | 2019 年 4月〜 | |
| | | 具体的資格者育成プログラムの作成 | 社長 | 2019 年 5月〜 | 結果 |
| 5 | 遊休ヤード（300 坪）を整備し、建設会社の資材置き場として近隣相場よりも低価格で賃貸 | 遊休ヤードの整理整頓 | 副社長 | 2019 年 3月〜 | 予定 |
| | | 遊休ヤードの拡大交渉 | 副社長 | 2019 年 4月〜 | |
| | | 遊休ヤードの運用規定及び価格設定と提案資料の作成 | 社長 | 2019 年 5月〜 | |

## II 今期の経営方針

(今期実現したい経営の姿。反省と中期ビジョンを参考に)

| | |
|---|---|
| 1 | 土木分野で共同開発によるリース売上１億円拡大 |
| 2 | 土木系技術協会と連携したリース品開発による売上１億円拡大 |
| 3 | 機材リース管理システムのリースによる売上 7,000 万円 |
| 4 | 建設技術者教育代行サービスにより５年後に売上１億 5,000 万円 |
| 5 | 遊休ヤードのリースにより３年後までに売上 1,000 万円に拡大 |
| 6 | |
| 7 | |

| 第１四半期中にどこまで進める（チェックできる具体的な予定、おおよその月度も入れる） | 第２四半期中にどこまで進める（チェックできる具体的な予定、おおよその月度も入れる） | 第３四半期中にどこまで進める（チェックできる具体的な予定、おおよその月度も入れる） | 第４四半期中にどこまで進める（チェックできる具体的な予定、おおよその月度も入れる） |
|---|---|---|---|
| 2019 年 4 月〜6 月 | 2019 年 7 月〜9 月 | 2019 年 10 月〜12 月 | 2020 年 1 月〜3 月 |
| ●企業リストアップと各企業の開発技術のリスト化<br>● 2019 年 5 月開発会議で報告 | ●訪問先優先順位のリストの作成<br>● 2019 年 8 月開発会議で報告 | ●訪問先リストに基づき訪問開始<br>● 2019 年 11 月営業会議で報告 | ●訪問先リスト継続訪問<br>● 2020 年 2 月営業会議で報告 |
| | | | |
| ●土木系技術協会のリスト化<br>● 2019 年 5 月開発会議で報告 | ●自社の連携事業の絞り込み<br>● 2019 年 8 月開発会議で報告 | ●訪問先リストに基づき訪問開始<br>● 2019 年 11 月営業会議で報告 | ●訪問先リスト継続訪問<br>● 2020 年 2 月営業会議で報告 |
| | | | |
| ●土木協会リスト化<br>● 2019 年 5 月開発会議で報告 | ●各工法技術機材リストの作成<br>● 2019 年 8 月開発会議で報告 | ●訪問先リストに基づき訪問開始<br>● 2019 年 11 月営業会議で報告 | ●訪問先リスト継続訪問<br>● 2020 年 2 月営業会議で報告 |
| | | | |
| ●アンケート作成<br>● 2019 年 5 月開発会議で報告 | ●アンケート回収結果まとめ<br>● 2019 年 8 月開発会議で報告 | ●訪問先リストに基づき訪問開始<br>● 2019 年 11 月営業会議で報告 | ●訪問先リスト継続訪問<br>● 2020 年 2 月営業会議で報告 |
| | | | |
| ●遊休ヤードの整理整頓<br>● 2019 年 5 月の経営会議で報告 | ●遊休ヤード交渉結果まとめ<br>● 2019 年 8 月経営会議で報告 | ●遊休ヤード運用規定ほか作成<br>● 2019 年 11 月経営会議で報告 | ●遊休ヤード営業先リストの作成<br>● 2020 年 2 月経営会議で報告 |
| | | | |

# 7 機械加工業

## 1. 会社概要

①社名：Ｆ機械加工（東大阪市）

②業種及び取扱商品

　精密金属加工業（溶接をメインとする）

③売上・従業員数

　売上高3億5,000万円、従業員数18人（パート含む）

④経営概要

　Ｆ社は大阪府・東大阪市で50年にわたり金属加工・機械加工（切削および溶接）を営んでいる。

　社歴が長いことから、商社や元請企業との関係は良好であるが、長年赤字経営（よくても収支トントン）に苦しんできた。金融機関からの借入は多くはないものの、明確な経営戦略はなく、経営計画書を作成したこともなかった。

## 2. SWOT分析を行った経緯

### ①抱えている経営課題

　当該企業を担当している生命保険営業マンからの紹介で、経営改善の相談依頼を受けた。経営改善の理由は、社長自身が長年赤字経営に苦しんできた原因を明確に把握しておらず、何から手を付けたらいいかわからないという状況に陥っていた。

　「何から手を付けたらいいかわからない」と社長が言うのには納得できる理由があった。

　現場では、職人の士気が低く、大量の不良を出すなど、基本的な機械加工業務のレベルが維持できていない状況であった。また、営業面でも、高い品質を求められる仕事は避けてきたため、雑な仕事でも許されてきたという経緯があった。

　社長の営業力と取引先との安定的な関係性から、今までは資金繰りに困ることがなかった。それゆえに経営計画書を作成することもなかった。つまり、「経営

課題を明確にしていない」こと自体が経営課題であった。

② SWOT 分析を行った理由

面談の中で、社長から「自社の課題を洗い出して見える化したい」との要望があり、そこで SWOT 分析を提案したところ、その有効性を理解していただき、「ぜひやりたい」となった。

当該企業は経営計画書を作成したことがなかったことから、SWOT 分析の必要性および、経営計画書の作成にとどまるのではなくアクションプランまで作成することで、具体的な経営改善につながることを理解していただいた。

## 3. 参加者の概要

参加者は社長、総務部長、コンサルタントの計 3 名で実施した。

長年、社長が 1 人で経営の決定をしてきたため、総務部長は「我関せず」という雰囲気が最初から感じられた。

## 4. SWOT 分析・経営計画の検討時間

- SWOT 分析検討会は、1 回目 2 時間、2 回目 2 時間で計 4 時間を費やした。
- 経営計画書とアクションプランは、2 時間会議 2 回で計 4 時間で行った。

## 5. 検討会の運営

- 事前準備：事前に、社長と総務部長に「SWOT 分析動機付け DVD」を視聴してもらった。
- 場所等：本社事務所において、事務所に設置していたディスプレイにコンサルタントの PC をつなぎ、全員が同じ画面を見られるように準備した。その場にいる全員が入力内容を確認しつつ進めた。
- 進め方：検討会は、SWOT 分析当日までに各自が作成した「機会」と「強み」をデータで提出しておいてもらい、それらをプリントアウトして各自が持ち寄った。

## 6. SWOT 分析検討中の状況

【機会】としては、次のような意見が出た。

- 既存顧客から、部品の一括発注をしたいというニーズがある。
- 自社の強み・対応可能な加工について、動画を使って自社の強みを PR し

> ている競合他社がまだまだ少ないこともあり、動画で認知度アップを図れば、大企業からの問い合わせ・受注につながる可能性がある。

「機会」の検討時には、社長と総務部長双方から、製造業の業界全体の今後の景気についてネガティブな意見が出た。精密な機械加工や難しい溶接作業はできないことから、「この仕事は、単価は上げられない」という意見は、社長も総務部長も一致していた。

ただ、顧客のニーズについてヒアリングした際に、社長から「ワンストップで材料仕入・加工・仕上げ・メッキまでできると喜ばれる」という発言があった。そこで、コンサルタントから「御社の場合、『難しい仕事ができる』という方向ではなく、少なくとも現時点では『顧客にとっての利便性』なら、自社の強みが活かせるのでは？」という示唆を与えた。

すると、社長からも総務部長からも積極的に意見が出るようになった。「これならいける」というふうに、自社のUSPの軸が固まったようだった。「強み」の検討時にもこの話が引き継がれた。

【強み】としては、以下の事項が挙げられた。

> ● 外注先が種類・規模ともに確保できていることから、多様なニーズに対して短納期対応が可能である。

「強み」を検討する際は、先に検討した「機会」のうち、加工の精密さで顧客満足を目指す方向ではなく、ワンストップやスピード対応など、顧客にとっての利便性をアップする方向でいくという軸がぶれないよう気をつけた。この観点から自社の「強み」を細かく文書化していった。

## 7. SWOT分析検討時の参加者の反応と変化

SWOT分析検討時は、事前に準備してもらった「機会」「強み」「弱み」「脅威」について各自意見を出し合うだけになった。意見を出し合った後、「だから何？」という雰囲気になり、特に「弱み」について話している時間は、SWOT分析の目的自体を忘れて雑談になっていた。

そこで、コンサルタントがまずは「機会」と「強み」に絞って意見を出してもらうよう誘導することで、一転して積極的な雰囲気になっていった。

コンサルタントが「ある機会」と「ある強み」を掛け合わせた【クロス分析】の実例を、他社事例を紹介することで円滑に進むという実感を得た。

## 8. SWOTクロス分析での各種戦略と参加者の反応

クロス分析では、自社の「強み」を「機会」にかけ合わせていき、【積極戦略】として言語化していった。積極戦略については、社長が個別の戦略を好きなように話す時間が長くあった。だが、当初は軸のようなものがなく、「流行りのマーケティングノウハウ」のような議論で終わってしまった。

製造業では、精密で複雑な加工ができることが顧客満足につながることが多いが、顧客にとっての満足度はそれだけではない。たとえ精密な加工ができなくても、「利便性」の高さも顧客満足につながることが明らかになった。

つまり、F社に発注しておけば、例えば、材料の購入から粗加工、穴あけ、溶接、精密機械加工、検査までして納品してくれる（ワンストップ）。これができれば、発注者からすると非常に便利で楽になる。本来なら発注者自身がそれぞれの業者を探す必要があるが手間が大幅に省ける。このことによって、実際に受注単価が高くなることがよくあるとのことであった。それ以後検討会では、これを「ワンストップ・ショッピング」と呼ぶことにした。

このようにワンストップ・ショッピングによる顧客の利便性追求による付加価値の向上という基本戦略が決まってからは、その他の細かい戦略はスムーズに意見が出るようになった。このあたりになると、個別の積極戦略だけを議論していた時とは全く違い、会議自体がとてもスムーズに進むようになった。

さらに、社長は自身の意見が経営戦略として文字化されていくので、納得感を持って積極的な発言をするようになっていった。一方、総務部長は自分の仕事が増えることを嫌う発言が垣間見えたが、積極戦略の話が出たところから変化が見られた。

「会社の業績を何とか改善しなければ」という点では、根っこのところで一致していることが確認できた。クロス分析の各種戦略の話になると具体的・積極的な発言も出るようになった。

すでにリース契約による購入が決定していた切削用の精密加工機械についても、受注できる加工の精度を上げるためというよりは、よりワンストップ・ショッピングをしやすくするためという点でも議論がまとまった。

## 9．SWOT 分析から経営計画書、アクションプラン検討時の参加者の反応

　【積極戦略】の内容については、具体的な名称や数字を挙げて記入していった。「何件？」「あえて金額でいうと？」というように、具体的にヒアリングすることを心掛けた。しかし、ヒアリングした内容だけでは目標とする業績を達成することは難しいことが明らかになった。

　そこで、社長から「動画戦略」や「展示会戦略」などの戦略が提案され、総務部長が詳細を詰める流れとなり、最終的に目標とする業績に到達した。

　【収支計画】の作成時には、会計事務所担当者が作成している決算書においては製造原価報告書を作成していなかったが、社長と会計事務所担当者が打ち合わせをしたところ、改めて製造原価報告書は作成しないということに決まった。

　コンサルタントがひと手間かけて、一部製造原価報告書を補足情報として作成した。ただし、減価償却費等一部の経費については分割不能であったため、販売費及び一般管理費に機械の減価償却費が混入している点に注意する必要があった。製造原価報告書の作成については、今後は会計事務所に作成してもらうよう社長から依頼することとなった。

　【アクションプラン】の作成では、「今まで考えたことがない」（社長）とのことで、非常に時間がかかった。アクションプランの責任者といっても、社長と総務部長、それに今回の検討会には参加していないが営業担当者しかいない。

　事実上、社長がやることが増えてしまい実行できなくては意味がないので、できるだけ総務部長・営業担当者にも責任を持って担当してもらうことを詳細に決定することを促した。

## 10．SWOT 分析、経営計画書作成後の参加者の反応とその後

　最初は我関せずというような発言もあった総務部長も、具体的な戦略や対策の話には積極的になり、仕上がった「SWOT 分析結果」「経営計画書」を見て、社長と総務部長が共通言語で話ができるようになった。

　特に、経営計画として「大企業の一次下請企業に価値を提供しよう！」というような共通言語・共通目標ができたことから、具体的な戦術について議論できるようになった。

　そして、SWOT 分析を使った経営計画書を「社内でも共有しよう」という話になったが、社長が数字面はやはり出しにくいということになった。

　しかし、最終的に総務部長の意見で、「具体的な業績に関わる部分は見せずに、ポイントを絞って共有する」という結論に落ち着いた。このような意見が総務部

長から出てくるというのが、じつはこの検討会の一番の効果なのではないか。

　検討会終了後は、作成したSWOT分析と経営計画書に基づいて、弊社が毎月モニタリングする契約となった。

# ■ SWOT クロス分析　記入用シート（機械加工業 F 社）

| | 参加者 | 社長 |
|---|---|---|
| | | コンサル |

## 企業概要

| 1 | 売上 | 3 億 3,500 万円 |
|---|---|---|
| 2 | 社員数等 | 正社員 10 人、アルバイト 8 人　合計 18 人<br>2 工場 |
| 3 | テーマ（課題） | 現場の見える化・収益性の改善 |
| 4 | SWOT 分析の目的 | 「高付加価値型」二次下請（孫請）戦略の立案 |
| 5 | 経営者の期待 | 売上、粗利の向上（自社製品開発、商社機能の強化等） |
| 6 | その他 | あえて大企業との直接取引を狙わず、「高付加価値型」<br>二次下請けとして活路を見出す |

### 強み（S）…
（ターゲットがない場合は

| A | 既存の機械は減価償却による経費化やリース契約の量産対応が可能 |
|---|---|
| B | （溶接ではなく）切削のための機械加工が可能な機（リース契約） |
| C | 顧客の「ワンストップ・ショッピング」に対応可能。益を上積みしやすい（比較的高価格で販売可能であ |
| D | 外注先が豊富で、多様な加工に対応可能。規模が可能。塗装・メッキなどの周辺業務は各業務ごとに |
| E | 従業員の多能工化が進んでいる |
| F | 商社との関係が良好である（各社 40 年以上の取引） |
| G | 近隣工場を対象とした卸売・多品種対応のノウハウ |

| 外部環境 | | | 機会（O） | 組合せ番号（例〈2〉B | 【積極戦略】<br>自社の強みを活かして、さらに伸ばしていく対策。または積極的に投資や人材配置して他社との競合で優位に立つ戦略 |
|---|---|---|---|---|---|
| | 市場・顧客 | 〈1〉 | 既存顧客から、部品の一括発注をしたいというニーズがある | 〈1〉〈4〉〈7〉G | ●型遅れ商品 A を半額以下で仕入れ、新規顧客向けに特売 FAX・DM を送り、加工の新規獲得につなげる<br>●短納期で提供できる商品 B をサイズ別にリストアップし、定期的に WEB で PR ページを作成、商品別に部品名等を記載した FAX・DM を月 1 回送る |
| | | 〈2〉 | 顧客の購買部門が若い担当者に代替わりしつつあり、特に加工の知識がない購買担当者向けに、ワンストップ・ショッピングの利便性を伝えることで発注の動機となる総合カタログや社内の担当者がいれば、ワンストップでの受注が期待できる。 | | |
| | | 〈3〉 | 自社の強み・対応可能な加工について、動画により認知度アップを図るため、動画から自社ホームページに誘導し、設計・企画部門の担当者に提案活動ができれば、大企業からの問い合わせ・受注につながる可能性がある | 〈2〉CD | ●展示会に部品加工業者として出店し、見込み客（大企業の下請企業）の生産技術（設計）部門に対して、生産技術部門の問題解決（ソリューション）に焦点を当てたプレゼンテーションを行う |
| | 競合 | 〈4〉 | 顧客の工場で使う消耗品について価格訴求ができれば、まだまだ需要はある。営業力のある競合が少ないため、自社の認知度を上げることができる | 〈1〉〈2〉CD | ●ワンストップ・ショッピングの事例を掲載したアプローチブック（無料の小冊子）を作成する<br>●孔開け・溶接・塗装の 3 作業丸投げパック商品の開発<br>●インターネットの検索対策として、ワンストップ・ショッピング事例を WEB サイトに掲載する |
| | | 〈5〉 | 動画を使って自社の強みを PR している競合他社がまだ少ない | | |
| | その他 | 〈6〉 | | 〈3〉CD | ●自社の強みである「ワンストップ・ショッピング」と「対応可能な加工の種類が豊富」の 2 点に重点をおいて動画を撮影。動画につけたタイトルで検索をした動画視聴者（見込み客の設計・企画担当者など）への提案をホームページ（ソリューションページ）上で行う<br>※機密情報については撮影しない、または限定公開とする |
| | | 〈7〉 | 元請企業において、WEB を通しての資材調達が今後増えていく | | |

| 市場・顧客 | | 脅威（T） | 左記の状態で、今のまま具体的な手を打たない場合、どれくらいマイナスになるか概算数値や%を記入する | 組合せ番号（例②④ BF） | 【差別化戦略】<br>自社の強みを活かして、脅威をチャンスに変えるには何をどうすべきか |
|---|---|---|---|---|---|
| | ① | 多品種・超少量生産のニーズに応えていく必要がある | 毎年トータルの原価率が 1 ％ずつ増加 | ① G | ●社内で図面情報などを「見える化」し、多品種少量生産品への対応を機敏に行えるようにする（不定期に行われる細かい仕様変更など） |
| | ② | | | | |
| | ③ | | | | |
| | ④ | | | | |
| | ⑤ | | | | |

| | 総務部長 | | |
|---|---|---|---|
| タント | | | |

| 内部要因 | | | |
|---|---|---|---|

| ターゲットと比較して<br>一般的な発注者ニーズをベースに) | | 弱み（W）・・・ターゲットと比較して<br>（ターゲットがない場合は一般的な発注者ニーズをベースに） | |
|---|---|---|---|
| が終わったものが多いので、低価格で | a | 同業者と比較して外注を多く使うため、外注単価と納期の管理が困難 | |
| 械と、加工支援ソフトを所有している | b | 取り扱う商品、サービスについて焦点を絞りきれていない | |
| 値決めのコントロールが効くため、利り利益が見込める） | c | 売上高に占める外注費率が高い（他社より5%は高い） | |
| 大きい外注先もあるが、短納期対応が外注先を多数確保済み | d | 精密加工が可能な機械があるものの、精度の高い仕事をこなせる人員・体制がない | |
| | e | 従業員の多能工化が進んでいる反面、加工品の検査体制ができていない（検査専任者がいない） | |
| | f | ネット販売を行うにあたり、通販のノウハウが乏しい | |
| がある（低価格での仕入も可能） | g | 他社と差別化できる生産技術・加工技術に乏しい | |
| 左記対策を実施した場合の概算数値（件数増減、売上増減、経費増減、利益改善、％増減等） | 組合せ番号（例〈3〉ef | 【改善戦略】<br>自社の弱みを克服して、事業機会やチャンスの波に乗るには何をどうすべきか | 左記対策を実施した場合の概算数値（件数増減、売上増減、経費増減、利益改善、％増減等） |
| ●商品A：月10台<br>新規顧客獲得目標：年10社<br>1社あたり平均で加工受注額：年120万円増収<br>●商品B：月10台<br>新規獲得目標：年10社<br>1社あたり平均で年500万円増収 | 〈2〉e | 検査専任者を3人導入するが、多額の人件費がかかるため、検品時間と品質とのトレードオフになる。そこで、まずは検査「専任」者ではなく検査「兼任」者として、多能工化または流動化することから始める | ●年間：1500万円の人件費が必要 |
| ●1展示会あたり：<br>名刺交換枚数50枚<br>見積り検討依頼10件 | 〈3〉g | 生産設備（治具など）を独自のものとし、他社との差別化につなげるため、社内で製造・改造できる体制作りを行う | |
| ●目標：3作業丸投げパック年間5件増加<br>金額目標：年200万円 | | | |
| ●○○溶接加工を年2件獲得<br>1社からの年間受注額100万円（2件で200万円） | | | |
| 左記対策を実施した場合の概算数値（件数増減、売上増減、経費増減、利益改善、％増減等） | 組合せ番号（例③⑥CD) | 【致命傷回避・撤退縮小戦略】<br>自社の弱みが致命傷にならないようにするにはどうすべきか。またはこれ以上傷口を広げないために撤退縮小する対策は何か | 左記対策を実施した場合の概算数値（件数増減、売上増減、経費増減、利益改善、％増減等） |
| | | | |
| | | | |
| | | | |

## ■ SWOT・クロス分析後の「実現可能性のある抜本対策」体系図

※「クロス分析の戦略と具体策」は、SWOT分析クロス分析シートから転記する
※「3か年中期方針及び実施戦略」は、クロス分析の各ゾーンで捻出された方針や戦略、具体策を4カ
※「3か年中期ビジョン」は、中央の各種戦略を実施するにあたり、わかりやすい表現で「2大方針」

| 短期or中期 | 優先順位 | クロス分析の戦略と具体策 |
|---|---|---|
| 1か年で結果を出す優先度の高い【短期実行対策】 | 1 | 短納期をウリにしたWEB・FAXDM戦略 |
| | 2 | 型遅れ商品Aを半額以下で仕入れ、新規顧客向けの特売FAXDMを送り、新規獲得につなげる |
| | 3 | ワンストップ・ショッピングの事例を掲載したアプローチブック（無料小冊子）を作成する<br>孔開け・溶接・塗装の3作業丸投げパック商品の開発<br>検索対策としてワンストップショッピング事例をWEBサイトに掲載する |
| | 4 | 自社の強みである「ワンストップ・ショッピング」と「対応可能な加工の種類が豊富」という2点に重点をおいて動画を撮影。動画につけたタイトルで検索をした動画視聴者（見込み客の設計・企画担当者など）への提案をホームページ（ソリューションページ）上で行う |
| | 5 | |
| | 6 | |
| | 7 | |
| | 8 | |
| | 9 | |
| | 10 | |
| 3か年で結果を出すための優先度の高い【中期戦略と仕掛け対策】 | 1 | 検査「専任」者ではなく、検査「兼任」者を指定（人材の多能工化・流動化） |
| | 2 | 生産設備（治具など）を独自のものとし、他社との差別化につなげるため、社内で製造・改造できる体制作りを行う |
| | 3 | 社内での図面情報などの「見える化」を行い、多品種少量生産品への対応を機敏に行えるようにする（不定期に行われる細かい仕様変更など） |
| | 4 | |
| | 5 | |
| | 6 | |
| | 7 | |
| | 8 | |
| | 9 | |
| | 10 | |
| | 11 | |

カテゴリーに分類して、固有名詞で記述する
あるいは「5大方針」等でビジョンの表現にする

会社名（機械加工業 F 社）

　　　　は中期計画

| 短期実行対策及び 3 か年中期方針及び実施戦略<br>（1～3 か年で構築する「商材」「顧客」「コスト」「組織改革」） | | |
|---|---|---|
| 既存商品強化の方針・開拓・開発・新商品開発の方針と戦略 | 1 | 短納期をウリにした WEB・FAXDM 戦略 |
| | 2 | ワンストップ・ショッピング小冊子作成 |
| | 3 | |
| | 4 | |
| | 5 | |
| エリア開拓、新規開拓・新チャネル・既存顧客強化の方針と戦略 | 1 | 型遅れ商品 A を半額以下で仕入れ、新規顧客向けの特売 FAXDM を送る |
| | 2 | 動画撮影 |
| | 3 | |
| | 4 | |
| | 5 | |
| コスト改革（原価・固定費他）・品質向上の方針と戦略 | 1 | 多能工化（特に兼任の検査員） |
| | 2 | |
| | 3 | |
| | 4 | |
| | 5 | |
| 組織改革・企業体制の方針と戦略 | 1 | 検査兼任者を置く |
| | 2 | 生産設備（治具など）を独自のものとし、他社との差別化につなげるため、社内で製造・改造できる体制作りを行う |
| | 3 | |
| | 4 | |
| | 5 | |
| | 6 | |

| 3 か年中期ビジョン（実抜計画の目標値）<br>（勝ち残るための必須条件でも可） | |
|---|---|
| 中期戦略目標 | 検査部門（検査兼任担当）の設置 |
| | 作業者の多能工化 |
| | |
| | |
| 売上に関連する目標 | ワンストップ・ショッピング小冊子による売上増<br>3 作業丸投げパック　年間 5 件増加<br>金額目標年 200 万円 |
| | 動画撮影・投稿・周知 |
| | |
| 利益・経費に関する目標 | ワンストップ・ショッピング小冊子の企画制作費は 100 万円に抑える |
| | |
| 業務品質に関する目標 | 生産設備（治具など）を独自のものとし、他社との差別化につなげるため、社内で製造・改造できる体制作りを行う |
| | |
| 組織に関する目標 | 検査兼任者を置く |
| | |
| その他 | |
| | |

## ■ 3か年中期経営計画（2020 ～ 2022 年）（機械加工業 F 社）

| ビジョン・基本政策<br>（経営戦略・部門戦略） | 1 | 元請企業にとっての利便性を追求する |
|---|---|---|
| | 2 | 加工の精度よりも対応力で高付加価値化する |

| | 2020 年 | | |
|---|---|---|---|
| 総売上 | 357,000 | | |
| 定型品 | 210,000 | 比率 | 58.8% |
| スポット | 97,000 | 〃 | 27.2% |
| 商事 | 50,000 | 〃 | 14.0% |
| 粗利益 | 158,460 | | |
| 粗利益率（%） | 44.4% | | |
| 経常利益 | 5,120 | | |
| 経常利益率（%） | 1.4% | | |
| 従業員数（人） | 18 | | |
| 労働分配率（%） | 42% | | |
| 原材料比率（%） | 11.0% | | |
| （製造）外注費率（%） | 38.2% | | |
| 市場の動き・予測<br>（自社に関係する競合環境、景気先行き、盛衰の分野等および機会と脅威） | 動画を活用してエンドユーザーに直接 PR する<br>（中抜きをする競合が現れる） | | |
| 事業展開<br>（拡大、出店、進出、新規事業、M&A、提携等） | 大企業の 2 次下請企業として | | |
| 商品戦略<br>（伸ばす商材、減らす商材、新たな商材、マーケティング展開等） | 短納期をウリにした<br><br>動画撮影・ | | |
| 顧客戦略<br>（顧客開拓、CS、囲い込み、新チャネル等） | 型遅れ商品 A を半額以下で仕入れ、<br>新規獲得につなげる | | |
| 組織体制<br>（非正社比率、後継者、独算制、分社、グループ体制、新組織等） | 溶接ではなく、機械加工（マシニングセンタ）<br>担当者を指定 | | |
| 設備・投資戦略<br>（出店、機械投資、ノウハウ投資等） | 部品加工業者として展示会に出店 | | |
| 部門戦略<br>（営業部、管理、生産、店舗等の個別方針） | 検査兼任担当者を指定 | | |

| 2021 年 | | | 2022 年 | | |
|---|---|---|---|---|---|
| 372,000 | | | 387,000 | | |
| 220,000 | 比率 | 59.1% | 230,000 | 比率 | 59.4% |
| 102,000 | 〃 | 27.4% | 107,000 | 〃 | 27.6% |
| 50,000 | 〃 | 13.4% | 50,000 | 〃 | 12.9% |
| 167,800 | | | 177,900 | | |
| 45.1% | | | 46.0% | | |
| 13,610 | | | 19,310 | | |
| 3.7% | | | 5.0% | | |
| 18 | | | 19 | | |
| 40% | | | 40% | | |
| 10.8% | | | 10.8% | | |
| 37.6% | | | 37.3% | | |
| 高速大容量データ通信が可能な 5G が浸透すれば、それがきっかけとなり同業者による PR 動画が増加する | | | | | |
| | | | | | |
| 1 次下請企業へのアプローチを徹底する | | | | | |
| | | | | | |
| WEB・FAXDM 戦略 | | | | | |
| 投稿・周知 | | | | | |
| 型遅れ商品 A の仕入先模索。単価交渉を継続的に行う | | | | | |
| | | | | | |
| 機械加工担当者を育成 | | | 機械加工担当者を育成 | | |
| | | | | | |
| 展示会に毎年出店し、継続的に名刺交換とプレゼンを行う | | | 展示会に毎年出店し、継続的に名刺交換とプレゼンを行う | | |
| | | | | | |
| 検査部門を設置（兼任担当者） | | | 検査専任者を 1 人採用 | | |
| | | | | | |
| | | | | | |

**■クロス分析の「戦略」「具体策」を反映した【具体策連動型中期収支計画表】**

（単位：千円）

| 科目 | 部門 | 科目 | 2019 年度実績 | 現状推移で「脅威」を反映した場合の3年後の数値 | 2020 年度予想 | 2021 年度予想 | 2022 年度予想 |
|---|---|---|---|---|---|---|---|
| 売上 | 製造部門 | 定型品売上 | 195,414 | 195,500 | 210,000 | 220,000 | 230,000 |
| | | スポット売上 | 91,743 | 91,700 | 97,000 | 102,000 | 107,000 |
| | | （製造）部門売上合計 | 287,157 | 287,200 | 307,000 | 322,000 | 337,000 |
| | | 商事売上 | 48,189 | 48,000 | 50,000 | 50,000 | 50,000 |
| | | 売上合計 | 335,346 | 335,200 | 357,000 | 372,000 | 387,000 |
| 原価 | 製造原価（減価償却費以外） | 材料費 | 36,750 | 37,000 | 39,500 | 40,500 | 42,100 |
| | | 外注費 | 109,950 | 109,960 | 115,540 | 121,200 | 126,000 |
| | | その他 | 9,740 | 9,600 | 10,100 | 10,350 | 10,600 |
| | | 製造原価合計 | 146,700 | 146,960 | 155,040 | 161,700 | 168,100 |
| | | 商事売上原価 | 43,370 | 43,200 | 43,500 | 42,500 | 41,000 |
| | | 原価計 | 190,070 | 190,160 | 198,540 | 204,200 | 209,100 |
| 粗利 | | 製造粗利 | 140,457 | 140,240 | 151,960 | 160,300 | 168,900 |
| | | 商事粗利 | 4,819 | 4,800 | 6,500 | 7,500 | 9,000 |
| | | 粗利合計 | 145,276 | 145,040 | 158,460 | 167,800 | 177,900 |
| | | 平均粗利率 | 43.3% | 43.3% | 44.4% | 45.1% | 46.0% |
| 販売費及び一般管理費 | | 役員報酬（法定福利・福利厚生込） | 13,000 | 13,000 | 13,000 | 13,000 | 13,000 |
| | | 人件費（法定福利・福利厚生込） | 64,021 | 64,000 | 67,000 | 67,000 | 71,000 |
| | | 広告宣伝費 | 1,914 | 1,900 | 2,500 | 2,500 | 2,500 |
| | | 発送配達費 | 4,487 | 4,500 | 4,600 | 4,800 | 5,000 |
| | | 水道光熱費 | 3,019 | 3,000 | 3,000 | 3,000 | 3,000 |
| | | 事務消耗品費 | 422 | 430 | 450 | 450 | 450 |
| | | 備品消耗品費 | 7,941 | 7,900 | 8,000 | 8,100 | 8,100 |
| | | リース料 | 397 | 397 | 700 | 700 | 700 |
| | | 保険料 | 2,704 | 2,800 | 2,800 | 3,000 | 3,000 |
| | | 修繕費 | 2,620 | 2,600 | 2,800 | 2,800 | 2,800 |
| | | 租税公課 | 5,230 | 5,300 | 5,300 | 5,300 | 5,300 |
| | | 減価償却費 | 8,953 | 9,000 | 9,000 | 9,000 | 9,000 |
| | | 接待交際費 | 7,629 | 7,600 | 8,000 | 8,000 | 8,000 |
| | | 旅費交通費 | 2,850 | 2,850 | 3,250 | 3,500 | 3,600 |
| | | 通信費 | 1,845 | 1,800 | 1,850 | 1,900 | 1,950 |
| | | 会議費 | 221 | 221 | 250 | 300 | 350 |
| | | 地代家賃 | 16,944 | 16,944 | 16,944 | 16,944 | 16,944 |
| | | その他 | 640 | 640 | 640 | 640 | 640 |
| | | 販売費及び一般管理費合計 | 144,837 | 144,882 | 150,084 | 150,934 | 155,334 |
| | | 営業利益 | 439 | 158 | 8,376 | 16,866 | 22,566 |
| 営業外損益 | | 営業外収益 | 1,336 | 1,336 | 1,336 | 1,336 | 1,336 |
| | | 営業外費用 | 4,592 | 4,592 | 4,592 | 4,592 | 4,592 |
| | | 経常利益 | − 2,817 | − 3,098 | 5,120 | 13,610 | 19,310 |

| 各戦略での概算数値（売上・原価・経費）整理シートからの引用 | | | |
|---|---|---|---|
| クロス分析の戦略と具体策から捻出される売上概況・内容<br>（新商材・新規チャネル等の売上増や、既存商材の売上減等） | | | 新たに増減する売上高 |
| 〈1〉 | 定型品売上 | 「丸投げサービス」販売増 | 毎期、年間 1,000 万円増加 |
| 〈2〉 | スポット売上 | 新規開拓先からのスポット販売増 | 毎期、年間 500 万円増加 |
| 〈3〉 | 商事売上 | 商品 A 販売増 | 年間 100 万円増加 |
| 〈4〉 | 商事売上 | 商品 B 販売増 | 年間 300 万円増加 |
| クロス分析の戦略と具体策に該当する仕入、または粗利に関する概況・内容<br>（新商材・新規チャネル等で発生する原価や仕入、既存商材の売上ダウンに伴う仕入減、<br>または粗利率の変動も含む） | | | 新たに増減する原価・仕入 |
| 〈1〉 | 材料費 | 発注量増加に伴い、発注単価見直しによる材料費単価削減 | |
| 〈2〉 | 外注費 | 売上高の増加に連動するが、発注量増加による発注単価削減 | |
| 〈3〉 | 商事売上原価 | 型落ち商品の模索により売上原価削減 | |
| | | | |
| | | | |
| クロス分析の戦略と具体策に該当する経費支出・削減の科目と<br>額に関する科目と概況と内容<br>（新対策で新たに発生する経費も含む） | | | 新たに増減する経費 |
| 〈1〉 | 人件費 | 専任の検査担当者を 1 人採用 | 年 400 万円増加 |
| 〈2〉 | 広告宣伝費 | WEB 制作・FAXDM による増加 | 年 150 万円増加 |
| 〈3〉 | リース料 | 加工機（マシニングセンタ）のリース料増加 | 年 240 万円増加 |
| 〈4〉 | | | |
| 〈5〉 | | | |
| 〈6〉 | | | |

# ■今期の経営方針・スローガン及び重点具体策　会社名 ( 部品加工業 F 社)

## Ⅰ　今期の経営スローガン

（目指したい姿の一言集約「〜しよう」）

> 大企業ではなく、大企業の一次下請け企業に価値を提供しよう！

## Ⅲ　今期の重点具体策と年間スケジュール

| | 重点具体策 | 重点具体策を実行するために必要な準備、段取り、詳細内容（具体的に行動内容が見えるような表現。いつまでに、だれが、どのように、と固有名詞で表現できる具体的な行動項目） | 誰が行う、または担当部門 | いつまでに形にする | |
|---|---|---|---|---|---|
| 1 | 型遅れ台車を半額以下で仕入れ、新規顧客向けの特売 FAXDM を送り、新規獲得につなげる | 型遅れ台車の仕入先及び在庫状況の調査（業者聞き取り、WEB から） | 社長 総務部長 | 11 月まで | 予定 |
| | | 販売キャンペーン用の FAXDM の内容と販売企画決定 | 社長 総務部長 | 12 月まで | |
| | | FAXDM 実施及び電話フォロー | 営業担当 | 1 月から | 結果 |
| 2 | 短納期キャスターの WEB 販売 | 短納期で提供できる商品 B をリストアップ | 社長 | 1 月まで | 予定 |
| | | 定期的に WEB 等で PR ページを作成、商品別に部品名等を記載 | 営業担当 | 2 月まで | |
| | | 月 1 回 FAXDM する。先方からの連絡を待つ | 営業担当 | 4 月以降毎月 | 結果 |
| 3 | 自社の強みである「ワンストップ・ショッピング」と「対応可能な加工の種類が豊富」という2点に重点をおいて動画を撮影。動画視聴者向けにホームページ(ソリューションページ) 上でサービス提案を行う | 動画企画 | 社長 総務部長 | 10 月まで | 予定 |
| | | 動画撮影・編集 | 作業者 営業担当 | 12 月まで | |
| | | 動画の周知活動 | 営業担当 | 1 月まで | 結果 |
| 4 | | | | | 予定 |
| | | | | | |
| | | | | | 結果 |
| 5 | | | | | 予定 |
| | | | | | |
| | | | | | 結果 |

## II　今期の経営方針

（今期実現したい経営の姿。反省と中期ビジョンを参考に）

| | |
|---|---|
| 1 | 加工の精度を極めるのではなく、顧客にとっての利便性向上による高付加価値化を目指す |
| 2 | 多能工化による検査体制を全社的に導入する |
| 3 | 営業活動の際、「売り込み」をしない、またはし過ぎないように注意する |
| 4 | 過去には低価格戦略をとっていたこともあるが、今後は価格では勝負しない会社になる |
| 5 | |
| 6 | |
| 7 | |

| 第1四半期中にどこまで進める（チェックできる具体的な予定、おおよその月度も入れる） | 第2四半期中にどこまで進める（チェックできる具体的な予定、おおよその月度も入れる） | 第3四半期中にどこまで進める（チェックできる具体的な予定、おおよその月度も入れる） | 第4四半期中にどこまで進める（チェックできる具体的な予定、おおよその月度も入れる） |
|---|---|---|---|
| 2019年10月〜2019年12月 | 2020年1月〜2020年3月 | 2020年4月〜2020年6月 | 2020年7月〜2020年9月 |
| ● 型遅れ台車仕入先の決定報告（10月の経営会議にて）<br>● 仕入の量金額、キャンペーンの概要決定（11月の経営会議にて） | ● 既存リストへの第1回 FAXDM 送付（1月10日から）<br>● 第1回 FAXDM の電話フォロー開始（1月20日から） | | |
| | | | |
| ● 1月　短納期で提供できる商品Bをリストアップ<br>● 2月　WEBサイト等でPRページ作成<br>● 3月　FAXDMを送る | | | |
| | | | |
| 10月　動画企画<br>11月・12月　動画撮影・編集 | 1月〜動画の周知活動<br>● 第1回　既存顧客への案内（1月15日から）<br>● 第1回のフォロー開始（1月25日から） | | |
| | | | |
| | | | |
| | | | |
| | | | |

# 8 金属加工業

## 1. 会社概要

①社名：N金属加工（大阪市）

②業種及び取扱商品

　精密金属加工業（機械加工をメインとして溶接も行う）

③売上・従業員数

　売上高53億円、従業員数209人（パート含む）

④経営概要

　業界自体が苦しいと言われている製造業（金属加工業）としては、20年以上にわたって堅調な業績で推移している。他の追随を許さない金属加工技術の高さから、大手企業の信頼が厚いことが大きな要因である。

　その反面、元請企業の要望による設備投資が膨らみ、金融機関からの借入が増える一方という状況である。次期社長（現在は専務）への代替わりも控えている。

## 2. SWOT分析を行った経緯

### ①抱えている経営課題

　売上規模は十分で、業績も堅調であるものの、創業者・現社長・専務は特定の得意先への売上が95％を占め、ほぼ「一社専属」状態であることが長年の経営リスクであると捉えてきた。また、N社は創業者が兄弟で創業した会社であり、創業者だけしか知り得ない経営ノウハウがある。この経営ノウハウをいかに後継者に受け継いでもらうかということも長年の課題であった。

### ② SWOT分析を行った理由

　会社内は、いよいよ次世代の後継者へのバトンタッチが行われる今の時点が重要な時期であるとの意見で一致していた。そして、財務の改善を緊急の課題として取り上げている最中であった。ところが、財務の改善には今後の経営全体の舵取りがどうしても必要であるが、顧問税理士だけを相談相手としていたため、これまで経営改善できずにいた。

そんな折、N社の税務会計を担当している税理士事務所から、弊社に経営計画書の作成依頼があった。

経営計画書自体は毎年作成しているが、長年一社専属に近い状態である元請企業の生産計画・発注計画に合わせた計画書になっていた。そのため、「独自の経営計画書」を作成して、一社専属に近い安定した状態をうまく維持しつつ、他社からの売上シェアを増やす。これにより会社の基礎体力を伸ばしたいというニーズからSWOT分析を行うこととなった。

## 3. 参加者の概要

社長、専務、本部長（営業と全工場を統括）、工場長（主に専属向けの第一工場を統括）、営業部長（一社専属向け営業を統括）、コンサルタントの計6名。

専務は後継者であるが、代替わりが近いこともあり事実上の決済者である。

本部長、工場長、営業部長は専務のイエスマンになってしまっており、社内の会議は会議として成り立っておらず、本部長以下、元請企業の生産計画に従っており、「経営戦略が存在しない」状態であった。

## 4. SWOT分析・経営計画の検討時間

- SWOT分析検討会は、1回目5時間、2回目3時間で計8時間を費やした。
- 経営計画書とアクションプランは、5時間の会議1回と4時間の会議1回の計9時間で作成した。

## 5. 検討会の運営

- 事前準備：「SWOT分析動機付けDVD」を視聴してもらうと同時に、SWOT分析シートを1枚の用紙に図解にしてまとめたものを事前に配布して、参加者各自に内容を理解してもらっておいた。そのうえで、初日は各人が自分で考え、紙に書き出した「機会」「強み」を持ち寄る形で始めた。
- 場所等：本社会議室
- 進め方：検討会は、本社会議室にあるプロジェクターを使ってスクリーンに映す形で行った。上記参加者全員で議論をし、コンサルタントが司会をしてまとめつつ、Excelに入力していく形で進めた。

## 6. SWOT分析検討中の状況

【機会】としては、次のような意見が出た。

> ● 共同開発・部品製作の効率化及び顧客商品の（特殊輸送機器のエンジン）のハイブリッド化に対応して、元請企業に部品の供給を提案することで、新規受注につながる可能性がある。
> ● また、元請企業の設計者が検索して問い合わせをする仕組み（ネットを使った情報提供など）を作れば、既存顧客以外からも検討依頼が増える。

　会議が始まってしばらくの間は、各自が持ち寄った用紙をコンサルタントの指示通り読み上げるだけで、議論が生まれることはなかった。

　だが、「機会」の検討の際、長期間１社専属（Ａ社）に近い形で会社が大きくなってきたのだから、「このままでいい」とも受け取れる意見が出た。現社長もこれに近い意見を言い出した。次期社長である専務は、最初からこの１社専属状態を何とかしたいという気持ちが強く、このような意見に感情的になる一幕があった。

　コンサルタントとしては、「機会」の分析に話の筋を戻す必要があると判断し、主に売上シェアの高い顧客であるＡ社について深く聞き出すことに集中して、深掘りするようサポートした。

　Ａ社の話になると、全員が積極的に具体的な「機会」について話すようになり、コンサルタントもＡ社関連の業績アップの可能性を見出す点を中心にヒアリングするようにした。

　【強み】としては、以下の事項が挙げられた。

> ● 大手企業の資材部門との提携関係が強固である。
> ● また、資材部門からの依頼に即対応できる生産技術部門が整備されているので、試作のリードタイムを短くできる。

　「強み」を検討する際は、前に検討した「機会」に使える「強み」に集中して、コンサルタントが文書化していった。

## 7．SWOT分析検討時の参加者の反応と変化
　SWOT分析検討時の最初の反応としては、「強み」や「機会」を列挙して行っているだけのときは、自社の強みのうち、特に強みを感じている部分の話になっ

た際は、現社長が　番思い入れのある「大手企業の資材部門からの依頼に即対応できる生産技術部門が整備されているので、試作のリードタイムを短くできる」点について深くヒアリングしたところ、風向きが変わり、【積極戦略】を導き出すことができた。

## 8. SWOTクロス分析での各種戦略と参加者の反応

　主に試作品への対応に重点を置いて【積極戦略】を立てていった。この背景にあるのは、試作に強い会社にしていかないと、いつまでも元請企業にとっての便利屋から抜け出せないという専務の危機感があった。

　社内では、下請体質からの脱却（過度な1社専属からの脱皮、決まりきった定型的な製作品だけでなく、試作に重点を置く）を目指す考え方を持つ専務の意見が強い。この点で、今までの1社専属のやり方を継続したい本部長以下との意見の相違が明確になると、次の点で対立構造を生んでしまう。

　専務の考え方は、あえて低稼働率にすることで、いつでも試作品の製作に対応することができ、ひいては量産品の上流を押さえることができるというものである。一方で本部長以下の立場からすると、設備の稼働率をいかに100％に近づけるかということがテーマになる。積極戦略等の【クロス分析】の検討中は、最後までこの対立は解決できなかった。

## 9. SWOT分析から経営計画書、アクションプラン検討時の参加者の反応

　【クロス分析】の議論をしていく中で、このままでは1社専属割合が今までと全く変わらない結果になることが明らかになった。そこで再度「機会」を分析し、B社向けの機械を新たに購入するという意見が出たので、それについて深掘りすることとなった。

　具体的には、2020年度のB社向け試作品採用が決まった後の定型品3,000万円の売上増加と、その後、年3％の増加が見込める。そうすると少しずつでもB社関連の売上シェアを上げられるという結論に落ち着いた。

　【収支計画】の作成では、この売上増加を見込んで設備投資が必要となり、2020年から減価償却費が年間約220万円増加することになる。

　このように再度SWOT分析に戻って、具体的な数字にまで落とし込む作業が重要であると考えた。

　数字の入った経営計画書を見て、1社専属にこだわっていた本部長以下全員の反応が違ってきた（なるほど、このように計画が進めば、1社専属にこだわらな

くても業績は良くなるのか、という反応)。

【アクションプラン】作成時には、責任者である本部長以下全員が抵抗を示したが、コンサルタントが参加者全員に、目に見える形でExcelの欄を埋めていくことで、具体的な期日が一つずつ確定していった。

アクションプラン作成中には、いったんExcelに記入してみたものの、「現実には実行が無理ではないか?」との意見が出たが、「まずはブレーンストーミングとして捉えましょう」ということで進めた。「後から戻って修正すればいい」という前向きな考え方が議論には必要である、ということを感じた一場面であった。

コンサルタントがアイデアを出しやすい雰囲気づくりに努めることも重要である。意見が出るようになったところを見計らって、現状に即したアクションプランに軌道修正していった。

最終的には、実行可能なアクションプランが出来上がり、結果的にその場にいる全員の納得感があるアクションプランになった。

## 10. SWOT分析、経営計画書作成後の参加者の反応とその後

B社での商談の際、営業部長が同行し、担当者から今後の試作品の発注を依頼された。

その際に、営業部長は社長の長年の意向もあり抵抗を感じたそうだが、商談自体はうまく進み、B社からの試作品を新規に受注することが決まったとのことである。また、それを聞いた専務もひとまず、「SWOT分析検討会の効果が出た」ということでひと安心したとのことである。

専務からはまた、「アクションプランをさらに深掘りして、より具体的な行動を練ることができるようになった」という言葉をいただいた。SWOT分析、経営計画書作成からアクションプランに至る計画策定のプロセス自体が、価値のあるものであるということをお互いに実感した瞬間であった。

コンサルタントとの契約としては、まず1年間のモニタリング契約を受注した。当分はアクションプランの実施状況と振り返りをメインにサポートしていくことになった。

私がSWOT分析を学んで得たことは、まずSWOT分析が単なる「分析ツール」「整理ノート」ではないという点である。アールイー経営式SWOT分析が他のSWOT分析と違うところは、コーチングの技術が豊富に盛り込まれているため、

ただ教えるだけの一方的なコンサルティングではないこと。そして、SWOT分析シートからアクションプランまでがワンセットになっていることで、戦略が絵に描いた餅にならないことの2点である。何よりも、SWOT分析をした結果に、会議に参加した全員の発言や考えが何かしら反映されているという「当事者感」が生まれる点を強調しておきたい。

社長との個別面談や役員会議では、私がパソコンに入力しながら会議を進めるが、ただ表面的なヒアリングやパソコン入力をするのではなく、「経営者の本当の意図は何か？」という点に集中するよう心掛けた。SWOT分析を進める際は、私と社長や役員が一緒に同じ画面を見て、全員が入力内容を見ながら、Excelへの記入内容を確認していく。

コーチングの考え方を前提に、決してコンサルタントが想定している結論に誘導してはいけない。このことを何度肝に銘じても、実際のSWOT分析の現場では誘導が入ってしまうことが多々あった。そこで、具体的な注意点を紙に書き出して対処した。例えば、Excel入力での注意点は、コンサルタントが先走って入力を進めるのではなく、「コンサルタントはあくまでも考えるきっかけに過ぎない」という点を意識するようにした。

# ■ SWOT クロス分析　記入用シート（N金属加工）

| 参加者 | 社長 |
|---|---|
| | 営業部長 |

| | | 強み（S）…<br>（ターゲットがない場合は |
|---|---|---|
| | A | ○○用部品の精密加工の実績が豊富 |
| | B | 精度の高い加工が得意。特に大型機である門型加工が得意 |
| | C | 非鉄金属を加工できる工作機械が揃っている |
| | D | 大手企業の資材部門との提携関係が強固 |
| | E | 大手企業の○○事業部と自社工場の場所が近い |
| | F | 所有している機械の台数が多い |
| | G | 生産技術部門が整備されているので、試作のリード |
| | H | 動画編集が得意な総務担当者がいる |
| | I | M社製の小物用精密マシニングセンタ Y45n 機が5応力もある |
| | J | 70 年の歴史がある |

| | | 機会（O） | 組合せ番号（例〈2〉A | 【積極戦略】<br>自社の強みを活かして、さらに伸ばしていく対策。または積極的に投資や人材配置して他社との競合で優位に立つ戦略 |
|---|---|---|---|---|
| 市場・顧客 | 〈1〉 | 元請企業に共同開発・部品製作の効率化を提案することで、新規受注につながる可能性がある | 〈3〉BG | 得意先B社への新商品の加工を受注するため、試作に対応できる加工機をPRし、試作依頼を受ける。試作品の精度チェックをしてもらう受注が確定すれば年間 3,000 万円の売上が確定するため、2,000 万円の機械を購入することができる |
| | 〈2〉 | すでに受注している加工部品の関連商品について試作の提案をすれば、関連商品の加工についても受注できる可能性がある | | |
| | 〈3〉 | 既存の得意先で新商品の開発・販売が始まっており、一次下請として新商品の部品加工を優先的に受注できる可能性がある | 〈4〉CG | 顧客商品のハイブリッド化に対応した素材（アルミなどの非鉄金属）の試作を提案する |
| | 〈4〉 | 顧客商品（特殊輸送機器のエンジン）のハイブリッド化に対応して部品の供給ができれば、他の大手企業とも取引可能 | | |
| 競合 | 〈5〉 | 今後は競合社の廃業が増えていくことが予想されるため、M&Aや顧客の要望に応じた新規工場建設により、規模拡大のチャンス | 〈6〉BCHI | 自社設備や試作事例の動画を作成して、既存顧客・新規営業先に周知していく（部品加工熟練者の紹介、設備加工機の紹介、品質管理（ISO）体制を紹介する 10 分程度の動画を作成） |
| | 〈6〉 | 顧客設計部門では、設計段階から製造を考慮した全体最適（SCM 等）で設計を考えているので、設計者が検索して問い合わせる仕組み（ネットを使った情報提供など）を作れば検討依頼が増える | | |
| その他 | 〈7〉 | | 〈1〉F | 機械をあえて遊ばせて、試作に対応できるようにしておく |

| | | 脅威（T） | 左記の状態で、今のまま具体的な手を打たない場合、どれくらいマイナスになるか概算数値や%を記入する | 組合せ番号（例②A） | 【差別化戦略】<br>自社の強みを活かして、脅威をチャンスに変えるには何をどうすべきか |
|---|---|---|---|---|---|
| 市場・顧客 | ① | 1社専属に近い状態なので、元請会社の影響をもろに受けてしまう | | ①G | |
| | ② | | | | |
| | ③ | | | | |
| 競合 | ④ | 同じ機械さえ購入すれば、他社の新規参入も可能である | | | |
| | ⑤ | | | | |

| | 専務 | 本部長 | 工場長 |
|---|---|---|---|
| | コンサルタント | | |

| ターゲットと比較して<br>（一般的な発注者ニーズをベースに） | | 弱み（W）・・・ターゲットと比較して<br>（ターゲットがない場合は一般的な発注者ニーズをベースに） | |
|---|---|---|---|
| | a | 溶接技術が高いが、その技術が伝承されておらず属人的である | |
| 機による複雑な加工（同時5軸加工） | b | 生産技術部門に余裕がなく、試作品を受注するとリードタイムが長くなってしまう | |
| | c | 専属の1社向けの機械はそろっているが、専属1社向け以外の機械は手薄になっている | |
| | d | 各部門において、次世代を担う人材の育成が進んでいない | |
| （顧客にとっての利便性が高い） | e | | |
| | f | | |
| タイムを短くできる | g | | |
| | h | | |
| 台稼働しているので、小物加工への対 | i | | |
| | j | | |

| 左記対策を実施した場合の概算数値（件数増減、売上増減、経費増減、利益改善、%増減等） | 組合せ番号（例〈2〉b） | 【改善戦略】<br>自社の弱みを克服して、事業機会やチャンスの波に乗るには何をどうすべきか | 左記対策を実施した場合の概算数値（件数増減、売上増減、経費増減、利益改善、%増減等） |
|---|---|---|---|
| 2020年度3,000万円の売上増加<br>2020年から減価償却費が年間で約220万円増加 | 〈3〉bd | 生産技術専門要員を追加で採用する<br>生産技術業務の外注を検討する | |
| 現状の設備で対応する。減価償却費の増加なし | 〈3〉〈4〉c | 既存顧客のうち、シェアが低い顧客に対する営業活動を強化する | |
| 試作品開発費用の増加<br>100万円から500万円に増額 | | | |
| 試作関連の売上は、A社が年間500万円の増加、B社が年間1,000万円の増加 | | | |
| 左記対策を実施した場合の概算数値（件数増減、売上増減、経費増減、利益改善、%増減等） | 組合せ番号（例②b） | 【致命傷回避・撤退縮小戦略】<br>自社の弱みが致命傷にならないようにするにはどうすべきか。またはこれ以上傷口を広げないために撤退縮小する対策は何か | 左記対策を実施した場合の概算数値（件数増減、売上増減、経費増減、利益改善、%増減等） |
| | | | |
| | | | |
| | | | |

## ■ SWOT・クロス分析後の「実現可能性のある抜本対策」体系図

※「クロス分析の戦略と具体策」は、優先順位付けされた「クロス分析
※「3か年中期方針及び実施戦略」は、クロス分析の各ゾーンで捻出され
※「3か年中期ビジョン」は、中央の各種戦略を実施した結果、「大きな

| 短期 or 中期 | 優先順位 | クロス分析の戦略と具体策 |
|---|---|---|
| 1か年で結果を出す優先度の高い【短期実行対策】 | 1 | 新商品の加工を受注するため、試作に対応できる加工機を PR し、試作依頼を受ける。試作品の精度チェックをしてもらう<br>受注が確定すれば年間 3,000 万円の売上が確定するため、2,000 万円の機械を購入できる |
| | 2 | 顧客商品のハイブリッド化に対応した素材(アルミなどの非鉄金属)の試作を提案する |
| | 3 | 自社設備や試作事例の動画を作成して、既存顧客・新規営業先に周知していく(部品加工熟練者の紹介、設備加工機の紹介、品質管理(ISO)体制を紹介する 10 分程度の動画を作成) |
| | 4 | |
| | 5 | |
| | 6 | |
| | 7 | |
| | 8 | |
| | 9 | |
| | 10 | |
| 3か年で結果を出すための優先度の高い【中期戦略と仕掛け対策】 | 1 | 生産技術専門要員を採用する |
| | 2 | 生産技術の外注を検討する |
| | 3 | 既存顧客のうち、シェアが低い顧客に対する営業活動を強化する |
| | 4 | |
| | 5 | |
| | 6 | |
| | 7 | |
| | 8 | |
| | 9 | |
| | 10 | |

会社名（Ｎ金属加工）

| 短期実行対策及び３か年中期方針及び実施戦略<br>（１〜３か年で構築する「商材」「顧客」「コスト」「組織改革」） | | | 3か年中期ビジョン（実抜計画の目標値）<br>（勝ち残るための必須条件でも可） | |
|---|---|---|---|---|
| 既存商品強化の方針・開拓・新商品開発・開拓・ | 1 | 試作に対応できる加工機をPR | 構造改革する項目と指標）中期戦略目標（ | 生産技術専門要員を追加で採用する |
| | 2 | 顧客商品のハイブリッド化に対応した素材（アルミなどの非鉄金属）の試作を提案 | | |
| | 3 | | | 生産技術の外注を検討する |
| | 4 | | | |
| | 5 | | | |
| エリア開拓・新チャネル・既存顧客強化の方針・新規開拓、既存顧客強化の方 | 1 | 既存顧客のうち、シェアが低い顧客に対する営業活動を強化する | 売上（商材・顧客・新規対策に関連する目標 | 試作に対応できる加工機をPR |
| | 2 | | | |
| | 3 | | | 顧客商品のハイブリッド化に対応した素材（アルミなどの非鉄金属）の試作を提案 |
| | 4 | | | |
| | 5 | | | 既存顧客のうち、シェアが低い顧客に対する営業活動を強化する |
| コスト改革（原価・固定費他）・品質向上の方針と戦略・ | 1 | | 利益・業務品質・組織に関連する目標 | |
| | 2 | | | |
| | 3 | | | |
| | 4 | | | |
| | 5 | | | |
| 組織改革・企業体制・その他の方針と戦略・ | 1 | 生産技術専門要員を追加で採用する | | |
| | 2 | 生産技術の外注を検討する | | |
| | 3 | | その他 | |
| | 4 | | | |
| | 5 | | | |

## ■ 3か年中期経営計画（2020 〜 2022 年）（N金属加工）

| ビジョン・<br>基本政策<br>（経営戦略・<br>部門戦略） | 1 | A社の開発部門との連携を最大限強める |
|---|---|---|
| | 2 | 新たな定型品の受注 |
| | 3 | 3年以内に社歴75年を迎えるので、その年に達成しよう |
| | 4 | 1社専属割合を売上高ベースで1%減らす（3年で） |

| | 2020 年 | |
|---|---|---|
| 総売上 | 5,318,000 | |
| A社向け定型品 | 3,580,000 | 比率　67% |
| A社向け単品 | 1,475,000 | 〃　28% |
| A社向け試作 | 55,000 | 〃　1.0% |
| B社向け定型品 | 195,000 | 〃　3.7% |
| B社向け単品 | 101,000 | 〃　1.9% |
| B社向け試作 | 13,000 | 〃　0.2% |
| 粗利益 | 510,700 | |
| 粗利益率（%） | 9.6% | |
| 経常利益 | 310,702 | |
| 経常利益率（%） | 5.8% | |
| 従業員数（人） | 209 | |
| 労働分配率（%） | 38.8% | |
| 原材料比率（%） | 18.1% | |
| 市場の動き・予測<br>（自社に関係する競合環境、景気先行き、盛衰<br>の分野等および機会と脅威） | 1社だけに依存する<br><br>マクロ環境の変化が著しいため、得意先に | |
| ポジショニングまたはシェア<br>（業界、地域での位置づけ、強みの出し方、<br>商材別シェア等） | 金属加工の下請け企業として<br><br>試作品開発を通して、元請け企業の | |
| 商品戦略<br>（伸ばす商材、減らす商材、新たな商材、<br>マーケティング展開等） | 動画によって生産設備や試作品開発の | |
| 顧客戦略<br>（顧客開拓、CS、囲い込み、新チャネル等） | 得意先の企画開発部門との連携を深めることで、<br><br>既存顧客のうち、売上が低い | |
| 組織体制<br>（非正社員比率、後継者、独算制、分社、<br>グループ体制、新組織等） | 後継者へのバトンタッチをスムーズに行うため、<br>「経営承継カレンダー」を作成する | |
| 設備・投資戦略<br>（出店、機械投資、ノウハウ投資等） | 工作機械の新規購入を検討する | |
| 部門戦略<br>（営業部、管理、生産、店舗等の個別方針） | 生産技術部門を<br>具体的には生産技術専門要員を採用、または<br>生産技術の外注を検討する | |

（単位：千円）

| 2021 年 | | | 2022 年 | | |
|---|---|---|---|---|---|
| 5,387,800 | | | 5,458,900 | | |
| 3,630,000 | 比率 | 67% | 3,680,000 | 比率 | 67% |
| 1,489,000 | 〃 | 28% | 1,503,900 | 〃 | 28% |
| 55,000 | 〃 | 1.0% | 55,000 | 〃 | 1.0% |
| 200,800 | 〃 | 3.7% | 207,000 | 〃 | 3.8% |
| 102,000 | 〃 | 1.9% | 103,000 | 〃 | 1.9% |
| 13,000 | 〃 | 0.2% | 13,000 | 〃 | 0.2% |
| 541,400 | | | 574,400 | | |
| 10.0% | | | 10.5% | | |
| 341,402 | | | 374,402 | | |
| 6.3% | | | 6.9% | | |
| 212 | | | 205 | | |
| 38.6% | | | 38.5% | | |
| 18.0% | | | 17.9% | | |

リスクが高まっている

依存せず、自社の強みを伸ばすことが重要になってきている

地域最大手である

企画開発との関係を強める

流れを説明する。これによって新たな定型品の受注につなげる

さらなる利益率の向上に取り組む

顧客に対する営業活動を強化する

| | |
|---|---|
| | |
| 工作機械の新規購入 | |
| | |

強化する

| | |
|---|---|
| 生産技術の外注化 | |

## ■クロス分析の【戦略】【具体策】を反映した【具体策連動中期収支計画表】

（単位：千円）

| 科目 | 部門 | 商品または顧客 | 2019 年度実績 | 現状推移で「脅威」を反映した場合の3年後の数値 | 2020 年度 | 2021 年度 | 2022 年度 |
|---|---|---|---|---|---|---|---|
| 売上 | （既存量産）売上 | A 社　定型品 | 3,530,000 | 3,300,000 | 3,580,000 | 3,630,000 | 3,680,000 |
| | | A 社　単品 | 1,460,000 | 1,250,000 | 1,475,000 | 1,489,000 | 1,503,900 |
| | | B 社　定型品 | 165,000 | 150,000 | 195,000 | 200,800 | 207,000 |
| | | B 社　単品 | 100,000 | 80,000 | 101,000 | 102,000 | 103,000 |
| | | 既存売上合計 | 5,255,000 | 4,700,000 | 5,250,000 | 5,319,800 | 5,390,900 |
| | 試作売上 | A 社　試作 | 50,000 | 50,000 | 55,000 | 55,000 | 55,000 |
| | | B 社　試作 | 3,000 | 2,000 | 13,000 | 13,000 | 13,000 |
| | | 試作売上合計 | 53,000 | 52,000 | 68,000 | 68,000 | 68,000 |
| | | 総売上 | 5,308,000 | 4,752,000 | 5,318,000 | 5,387,800 | 5,458,900 |
| 原価 | | 原材料仕入 | 950,000 | 855,000 | 960,000 | 969,000 | 977,000 |
| | | 労務費・雑給 | 2,000,000 | 1,900,000 | 2,020,000 | 2,040,000 | 2,060,000 |
| | | 外注費 | 1,200,000 | 1,100,000 | 1,210,000 | 1,220,000 | 1,230,000 |
| | | 減価償却費 | 100,000 | 100,000 | 102,200 | 102,200 | 102,200 |
| | | リース料 | 500,000 | 500,000 | 500,000 | 500,000 | 500,000 |
| | | 試験研究費 | 1,000 | 1,000 | 5,000 | 5,000 | 5,000 |
| | | その他原価 | 10,000 | 10,000 | 10,100 | 10,200 | 10,300 |
| | | 原価計 | 4,761,000 | 4,466,000 | 4,807,300 | 4,846,400 | 4,884,500 |
| | | 粗利 | 547,000 | 286,000 | 510,700 | 541,400 | 574,400 |
| | | 平均粗利率 | 10.3% | 6.0% | 9.6% | 10.0% | 10.5% |
| 販売費及び一般管理費 | | 役員報酬（法定福利・福利厚生込） | 100,000 | 100,000 | 100,000 | 100,000 | 100,000 |
| | | 人件費（法定福利・福利厚生込） | 42,000 | 42,000 | 42,000 | 42,000 | 42,000 |
| | | 雑給 | 3,000 | 3,000 | 3,000 | 3,000 | 3,000 |
| | | 支払手数料 | 13,700 | 13,700 | 13,700 | 13,700 | 13,700 |
| | | 旅費交通費 | 8,900 | 8,900 | 8,900 | 8,900 | 8,900 |
| | | 求人広告費 | 3,000 | 3,000 | 3,000 | 3,000 | 3,000 |
| | | 事務用品・消耗品費 | 1,200 | 1,200 | 1,200 | 1,200 | 1,200 |
| | | 水道光熱費 | 950 | 950 | 950 | 950 | 950 |
| | | 減価償却費 | 8,000 | 8,000 | 10,200 | 10,200 | 10,200 |
| | | 通信費 | 1,500 | 1,500 | 1,500 | 1,500 | 1,500 |
| | | WEB 経費 | 1,000 | 1,000 | 2,000 | 2,000 | 2,000 |
| | | 雑費 | 500 | 500 | 500 | 500 | 500 |
| | | 販売費及び一般管理費合計 | 183,750 | 183,750 | 186,950 | 186,950 | 186,950 |
| | | 営業利益 | 363,250 | 102,250 | 323,750 | 354,450 | 387,450 |
| 損益 営業外 | | 営業外収益 | 152 | 152 | 152 | 152 | 152 |
| | | 営業外費用 | 13,200 | 13,200 | 13,200 | 13,200 | 13,200 |
| | | 経常利益 | 350,202 | 89,202 | 310,702 | 341,402 | 374,402 |

| 戦略での概算数値（売上・原価・経費）整理 | | |
|---|---|---|
| クロス分析の戦略と具体策から捻出される売上概況・内容<br>（新商材・新規チャネル等売上増や既存商材の売上減等） | | 新たに増減する金額等 |
| 〈1〉 A社　定型品 | A社向け試作品受注の結果、ハイブリッド化定型品について年商5,000万円ずつの増加が見込める | 前年比売上高5,000万円増加 |
| 〈2〉 A社　単品 | 試作と定型品の増加の派生効果で、2020年度から年1%の増加が見込める | 年1%増加 |
| 〈3〉 B社　定型品 | B社向け試作品が量産体制に入れば、2020年度から年3,000万円の増加が見込め、その後年3%の増加が見込める | 年3,000万円売上高増加、その後年3%売上高増加 |
| 〈4〉 B社　単品 | 試作と定型品の増加の派生効果で、2020年度から年1%の増加が見込める | 年1%増加 |
| 〈5〉 A社　試作 | A社向けに動画を活用して、試作品の新規受注活動を行うことにより、年500万円の受注が見込める | 年500万円増加 |
| 〈6〉 B社　試作 | B社向けに動画を活用して、試作品の新規受注活動を行うことにより、年1,000万円の受注が見込める | 年1,000万円増加 |
| クロス分析の戦略と具体策に該当する経費支出・削減の科目と額に関する科目と概況と内容（新対策で新たに発生する経費も含む） | | 新たに増減する経費 |
| 〈1〉 原材料仕入 | 売上高に連動して増加する | ― |
| 〈2〉 労務費・雑給 | 人員の増加 | ― |
| 〈3〉 外注費 | 売上高に連動して増加する | ― |
| 〈4〉 減価償却費 | B社向け新規設備の導入により減価償却費増加 | 年間約220万円の増加 |
| 〈5〉 試験研究費 | 試作品開発費用を増やす | 年間100万円から500万円に増加 |
| | | |
| クロス分析の戦略と具体策に該当する仕入、または粗利に関する概況<br>（新商材・新規チャネル等で発生する原価や仕入、既存商材の<br>売上ダウンに伴う仕入減、または粗利率の変動も含む） | | 新たに増減する経費 |
| 〈1〉 WEB経費 | 動画制作にかかる人件費等各種経費が増加 | 2020年度以降年100万円から200万円に増加 |
| 〈2〉 | | |
| 〈3〉 | | |

Ⅰ　今期の経営スローガン
（目指したい姿の一言集約「～しよう」）

> B社向け試作品の対応力をアップして、定型品の新規受注につなげよう！

Ⅲ　今期の重点具体策と年間スケジュール

| | 重点具体策 | 重点具体策を実行するために必要な準備、段取り、詳細内容（具体的に行動内容が見えるような表現。いつまでに、だれが、どのように、と固有名詞で表現できる具体的な行動項目） | 誰が行う、または担当部門 | いつまでに形にする | |
|---|---|---|---|---|---|
| 1 | 新商品の加工を受注するため、試作に対応できる加工機をPRし試作依頼を受ける。試作品の精度チェックをしてもらう | 試作受注のための営業活動 | 専務 | 2019 年 12 月 | 予定 |
| | | 受注・試作品納品 | 営業部長 | 2020 年 3 月 | |
| | | データ収集・フィードバック | 生産技術部部長 | 2020 年 6 月 | 結果 |
| 2 | 顧客商品のハイブリッド化に対応した素材（アルミなどの非鉄金属）の試作を提案する | 営業 | 専務 | 2019 年 12 月 | 予定 |
| | | 受注・試作品納品 | 営業部長 | 2020 年 3 月 | |
| | | データ収集・フィードバック | 生産技術部 | 2020 年 6 月 | 結果 |
| 3 | 自社設備や試作事例の動画を作成して、既存顧客・新規営業先に周知していく（部品加工熟練者の紹介、設備加工機の紹介、品質管理（ISO）体制を紹介する各10分程度の動画を作成） | 企画 | 専務 | 2019 年 11 月 | 予定 |
| | | 動画撮影・編集 | 営業担当S総務担当K | 2019 年 12 月 | |
| | | 周知活動 | 営業担当S | 2020 年 3 月 | 結果 |
| 4 | | | | | 予定 |
| | | | | | 結果 |

## II 今期の経営方針

（今期実現したい経営の姿。反省と中期ビジョンを参考に）

| | |
|---|---|
| 1 | 加工機を PR し、試作品の受注のための営業活動を行う |
| 2 | ハイブリッド素材対応の試作対応 |
| 3 | 試作事例や設備、資格者 PR の動画作成と配信 |
| 4 | |
| 5 | |

| 第1四半期中にどこまで進める<br>（チェックできる具体的な予定、<br>おおよその月度も入れる） | 第2四半期中にどこまで進める<br>（チェックできる具体的な予定、<br>おおよその月度も入れる） | 第3四半期中にどこまで進める<br>（チェックできる具体的な予定、<br>おおよその月度も入れる） | 第4四半期中にどこまで進める<br>（チェックできる具体的な予定、<br>おおよその月度も入れる） |
|---|---|---|---|
| 2019 年 10 月〜12 月 | 2020 年 1 月〜3 月 | 2020 年 4 月〜6 月 | 2020 年 7 月〜9 月 |
| 10 月　経営コンサルの会議指導のもと試作受注会議<br>11 月　試作受注の企画確定、購入機械のリストアップ<br>12 月　具体的な営業活動決定、購入機械の決定 | 1 月　生産技術部が試作用図面作成<br>2 月　試作品製作及び検討<br>3 月　試作品納品 | 4 月　試作品の精度報告を確認<br>5 月　精度チェックの結果を受けてデータ収集<br>6 月　現場にフィードバック | 7 月以降<br>量産化決定次第専用機械購入 |
| | | | |
| 11 月　経営コンサルの会議指導のもと試作受注会議<br>12 月 | 1 月　生産技術部が試作用図面作成<br>2 月　試作品製作及び検討<br>3 月　試作品納品 | 4 月　試作品の精度報告を確認<br>5 月　精度チェックの結果を受けてデータ収集<br>6 月　現場にフィードバック | 7 月以降 |
| | | | |
| 11 月　動画の企画会議<br>12 月　動画撮影 | 1 月　動画編集・投稿<br>2 月以降　周知活動 | | |
| | | | |
| | | | |
| | | | |

# あとがき

　今回、共著者として執筆していただいた4名は、「SWOT分析スキル検定」で、初級 ⇨ 中級 ⇨ マスターコースへと進んだ方です。検定講座では何回もロープレで実習し、また、各自のコンサルティング現場でも試行錯誤しながらSWOT分析のヒアリングや文書化のスキルを習得してきました。

　各著者から本書の原稿が上がってきた時、私は多少の表現修正を覚悟していましたが、それは杞憂でした。なぜなら、どれも本書の主旨に沿って、当該企業の「超具体的な対策と、それに連動した収支計画、それを実行に移すためのアクションプラン」になっていたからです。

　今後、コロナ融資返済のリスケや追加融資に際して、「事業性評価をベースにした融資判断」が進むにあたって、「根拠ある経営計画書」を作成支援できるスキルを持った会計事務所やコンサルタントが求められてくるでしょう。

　そこで私は、SWOT分析ノウハウや事業再構築計画書作成手順、経営承継の実務的なノウハウなどをアドバイスするために、気軽に参加できるオンラインサロンを設けています。本書の内容や実務的なノウハウを学習されたい方は、私との直接のQ&Aや実例公開の講義等を聴講できます。気楽にご参加ください。

嶋田　利広

---

■ SWOT分析スキル検定初級講座（オンラインで開催）
https://re-kentei.com/swot-basic-online.html

■ Zoomによる SWOT分析ロープレ（毎月開催）
https://re-kentei.com/zoom-swot-basic-version.html

■ Zoom オンラインサロン（毎月2回開催）
https://re-kentei.com/zoom-swot01.html

《執筆者 Profile》

**嶋田 利広**（しまだ・としひろ）

株式会社アールイー経営 代表取締役

コンサルタント歴 33 年。九州を中心に 360 事業所の中小企業、病院、介護施設、会計事務所のコンサルティング、研修を展開。毎月 13 社の長期経営顧問。「中小企業の SWOT 分析の第一人者」と呼ばれ、これまで SWOT 分析専門書シリーズは 6 冊出版（累計 5 万部超）。2018 年より主に東京にて「SWOT 分析スキル検定」「経営承継戦略アドバイザー検定」を主宰し、毎年 100 名以上の検定合格者を輩出。

『SWOT 分析コーチングメソッド』『経営承継を成功させる実践 SWOT 分析』『事業再構築 クロス SWOT 分析で創り出す戦略立案＆事業計画作成マニュアル』（マネジメント社）など著書多数。

【公式ホームページ】　【「SWOT 分析と経営承継」】　【SWOT 分析スキル検定】　【公式 Facebook】
【無料メルマガ】

**篠﨑 啓嗣**（しのざき・ひろつぐ）

株式会社しのざき総研 代表取締役
日本財務力支援協会有限事業責任組合代表理事

経営コンサルタント歴 14 年。大学卒業後、群馬銀行入行。在籍 10 年間のうち融資及び融資渉外を通算 9 年経験。融資案件 800 件を通じて財務分析・事業性評価のスキルを身につける。その後、日本生命、損害保険ジャパン、事業再生コンサルテイング会社にてリスクマネジメントスキルと経営計画策定、資金繰り実務を身につける。

代表作『社長さん！ 銀行員の言うことをハイハイ聞いてたら あなたの会社、潰されますよ！』（すばる舎）は 10 万部を超えるヒットを飛ばす。近著『社長！ こんな会計事務所を顧問にすれば あなたの会社絶対に潰れませんよ！』（マネジメント社）など、著作は 10 冊以上。

【公式ホームページ（会社）】　http://shino-souken.co.jp/
【公式ホームページ（日本財務力支援協会）】　http://zaimu-mado.com/index.html

**松本 一郎**（まつもと・いちろう）

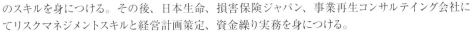

MGS 税理士法人代表　1 級ファイナンシャルプランニング技能士

公認会計士足立光三のもと 1996 年税理士登録。執筆、FP 講師などの経験を積み、現在、大阪市、神戸市、摂津市に事務所を構え関西圏を中心に事業を展開中。本業である税理士業務を基本に経営承継、経営計画策定・実行支援、認定支援機関業務、飲食業フードメンター、飲食店舗診断などの付加価値業務にも力を入れている。

【公式ホームページ】

田中 博之（たなか・ひろゆき）

　公認会計士事務所代表

　公認会計士　税理士　行政書士　宅地建物取引士

　大阪の会計事務所にて監査及び税務に携わった後、自動車関連フランチャイズチェーン本部の
　CFOを経て、みずほ信託銀行に入行、ファンドを利用した資金調達及びその会計業務に携わる。
　2006年に東京都にて会計事務所を開業。金融機関での経験やネットワークを活用したファンド関連
　業務並びに中小企業向けの税務及び資金調達支援を中心に手掛ける。

　【連絡先】　〒101-0005　東京都千代田区丸の内2丁目2番1号　岸本ビルヂング6F
　　　　　　　TEL　03-5843-7624
　　　　　　　E-mail：hiroyuki.tanaka@ht-office.jp

大山 俊郎（おおやま・としろう）

　株式会社工場経営承継コンサルティング代表取締役　税理士
　「製造業の事業承継で地獄を見た税理士」

　父親の経営する年商50億円の精密機械加工会社で、加工現場、生産管理、営
　業、財務と、ものづくりのすべての業務を実地で経験。長年の同族問題解決のた
　め自ら退職したあと、税理士として独立。主に製造業の財務と経営のコンサルティングを展開。現在、
　顧問先の約半数以上が製造業。自身の精密機械加工会社での経験をふまえたコンサルティングノウ
　ハウを駆使し、親子喧嘩が絶えない工場経営問題に対して、提案型のコンサルティングによって経
　営承継を成功に導いている。

【YouTube チャンネル】　　　　　【公式ホームページ】　　　　　【工場専門サイト】

---

《主要シート類の入手方法》

　㈱アールイー経営のメルマガや、㈱マネジメント社からのメルマガ登録をすると、本書に掲載されている主要シート類を無料で入手することができます（Excelファイル）。入手できるシートは以下の5つです。

(1) SWOT分析検討会　記入用シート
(2) SWOTクロス分析後の「実現可能性のある抜本対策」体系図
(3) 3か年中期経営計画
(4) クロス分析後の「戦略」「具体策」を反映した【具体策連動型中期収支計画表】
(5) 今期の経営スローガン及び重点具体策・アクションプラン

　詳しくはhttps://mgt-pb.co.jp/keiei01/にアクセスしてください。

┌─《マネジメント社 メールマガジン『兵法講座』》─────────┐

　作戦参謀として実戦経験を持ち、兵法や戦略を実地検証で語ることができた
唯一の人物・大橋武夫（1906〜1987）。この兵法講座は、大橋氏の著作などか
ら厳選して現代風にわかりやすく書き起こしたものである。

　お申し込みは https://mgt-pb.co.jp/maga-heihou/ まで。
└────────────────────────────────────┘

SWOT 分析を活用した【根拠ある経営計画書】事例集

2020 年 　2 月 4 日　初 版　第 1 刷発行
2021 年 　8 月 25 日　　　　　　第 3 刷発行

著　　者　　嶋田利広／篠﨑啓嗣／松本一郎／田中博之／大山俊郎
発行者　　安田喜根
発行所　　株式会社 マネジメント社
　　　　　　東京都千代田区神田小川町 2-3-13（〒 101-0052）
　　　　　　電話　03-5280-2530（代）　FAX　03-5280-2533
　　　　　　ホームページ　https://mgt-pb.co.jp
　　　　　　問い合わせ先　corp@mgt-pb.co.jp
印　　刷　　㈱シナノ パブリッシング プレス